सनातन (हिन्दू) धर्म (संक्षिप्त) एवं भ्राता

दुर्गेश पांडेय

ISBN
Paperback 979-8-89724-543-7
Hardcase 979-8-89744-277-5

सनातन (हिन्दू) धर्म संक्षिप्त खंड - १

भ्राता
खंड - २

"माता पिता का आशीर्वाद"

अभिस्वीकृति

मैं अपने पूर्वजो, ज्ञानियों, ऋषिगण, कवियों, लेखकों जिन्होंने भी सनातन धर्म के विषय पर पुस्तकें एवं ग्रंथो की रचना की हैं उनका का हृदय से आभार व्यक्त करता हूँ, जिसने मुझे सनातन धर्म की गहन और जटिल दुनिया में प्रवेश करने तथा इसके गूढ़ ज्ञान को आप पाठको के साथ साझा करने का अनमोल अवसर प्रदान किया। मैं अपने गुरुजनों और शिक्षकों का अत्यंत आभारी हूँ, जिनकी मार्गदर्शिका और ज्ञान ने मेरे मार्ग को आलोकित किया ।

मैं विशेष रूप से श्रीमती निर्मल गर्ग का हृदय से आभार प्रकट करता हूँ, जिन्होंने इस पुस्तक के भाषा संशोधन में अमूल्य योगदान दिया। उनकी सूक्ष्म नज़र, गहन समझ और निष्ठा ने इस पुस्तक को और भी सुरुचिपूर्ण बनाने में महत्वपूर्ण भूमिका निभाई। उनके समर्थन और मेहनत के लिए मैं अत्यंत आभारी हूँ।

मैं अपने परिवार का भी ऋणी हूँ, जिन्होंने इस यात्रा के दौरान मुझे अटूट समर्थन और प्रोत्साहन दिया। मेरी पत्नी रीता त्रिपाठी, पुत्र प्रज्ञन पांडेय, बड़े भाई संतोष कुमार पांडेय, बड़ी भाभी मीना पांडेय, छोटे भाई देवेंद्र कुमार पांडेय, छोटी भाभी नीलम पांडेय और भतीजियां प्रज्ञा पांडेय, अनुष्का पांडेय एवं दीपांशी पांडेय का स्नेह और विश्वास इस पुस्तक के निर्माण में मेरी प्रेरणा शक्ति रहे हैं। मैं विशेष रूप से अपने पुत्र प्रज्ञन पांडेय और भतीजियों प्रज्ञा पांडेय, अनुष्का पांडेय एवं दीपांशी पांडेय का आभार प्रकट करना चाहता हूँ, जिन्होंने मुझे यह समझने में मदद की कि नई पीढ़ी सनातन धर्म के बारे में क्या जानना चाहती है। उनकी अंतर्दृष्टि और सहयोग ने इस पुस्तक को लिखने की इस अद्त यात्रा को संभव बनाने में महत्वपूर्ण भूमिका निभाई।

मैं उन पाठकों के प्रति दिल से आभार व्यक्त करता हूँ, जो इस यात्रा में मेरे साथ जुड़े हैं। आपकी जिज्ञासा और खुले विचारों ने मुझे सनातन धर्म के असीम ज्ञान को और गहराई से खोजने और साझा करने के लिए प्रेरित किया है।यह पुस्तक उन सभी के लिए एक प्रकाश और मार्गदर्शन का स्रोत बने, जो सनातन धर्म के विषय में जानने और समझने की प्रेरणा रखते हैं।

सनातन (हिन्दू) धर्म (संक्षिप्त) एवं भ्राताः

लेखक और उनका का पूरा परिवार सनातनी है। लेखक को बहुत वर्षों से सनातन धर्म एवं भ्राता जैसे विषय पर एक पुस्तक लिखने का विचार था। आज के समय में जब हम अपने आस- पास के सामाजिक परिपेच्छ्य को देखतें हैं तो चारो तरफ एक नकली आधुनिकता का अंधापन दिखाई देता है। यह सब देख कर मन बहुत विचलित हो जाता है। आज की नयी पीढ़ी खास कर सनातनी हिन्दू युवक और युवतियां इस नकली आधुनिकता की दौड़ में आँख मूंद कर पता नहीं किस अंधकारमयी दुनिया में खोते जा रहे हैं। यह सब देख कर मन बहुत ही दुखित हो जाता है। आज के समय में हमारा सनातनी हिन्दू समाज अपने सनातन (हिन्दू) धर्म की अज्ञानता वश भटक गया है। जिसका लाभ अन्य धर्म को मानने वाले लोग उठा रहे हैं और धर्मांतरण का गन्दा खेल खेला जा रहा है। बहुत से विद्वानों ने सनातन धर्म के बारे में बहुत सारी पुस्तकें लिखी हैं। परन्तु इस तरह की पुस्तक देखने को बहुत कम मिलती हैं जिसमे संछिप्त रूप में सनातन धर्म एवं भ्राता (भाई) के बारे में एक साथ कुछ लिखा गया हो। यह देखते हुए लेखक के मन में सनातन (हिन्दू) धर्म संछिप्त एवं भ्राता (भाई) पुस्तक को लिखने का विचार मन में जागृत हुआ। इस पुस्तक में लेखक ने कोशिश की है कि सनातन (हिन्दू) एवं भ्राता (भाई) के बारे में संछिप्त रूप में कुछ लिखा जाये ,जिससे कि वर्त्तमान एवं भविष्य में आने वाली पीढ़ियों को सनातन धर्म के बारे में कुछ अत्यन्त ही लाभप्रद जानकारी दें पायें । इस पुस्तक को सभी उम्र के लोग पढ़ कर अपने सनातन धर्म के ज्ञान को बढ़ा सकते हैं। इस पुस्तक में लेखक ने अलग -अलग सनातन धर्म एवं भ्राता (भाई) के महत्व को दर्शानि की कोशिश की है। पहले भाग में सनातन धर्म एवं दूसरे भाग में भ्राता (भाई) के बारे में लिखा हैं। पहले भाग को पढ़ कर सनातन धर्म के बारे में बहुत सारी अनजानी एवं अनछुए विषयों को आप जान

पाएंगे और दूसरे भाग में सनातन धर्म से ही सीख लेते हुए कैसे भाई -भाई आपस में सामंजस्य बना कर रह सकते हैं।

इस पुस्तक को लिखने में बहुत सारे सनातन धर्मग्रंथों, उपनिषदों, वेदों, प्राचीन पुस्तकों इत्यादि से संदर्भ एवं समाग्री ली गयी है। यदि किसी पुस्तक या लेखक के विचारों से इस पुस्तक में लिखे गए लेख में समानता मिलती हो तो यह एक संयोग मात्र होगा।

सनातन धर्म को लेकर विद्वानों में विरोधाभाष रहा है।कुछ विद्वान यह बोलते हैं कि हिन्दू धर्म ही सनातन धर्म है, कुछ बोलते हैं कि सनातन धर्म मतलब आर्य धर्म से है।कुछ विद्वान यह बोलते हैं कि वैदिक धर्म ही सनातन धर्म है। सनातन धर्म विश्व की सबसे पुरातन धर्म है, इस बात को नकारा नहीं जा सकता।

सत्यम शिवम सुंदरम "'यह पथ सनातन है। समस्त देवता और मनुष्य इसी मार्ग से पैदा हुए हैं तथा प्रगति की है। सनातन का अर्थ हैं जो शाश्वत हो, जो सदा के लिए सत्य हो। जिन बातों का शाश्वत महत्व हो वही सनातन कही गई हैं। जैसे सत्य सनातन है। ईश्वर ही सत्य है, आत्मा ही सत्य है, मोक्ष ही सत्य है और इस सत्य के मार्ग को बताने वाला धर्म ही सनातन धर्म है। वह सत्य जो अनादि काल से चला आ रहा है और जिसका कभी भी अंत नहीं होगा, वह ही सनातन प्रारंभ है और जिनका न अंत हैं उस सत्य को ही सनातन कहते हैं। यही सनातन धर्म का सत्य है।

वैदिक या हिंदू धर्म को इसलिए सनातन धर्म कहा जाता है, क्योंकि यही एकमात्र धर्म है जो ईश्वर, आत्मा और मोक्ष को तत्व और ध्यान से जानने का मार्ग बताता हैं मोक्ष की संकल्पना इसी धर्म की देन हैं एकनिष्ठता, ध्यान, मौन और तपसहितयम-नियम के अभ्यास और जागरण का मोक्ष मार्ग हैं अन्य कोई मोक्ष का मार्ग नहीं है। मोक्ष से ही आत्मज्ञान और ईश्वर का ज्ञान होता है। यही सनातन धर्म का सत्य है। सनातन धर्म के मूल तत्व सत्य, अहिंसा, दया, क्षमा, दान, जप, तप, यम-नियम आदि हैं जिनका शाश्वत महत्व है। अन्य प्रमुख धर्मों के उदय के पूर्व वेदों में इन सिद्धान्तों को प्रतिपादित कर दिया गया था।

अधिकांश लोग धर्म का अर्थ कुछ और ही समझते हैं। उन्हें सनातन धर्म का अर्थ पता नहीं है। यह धर्म एक परंपरागत वैदिक धर्म हैं। धर्म का मतलब कर्तव्य

से है और सनातन का मतलब होता है चीर शाश्वत, प्राचीन, स्थायी। अर्थात जो चीर शाश्वत है। जो अनंत काल से चला आ रहा हो, जिसका अस्तित्व हमेशा कायम रहेगा, जो चराचर हो, जिसका न आदि हो और न अंत, वही तो सनातन है। इस प्रकार सनातन धर्म का मतलब शाश्वत कर्तव्य से है। इसमें परम पिता परमेश्वर की आराधना साकार और निराकार दोनो रूप में की जाती है। इसमें ईश्वर आत्मा, परमात्मा, सृष्टि और मोक्ष की बातें बताई गयी हैं। जो सर्वदा सत्य है और इसी शाश्वत सत्य का बोध कराने वाला धर्म ही सनातन धर्म है।

सामान्यतः लोग जानना चाहते हैं कि सनातन धर्म की उत्पत्ति कब हुई। इतिहास हमें बताता है कि विश्व के सभी धर्मों में यह सबसे प्राचीन धर्म है। सनातन धर्म हजारों वर्ष पुराना माना जाता है। इस धर्म के अन्दर अनेकों उपासना पद्धतियाँ, मत, पंथ, और दर्शन समायी हुई हैं। यह एक एकमात्र धर्म है जो ईश्वर, आत्मा परमात्मा, मोक्ष ध्यान धरण और समाधि, पुनर्जन्म जैसे गूढ अवधारणा की व्याख्या करता है। इस धर्म को वैदिक कालीन कहा जाता है। अतः यह कहा जा सकता है कि इस धर्म की स्थापना सृष्टि के सृजन काल से ही है।

सनातन धर्म के संस्थापक कौन हैं, यह प्रश्न अक्सर बहुत लोगों के मन में उठता है। जैसा हम जानते हैं कि यह धर्म वैदिक काल से चला आ रहा हैं। जैसे वेदों की उत्पत्ति सृष्टि के आरंभ काल से ही मानी जाती है उसी तरह इस धर्म की उत्पत्ति भी सृष्टि के सृजन काल से हुई है।अन्य धर्मों की तरह, कोई व्यक्ति विशेष इस धर्म का संस्थापक नहीं है। लेकिन हिन्दू धर्म के संस्थापक कौन है, इसका केवल कल्पना ही की जा सकती है। वेदों की उत्पत्ति के साथ ही इस धर्म की भी शुरुआत हो गयी थी। तभी तो इसे वैदिक धर्म भी कहा जाता है। फलतः इस तथ्य के आधार पर वेदों के रचनाकार ब्रह्मा जी को इस धर्म का संस्थापक कहा जा सकता है।

सनातन धर्म किसी व्यक्ति विशेष के द्वारा प्रतिपादित नहीं होने के कारण इसमें कोई वैचारिक कट्टरता नहीं दिखायी देती। ऐसा नहीं है कि जिस धर्म को मानने वाले अधिक हैं, वही सबसे बड़ा धर्म है और जिस धर्म को मानने वाले कम है वह छोटा धर्म है। इसमें हर धर्म के प्रति सहिष्णुता और समादर का भाव रखा जाता है। सनातन धर्म हमें जोड़ता है, तोड़ता नहीं है। हम धर्म का उपयोग

सहिष्णुता व भाईचारे के लिए करना चाहते हैं, असहिष्णुता व ईर्ष्या-द्वेष के लिए नहीं। यही तो सनातन धर्म का मूलमंत्र भी है ।

विश्व में केवल सनातन हिन्दू धर्म ही ज्ञान पर आधारित धर्म है, बाकी सब तो किसी एक व्यक्ति के द्वारा प्रतिपादित किये गये हैं। इसलिए हिन्दू धर्म ही सर्वश्रेष्ठ है और उसकी किसी से तुलना नहीं की जा सकती है। एक मात्र हिंदू धर्म ही ऐसा धर्म है, जो समय-समय पर अपने नियमों की समीक्षा करके उनमें सुधार करता रहा है । हिन्दू धर्म एक खुला धर्म है जो विचार से नहीं अपितु विवेक से विकसित हुआ है । इसके विपरीत अन्य धर्म सभी बंद एवं संकुचित धर्म हैं, जो एक व्यक्ति मात्र के विचारों पर आधारित है और जो यह मानकर चलते है कि समय अपरिवर्तित रहता हैं और व्यक्ति का विवेक भी। इन धर्मों में विचारों के विकास का कोई महत्व नहीं है । यही कारण हैं कि इन धर्मों में विशेष आग्रह अथवा वैचारिक कट्टरता पाई जाती है ।

साहित्यकारों एवं लेखकों ने परिवार के सभी रिश्तों के बारें में बहुत सारी पुस्तकें एवं लेख लिखे हैं। परन्तु एक ऐसा रिश्ता जो भाई -भाई का होता है के बारे में बहुत ही कम लिखा गया है । ऐसा प्रतीत होता है कि आज के इस आधुनिक युग में ऐसे रिस्ते जिनके बारे में बहुत कम लिखा गया हैं या जिनकी उपेक्षा की गयी है के बारे में अपने बच्चों एवं आने वाली पीढ़ियों को जागरूक करना और उनको अपने धर्म ग्रंथों के बारें में बता कर उनका ज्ञान वर्धन अवश्य करना चाहिए। भाई- भाई का रिश्ता ऐसा होता जिसके बारे में सम्पूर्ण रूप से बहुत कुछ नहीं लिखा जा सकता। भाई-भाई के रूप को समझने के लिए पहले इसके बहुत सारे रूपों के बारे में जानना जरुरी है।

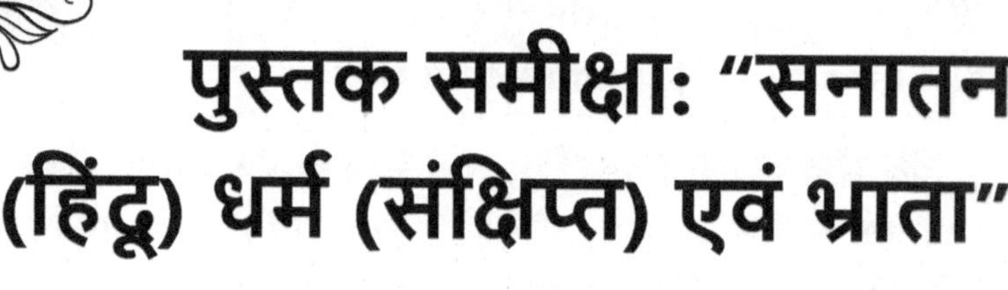

पुस्तक समीक्षाः "सनातन (हिंदू) धर्म (संक्षिप्त) एवं भ्राता"

लेखकः दुर्गेश पांडेय

1) श्री दुर्गेश पांडेय की "सनातन (हिंदू) धर्म (संक्षिप्त) एवं भ्राता" हिंदू दर्शन की गहराई को सरल और सुलभ रूप में प्रस्तुत करती है। यह पुस्तक लेखक के आध्यात्मिक अनुभवों और पारंपरिक शास्त्रों की विद्वत्तापूर्ण व्याख्या का अद्त मिश्रण है। श्री पांडेय ने जटिल दार्शनिक चर्चाओं को सहज और व्यावहारिक दृष्टिकोण में ढालकर आम पाठकों के लिए रोचक बनाया है। पुस्तक हिंदू धर्म के ऐतिहासिक, दार्शनिक, और व्यावहारिक पहलुओं पर विचार करते हुए इसे एक व्यापक मार्गदर्शिका के रूप में प्रस्तुत करती है। सरल और प्रेरक लेखन शैली इसे अनुभवी छात्रों और नए पाठकों दोनों के लिए उपयोगी बनाती है। यह समकालीन जीवन की चुनौतियों के संदर्भ में हिंदू परंपराओं की प्रासंगिकता को उजागर करती है, एक प्रेरणादायक और सार्थक यात्रा का निमंत्रण देती है।

समीक्षक

मेजर जनरल श्री नीरज बाली (रिटायर्ड), भारतीय सेना

लेखक। नेतृत्व कार्यकारी कोच। कॉर्पोरेट स्पीकर। प्रबंधन सलाहकार। संस्कृति परिवर्तन सलाहकार

2) श्री दुर्गेश पांडेय की "सनातन (हिंदू) धर्म (संक्षिप्त) एवं भ्राता" हिंदू धर्म की गहराई और व्यापकता को सरल और सुलभ रूप में प्रस्तुत करने वाली एक महत्वपूर्ण कृति है। यह पुस्तक सनातन धर्म के मूल सिद्धांतों, परंपराओं, और दर्शन को स्पष्ट करते हुए इसे दार्शनिक और व्यावहारिक दृष्टिकोण से समझने में सहायक है। लेखक ने धर्म के ऐतिहासिक, आध्यात्मिक, और नैतिक आयामों को विस्तृत

रूप में व्याख्यायित किया है। पुस्तक धर्म को केवल धार्मिक प्रथाओं का संग्रह नहीं, बल्कि एक शाश्वत और सार्वभौमिक सत्य के रूप में परिभाषित करती है। इसमें सत्य, धर्म, और ब्रह्मांडीय व्यवस्था को हिंदू धर्म की आधारशिला के रूप में प्रस्तुत किया गया है। आत्मा, ब्रह्म, मोक्ष और धर्म जैसे प्रमुख सिद्धांतों को गहराई से समझाते हुए, लेखक ने यह दर्शाया है कि ये न केवल हिंदू दर्शन की नींव हैं, बल्कि मानव जीवन की वास्तविकता को भी परिभाषित करते हैं। ध्यान, प्रार्थना, अनुष्ठान, और नैतिक जीवन के महत्व पर विस्तार से चर्चा की गई है। अहिंसा, करुणा, और आत्म-अनुशासन जैसे गुण व्यक्तिगत और सामूहिक उत्थान के लिए आवश्यक बताए गए हैं। यह पुस्तक परंपराओं और विश्वासों की विविधता को अपनाने के महत्व को रेखांकित करती है और इनकी आधुनिक प्रासंगिकता को उजागर करती है। लेखक ने जटिल विषयों को सरल भाषा में प्रस्तुत करते हुए सुनिश्चित किया है कि हर पाठक इसे सहजता से समझ सके। उनकी लेखनी गहन शोध और व्यक्तिगत अनुभव का मिश्रण है, जो इसे प्रामाणिक और प्रभावशाली बनाती है। «सनातन (हिंदू) धर्म (संक्षिप्त) एवं भ्राता" धर्म, दर्शन, और आध्यात्मिकता को समझने की दिशा में एक उत्कृष्ट मार्गदर्शिका है, जो नए और अनुभवी दोनों पाठकों के लिए उपयोगी सिद्ध होती है।

समीक्षक

डॉक्टर श्रीमती शशि कला अवस्थी

हिंदी विभाग, इलाहाबाद विश्वविद्यालय

प्रयागराज, उत्तरप्रदेश

3) श्री दुर्गेश पांडेय द्वारा लिखित "सनातन (हिंदू) धर्म (संक्षिप्त) एवं भ्राता" एक ऐसी महत्त्वपूर्ण पुस्तक है, जो हिंदू धर्म की जटिलताओं को सरलता से प्रस्तुत करती है। यह कृति सनातन धर्म के मूलभूत सिद्धांतों और दर्शन को विस्तार से समझाने का प्रयास करती है। लेखक ने इस पुस्तक में धर्म के ऐतिहासिक, आध्यात्मिक और नैतिक पहलुओं को गहराई से बताया है। यह पुस्तक धर्म को शाश्वत सत्य के रूप में परिभाषित करती है। इसमें आत्मा, ब्रह्म, और मोक्ष जैसे विचारों का विश्लेषण किया गया है, जो हिंदू दर्शन का अभिन्न हिस्सा हैं। इसके साथ ही ध्यान, प्रार्थना, और नैतिक जीवन के महत्व को भी रेखांकित किया गया है। लेखक ने अहिंसा, करुणा और आत्म-अनुशासन जैसे गुणों को समाज और

व्यक्तिगत उन्नति के लिए आवश्यक बताया है। पुस्तक ने परंपरा और विश्वास की विविधता को स्वीकार करने का महत्व भी उजागर किया है। सरल भाषा में जटिल विचारों को स्पष्ट करने के कारण यह पुस्तक सभी पाठकों के लिए एक उपयुक्त मार्गदर्शिका बन गई है। «सनातन (हिंदू) धर्म (संक्षिप्त) एवं भ्राता" एक अद्वितीय अध्ययन है, जो धर्म और आध्यात्मिकता को समझने में सहायक है।

समीक्षक

श्रीमती निर्मल गर्ग

पूर्व पुस्तकालयाध्यक्षा

सरकारी स्कूल, दिल्ली

4) श्री दुर्गेश पांडेय की "सनातन (हिंदू) धर्म (संक्षिप्त) एवं भ्राता" हिंदू धर्म की प्राचीन आध्यात्मिक परंपरा का संक्षिप्त लेकिन गहन परिचय प्रस्तुत करती है, जिसे सनातन धर्म के रूप में भी जाना जाता है। यह पुस्तक इस धर्म के दार्शनिक और व्यावहारिक पक्षों को व्यापक दृष्टिकोण से समझाने का प्रयास करती है। यह पुस्तक मानवता को नैतिकता, करुणा, और आत्म-अनुशासन के जीवन की ओर प्रेरित करता है, जिससे आध्यात्मिक विकास और मुक्ति संभव हो सके। लेखक ने ध्यान, प्रार्थना, अनुष्ठान और नैतिक आचरण जैसी प्रथाओं का उल्लेख करते हुए सनातन धर्म की विविधता और गहराई को उजागर किया है। यह पुस्तक विभिन्न संप्रदायों और परंपराओं के बीच एकता और सामंजस्य का संदेश देती है। श्री पांडेय की लेखनी सरल और सुलभ है, जो इसे हिंदू धर्म के सिद्धांतों से परिचित और नए पाठकों के लिए समान रूप से उपयोगी बनाती है। समृद्ध ऐतिहासिक और सांस्कृतिक संदर्भों के साथ, यह पुस्तक न केवल सनातन धर्म की प्राचीनता बल्कि उसके आधुनिक महत्व को भी स्पष्ट करती है। «सनातन धर्म" हिंदू धर्म पर साहित्य में एक अमूल्य योगदान है, जो इसे पढ़ने वालों के लिए गहन अंतर्दृष्टि और प्रेरणा प्रदान करती है।

समीक्षक

श्रीमती प्रीति मिश्रा

उप प्राचार्य, पी एम श्री राजकीय उच्च माध्यमिक विद्यालय,दईजर

जोधपुर, राजस्थान

5) श्री दुर्गेश पांडेय की "सनातन (हिन्दू) धर्म (संक्षिप्त) एवं भ्राता" हिंदू धर्म की प्राचीन और गहन आध्यात्मिक परंपराओं का एक सरल और प्रेरणादायक परिचय प्रस्तुत करती है। यह पुस्तक वेद, उपनिषद, भगवद गीता, और महाभारत जैसे धर्मग्रंथों की शिक्षाओं को सहज भाषा में प्रस्तुत करती है, जिससे पाठकों को इनके गूढ़ तत्वों को समझने में आसानी होती है। पुस्तक सनातन धर्म के ऐतिहासिक और दार्शनिक पहलुओं पर प्रकाश डालते हुए इसे केवल एक धर्म नहीं, बल्कि जीवनशैली और गहन दार्शनिक दृष्टिकोण के रूप में प्रस्तुत करती है। इसमें योग, आयुर्वेद और अन्य प्राचीन विधियों के आज के समय में महत्व को रेखांकित किया गया है। यह समझाने का प्रयास किया गया है कि कैसे सनातन धर्म की शिक्षाएँ आधुनिक युग की चुनौतियों का समाधान प्रदान कर सकती हैं। पुस्तक का विशेष भाग "भ्राता" शीर्षक के अंतर्गत भाईचारे, सद्भाव, और सामंजस्य को बढ़ावा देने पर केंद्रित है। लेखक ने यह दिखाया है कि सनातन धर्म का उद्देश्य केवल आत्मिक उन्नति नहीं, बल्कि समाज में एक आदर्श सामूहिकता का निर्माण करना भी है। यह पुस्तक स्पष्ट करती है कि सनातन धर्म न केवल आध्यात्मिक ज्ञान का स्रोत है, बल्कि सामाजिक कल्याण और मानवता के उत्थान का मार्ग भी प्रशस्त करता है। यह कृति आध्यात्मिकता और सामाजिकता के संतुलन को साधते हुए पाठकों को प्रेरित करती है।

समीक्षक
श्री संतोष कुमार पांडेय
प्रबंधक टाटा स्टील,
जमशेदपुर, झारखण्ड

ॐ की व्याख्या, महत्त्व एवं जाप और ध्यान

सनातन (हिंदू) धर्म में ॐ सबसे महत्वपूर्ण आध्यात्मिक प्रतीकों में से एक है । यह आत्मा (स्वयं के भीतर) और ब्रह्म (परम वास्तविकता, ब्रह्मांड, सर्वोच्च आत्मा) को संदर्भित करता है । ॐ का उपयोग प्रायः वेद, उपनिषद और अन्य ग्रंथों के अध्यायों की शुरुआत और अंत में किया जाता है । सनातन धर्म में ॐ का महत्व सिर्फ आध्यात्मिक, पारम्परिक ही नहीं इससे कहीं बढ़ कर है । आइये जानते हैं कि सनातन (हिन्दू) धर्म में ॐ का महत्व। ॐ यानी ॐ, जिसे "ओं का ओं र" या "प्रणव" भी कहा जाता हैं । देखें तो सिर्फ़ ढाई अक्षर हैं, समझें तो पूरे भ्रमांड का सार हैं । ॐ के उच्चारण में संपूर्ण ब्रह्मांड का ज्ञान छिपा है । ऐसा माना जाता हैं कि ॐ के जाप से परम पिता परमेश्वर प्रसन्न होते हैं क्योंकि ॐ ईश्वर के सभी रूपों का संयुक्त रूप है । ॐ को ब्रह्मांड की आवाज भी कहा गया है।

ॐ शब्द का गठन वास्तविकता में मानव जाती के सबसे महान अविष्कारों में से एक है । ॐ को सबसे पहले उपनिषद में वर्णित किया गया था। उपनिषदों में ॐ का अलग-अलग तरह से वर्णन किया गया हैं । जैसे कि "ब्रह्मांडीय ध्वनि" या "रहस्यमय शब्द" या "दैवीय पदार्थों की प्रतिज्ञान"। संस्कृत में ॐ शब्द तीन अक्षरों से बना हैं: "अ", "उ", और "म"। जब "अ" और "उ" को जोड़ा जाता है, तो यह मिलकर "ओ" अक्षर बन जाता है। इसमें किसी आश्चर्य की बात नहीं है, क्योंकि यदि आप क्रमशः "अ" और "उ" को बार-बार दोहराते हैं, तो आप पाएंगे कि इस मिश्रण का परिणाम स्वरूप ध्वनि "ओ" स्वाभाविक रूप से आती है । इसके बाद आखिरी पत्र "म" कहा जाता है। "अ" ध्वनि गले के पीछे से निकलती है । आम तौर पर, यह पहली ध्वनि हैं जो सभी मनुष्यों द्वारा मुंह खोलते ही निकलती है, और इसलिए अक्षर "अ" शुरुआत को दर्शाता हैं । इसके बाद ध्वनि "उ" आती है, जो तब निकलती है जब मुंह एक पूरी तरह से खुले होने से अगली

स्थिति में आता है । इसलिए "उ" परिवर्तन के संयोजन को दर्शाता है । ध्वनि "म" का गठन होता हैं जब होठों को जोड़ते हैं और मुंह पूरी तरह बंद हो जाता है, इसलिए यह अंत का प्रतीक है । जब इन ध्वनियों को एक साथ जोड़ दिया जाता है, ॐ का अर्थ हैं "शुरुआत, मध्य और अंत।"

संक्षेप में, कोई भी और सभी ध्वनियां, चाहे वे कितनी अलग हों या किसी भी भाषा में बोली जाती हों, ये सभी इन तीनों की सीमा के भीतर आती हैं। इतना ही नहीं, "हीं शुरुआत, मध्य और अंत" के प्रतीक यह तीन अक्षर, स्वयं सृष्टि के सृजन का प्रतीक है। इसलिए सभी भाषाओं में सभी प्रकार की ध्वनियों को इस एकल शब्द, ॐ, का उच्चारण अपने में सम्मिलित कर लेता हैं । इसके अलावा, ॐ के उच्चारण के द्वारा ईश्वर की पहचान करने में सहायता मिलती हैं, ईश्वर जो कि शुरुआत, मध्य और ब्रह्मांड के अंत का स्रोत हैं । ॐ की कई अन्य व्याख्याएं भी हैं, जिनमें से कुछ हैं: अ = तमस (अंधकार, अज्ञान), उ = रजस (जुनून, गतिशीलता), म = सत्व (शुद्धता, प्रकाश) अ = ब्रह्मा (निर्माता), उ = विष्णु (परिरक्षक), म = शिव (विध्वंसक).

सनातन धर्म में मंत्रोच्चारण का अत्यधिक महत्व हैं और सभी मन्त्रों का उच्चारण ॐ से ही शुरु होता हैं । सनातन धर्म की परंपराओं केअनुसार, ॐ एक शब्द नहीं बल्कि पूरा ब्रह्मांड हैं । सदियों से हमारे ऋषि मुनि ॐ का उच्चारण करके तपयोग और साधना करते आए हैं । ॐ के उच्चारण में संपूर्ण ब्रह्मांड का ज्ञान छिपा हैं । ॐ के जाप से परम पिता परमेश्वर प्रसन्न होते हैं क्योंकि ॐ ईश्वर के सभी रूपों का संयुक्त रूप है । इस चमत्कारिक शब्द में इतनी शक्ति है कि केवल इसके जाप से ईश्वर को पाया जा सकता है । ॐ शब्द में पूरी सृष्टि समाहित है । इसके उच्चारण से सकारात्मक ऊर्जा का संचार होने लगता है । ॐ का उच्चारण मनुष्य की सुनने की क्षमता से बहुत ऊपर है । संसार के अस्तित्व में आने से पहले जिस प्राकृतिक ध्वनि की गूंज थी वह ॐ की ही थी। इसे ब्रह्मांड की आवाज भी कहा गया है ।ॐ को सनातन हिन्दू धर्म में महामंत्र माना गया है ।

ऐसा माना जाता है कि संपूर्ण सृष्टि का वास इस जाप में है और यही कारण है कि इसे रोज जपना ईश्वर को प्रसन्न करने का सीधा और सरल तरीका माना गया है । ॐ का जाप करने से शरीर में प्राण शक्ति का संचार होता हैं । इस एक शब्द में न सिर्फ धर्म का सार हैं बल्कि विज्ञान का विस्तार भी है । ॐ का जाप करने से

जितना व्यक्ति को आध्यात्मिक लाभ होता हैं उतना ही गहरा स्वास्थ्य लाभ भी पहुंचता है। ॐ का जाप हमें पूरे ब्रह्माण्ड की इस चाल से जोड़ता है और उसका हिस्सा बनाता है - चाहे वो अस्त होता सूर्य हो, चढ़ता चंद्रमा हो, ज्वार का प्रवाह हो, हमारे दिल की धड़कन, या हमारे शरीर के भीतर हर परमाणु की आवाज़ें। जब हम ॐ का जाप करते हैं, यह हमें हमारे स्वांश, हमारी जागरूकता और हमारी शारीरिक ऊर्जा के माध्यम से इस सार्वभौमिक चाल की सवारी पर ले जाता है, और हम एक गहरा संबंध समझना शुरू करते हैं जो मन और आत्मा को शांति प्रदान करता है ।

ॐ शब्द संभवतः अपने प्रतीक ॐ से ज़्यादा पहचाना जाता है, परंतु जब भी ॐ के उपयोग की बात आती है, ॐ का उच्चारण ही सर्वाधिक महत्वपूर्ण है । वैदिक परंपरा सिखाती है कि ध्वनियों को किसी उद्देश्य के साथ बनाया गया था, इसलिए उच्चारण के नियमों का पालन करना महत्वपूर्ण है, क्योंकि अनुनाद अर्थ से जुड़ा हुआ है । वैदिक ध्वनियों और ॐ जैसे शब्दों का उच्चारण, पारंपरिक निर्देशों के अनुसार किया जाना चाहिए, ताकि नकारात्मक अनुनाद से बचने के साथ ही इच्छित परिणाम पा सकें। दरअसल ॐ का ध्यान करने से कोई भी मौजूदा मानसिक अशांति या परेशानी से राहत मिलती हैं ।

ॐ का संबंध सिर्फ ईश्वर या आध्यात्म से नहीं है बल्कि ॐ का नियमित रूप से जाप करने से व्यक्ति की शारीरिक, भावनात्मक और मानसिक स्वास्थ्य भी बेहतर होती है । ॐ का जाप या ध्यान करने के मानव को अत्यधिक लाभ होता है। जब भी कोई व्यक्ति ॐ का जाप या उच्चारण करता है, तब एक कंपन्न उत्पन्न होती है जो उस व्यक्ति के पूरे शरीर को एक सौम्य अनुभव देती हैं । ॐ का जाप करने से शरीर में प्राण शक्ति का संचार होता हैं । अधिक प्राण का अर्थ है अधिक जीवन शक्ति, अधिक ऊर्जा व्यक्ति को खुद के साथ अधिक संवाद करने, निर्णय लेने के लिए मन की अधिक स्पष्टता और हमारे रिश्तों में अधिक जागरूकता लाने में मदद करती है । ध्यान और एकाग्रता को बेहतर बनाता है। जब कोई व्यक्ति अपनी श्वास पर ध्यान केंद्रित करते हुए ॐ का उच्चारण करता है तो उस व्यक्ति की एकाग्रता और ध्यान लगाने की क्षमता में सुधार होना शुरू हो जाता है ।

ॐ का जाप या ध्यान कैसे करें ॐ का जाप या ध्यान इसका अर्थ और महत्व दिमाग़ में रखते हुए करना चाहिए। चूंकि ॐ ईश्वर की प्रतिनिधि ध्वनि और प्रतीक

हैं । इसलिए ॐ का जाप करते हुए ईश्वर का ध्यान रखना जरूरी है । ॐ का जाप करने की विधि इस प्रकार है:

1. किसी भी साफ -सुथरी पवित्र स्थान पर ध्यान करने के आसन में बैठ जायें, जैसे कि पद्मासन, सुखासन, या सिद्धासन। रीढ़ की हड्डी, सिर, और गर्दन बिल्कुल सीधी रखें।

2. आंखों को बंद कर लें और एक गहरी साँस लें। अब साँस छोड़ते हुए ॐ बोलना शुरू करें।

3. नाभि क्षेत्र में "ओ" आवाज़ से होने वाली कंपन को महसूस करें और इस कंपन को ऊपर की तरफ बढ़ते हुए महसूस करें।

4. जैसा आप मंत्र जारी रखते हैं, कंपन को गले की ओर बढ़ते हुए महसूस करें।

5. जैसे कंपन गले के क्षेत्र में पहुंचती है, ध्वनि को "म" की एक गहरी ध्वनि में परिवर्तित करें।

6. कंपन तब तक महसूस करें जब तक वह सिर के मुकुट तक ना पहुँचे।

7. आप इस प्रक्रिया को दो या ज़्यादा बार दोहरा सकते हैं।

8. अंतिम मंत्र जाप के बाद भी बैठे रहें और पूरे शरीर में ॐ की ध्वनि की कंपन को महसूस करें - शरीर की हर एक कोशिका में महसूस करें। ॐ का जाप, जिसे «उद्गीत प्राणायाम» कहा जाता है ।

सनातन धर्म एवं उत्पत्ति

सनातन धर्म को लेकर विद्वानों में विरोधाभाष रहा है । कुछ विद्वान यह बोलते हैं कि हिन्दू धर्म ही सनातन धर्म है, कुछ बोलते हैं की सनातन धर्म मतलब आर्य धर्म से है ।कुछ विद्वान यह बोलते हैं कि वैदिक धर्म ही सनातन धर्म है । सनातन धर्म विश्व की सबसे पुरातन धर्म है, इस बात को नाकारा नहीं जा सकता। "सत्यम शिवम सुंदरम" यह पथ सनातन है । समस्त देवता और मनुष्य इसी मार्ग से पैदा हुए हैं तथा प्रगति की है । सनातन का अर्थ है जो शाश्वत हो, सदा के लिए सत्य हो । जिन बातों का शाश्वत महत्व हो वही सनातन कही गई हैं । जैसे सत्य सनातन है । ईश्वर ही सत्य है, आत्मा ही सत्य है, मोक्ष ही सत्य है और इस सत्य के मार्ग को बताने वाला धर्म ही सनातन धर्म है । वह सत्य जो अनादि काल से चला आ रहा है और जिसका कभी भी अंत नहीं होगा वह ही सनातन प्रारंभ है और जिनका न अंत है, उस सत्य को ही सनातन कहते हैं। यही सनातन धर्म का सत्य है ।

वैदिक या हिंदू धर्म को इसलिए सनातन धर्म कहा जाता हैं, क्योंकि यही एकमात्र धर्म है जो ईश्वर, आत्मा और मोक्ष को तत्व और ध्यान से जानने का मार्ग बताता है । मोक्ष की संकल्पना इसी धर्म की देन है । एकनिष्ठता, ध्यान, मौन और तपसहितयम-नियम के अभ्यास और जागरण का मोक्ष मार्ग है, अन्य कोई मोक्ष का मार्ग नहीं है । मोक्ष से ही आत्मज्ञान और ईश्वर का ज्ञान होता है । यही सनातन धर्म का सत्य है । सनातन धर्म के मूल तत्व सत्य, अहिंसा, दया, क्षमा, दान, जप, तप, यम-नियम आदि हैं जिनका शाश्वत महत्व है । अन्य प्रमुख धर्मों के उदय के पूर्व वेदों में इन सिद्धान्तों को प्रतिपादित कर दिया गया था।

अधिकांश लोग धर्म का अर्थ कुछ और ही समझते हैं । उन्ह सनातन धर्म का अर्थ पता नहीं है । यह धर्म एक परंपरागत वैदिक धर्म है । धर्म का मतलब कर्तव्य से है और सनातन का मतलब होता है चिर शाश्वत, प्राचीन, स्थायी। अर्थात जो चिर

शाश्वत है । जो अनंत काल से चला आ रहा हो, जिसका अस्तित्व हमेशा कायम रहेगा, जो चराचर हो, जिसका न आदि हो और न अंत, वही तो सनातन है । इस प्रकार सनातन धर्म का मतलब शाश्वत कर्तव्य से है । इसमे परम पिता परमेश्वर की आराधना साकार और निराकार दोनों रूप में की जाती है । इसमें ईश्वर आत्मा, परमात्मा, सृष्टि और मोक्ष की बातें बताई गयी हैं । जो सर्वदा सत्य है और इसी शाश्वत सत्य का बोध कराने वाला धर्म ही सनातन धर्म है । सामान्यतः लोग जानना चाहते हैं कि सनातन धर्म की उत्पत्ति कब हुई। इतिहास हमें बताता है कि विश्व के सभी धर्मों में यह सबसे प्राचीन है । सनातन धर्म हजारों वर्ष पुराना माना जाता है । इस धर्म के अन्दर अनेकों उपासना पद्धतियाँ, मत, पंथ, और दर्शन समायी हुई हैं । यह एक एकमात्र धर्म है जो ईश्वर, आत्मा परमात्मा, मोक्ष ध्यान धरण और समाधि, पुनर्जन्म जैसे गूढ़ अवधारणा की व्याख्या करता है । इस धर्म को वैदिक कालीन कहा जाता है । अतः यह कहा जा सकता है कि इस धर्म की स्थापना सृष्टि के सृजन काल से ही है ।

सनातन धर्म के संस्थापक कौन हैं यह प्रश्न सामन्तया बहुत लोग के मन में उठता है । जैसा कि हम जानते हैं कि यह धर्म वैदिक काल से चली आ रही है । जैसे वेदों की उत्पत्ति सृष्टि के आरंभ काल से ही मानी जाती है, उसी तरह इस धर्म की उत्पत्ति भी सृष्टि के सृजन काल से हुई है । अन्य धर्मों की तरह, कोई व्यक्ति विशेष इस धर्म का संस्थापक नहीं है । लेकिन हिन्दू धर्म के संस्थापक कौन हैं इसकी केवल कल्पना ही की जा सकती है। वेदों की उत्पत्ति के साथ ही इस धर्म की भी शुरुआत हो गयी थी। तभी तो इसे वैदिक धर्म भी कहा जाता हैं । फलतः इस तथ्य के आधार पर वेदों के रचनाकार ब्रह्मा जी को इस धर्म का संस्थापक कहा जा सकता है ।

सनातन धर्म में असंख्य देवी-देवता हैं । इसमें हर व्यक्ति को अपने अनुसार देवी-देवताओं की मानने और पूजा करने की स्वतंत्रता है । आप साकार साधना में विश्वास करें या निराकार में इसमें कोई बंधन नहीं है । आप मूर्ति पूजा में विश्वास करें या न करें। आप ईश्वर के अस्तित्व को केवल निराकार रूप में स्वीकारें या साकार रूप में, यह केवल आप पर निर्भर है । इसके लिए आप बाध्य नहीं हैं। सनातन धर्म की विशेषता है कि इसके उपासना पद्धति में स्त्री और पुरुष दोनों को समान स्थान प्राप्त है । यहाँ तक कि इस धर्म में नारी का स्थान पुरुषों से पहले रखा गया है । जैसे सीता- राम, उमा- शंकर और राधे -कृष्ण इत्यादि। इस धर्म में

किसी धर्म विशेष को छोटा या बड़ा नहीं माना गया है । संख्या और क्षेत्रफल के आधार पर कोई धर्म बड़ा या छोटा नहीं होता। सनातन धर्म किसी व्यक्ति विशेष के द्वारा प्रतिपादित नहीं होने के कारण इसमें कोई वैचारिक कट्टरता नहीं दिखायी देती। ऐसा नहीं है कि जिस धर्म को मानने वाले अधिक हैं, वही सबसे बड़ा धर्म है और जिस धर्म को मानने वाले कम हैं वह छोटा धर्म है । इसमें हर धर्म के प्रति सहिष्णुता और समादर का भाव रखा जाता है । सनातन धर्म हमें जोड़ता हैं, तोड़ता नहीं है । हम धर्म का उपयोग सहिष्णुता व भाईचारे के लिए करना चाहते हैं, असहिष्णुता व ईर्ष्या-द्वेष के लिए नहीं। यही तो सनातन धर्म का मूलमंत्र भी है।

सनातन धर्म में बहुत सारे उपनिषद लिखे गए हैं। उनमे से एक है वृहदारण्य उपनिषद। इसके एक श्लोक में ईश्वर से प्रार्थना की गयी है वह इस प्रकार है।

।।ॐ।।असतो मा सद्गमय, तमसो मा ज्योतिर्गमय, मृत्योर्मा अमृतं गमय।।

भावार्थ: अर्थात हे ईश्वर मुझे असत्य से सत्य की ओर ले चलो, अंधकार से प्रकाश की ओर ले चलो । जो लोग उस परम तत्व परब्रह्म परमेश्वर को नहीं मानते हैं, वे असत्य में गिरते हैं। असत्य से मृत्युकाल में अनंत अंधकार में पड़ते हैं । उनके जीवन की गाथा भ्रम और भटकाव की ही गाथा सिद्ध होती है । वे कभी अमृत्व को प्राप्त नहीं होते । मृत्यु आये इससे पहले ही सनातन धर्म के सत्य मार्ग पर आ जाने में ही भलाई है । अन्यथा अनंत योनियों में भटकने के बाद प्रलयकाल के अंधकार में पड़े रहना पड़ता है ।

सनातन धर्म में ईश उपनिषद से लिया गया श्लोक जिसमे सनातन सत्य का उद्बोधन किया गया हैं।

।।ॐ।। पूर्णमदः पूर्णमिदं पूर्णात् पूर्णमुदच्यते। पूर्णस्यपूर्णमादाय पूर्णमेवावशिष्यते।।

भावार्थ: सत्य दो धातुओं से मिलकर बना है सत् और तत्। सत् का अर्थ यह और तत् का अर्थ वह। दोनों ही सत्य हैं । अहम्ब्रह्मास्मी और तत्वमसि । अर्थात मैं ही ब्रह्म हूँ और तुम ही ब्रह्म हो । यह संपूर्ण जगत ब्रह्ममय है । ब्रह्म पूर्ण है । यह जगत् भी पूर्ण है । पूर्ण जगत् की उत्पत्ति पूर्ण ब्रह्म से हुई है । पूर्ण ब्रह्म से पूर्ण जगत् की उत्पत्ति होने पर भी ब्रह्म की पूर्णता में कोई न्यूनत्ता नहीं आती । वह शेष रूप में भी पूर्ण ही रहता है । यही सनातन सत्य है ।

जो तत्व सदा, सर्वदा, निर्लेप, निरंजन, निर्विकार और सदैव स्वरूप में स्थित रहता हैं उसे सनातन या शास्वत सत्य कहते हैं । वेदों का ब्रह्म और गीता का स्थित प्रज्ञ ही शाश्वत सत्य है । जड़, प्राण, मन, आत्मा और ब्रह्म शाश्वत सत्य की श्रेणी में आते हैं । सृष्टि और ईश्वर (ब्रह्म) अनादि, अनंत, सनातन और सर्वविभु हैं। सनातन धर्म के अनुसार जड़ पांच तत्व से दृश्यमान हैं - आकाश, वायु, जल, अग्नि और पृथ्वी । यह सभी शाश्वत सत्य की श्रेणी रूप बदलते रहते हैं किंतु समाप्त नहीं होते। प्राण की भी अपनी अवस्थाएं हैं: प्राण, अपान, समान और यम अवस्थाएं हैं: प्राण,अपान, समान और यम। उसी तरह आत्माओं की अवस्थाएं हैं: जाग्रत, स्वप्न, सुसुप्ति और तुर्या । ज्ञानी लोग ब्रह्म को निर्गुण और सगुण कहते हैं। उक्त सारे भेद तब तक विधमान रहते हैं जब तक कि आत्मा मोक्ष प्राप्त न कर ले। यही सनातन धर्म का सत्य है । ब्रह्म महा आकाश है तो आत्मा घटाकाश। आत्मा का मोक्ष परायण हो जाना ही ब्रह्म में लीन हो जाना है । इसलिए कहते हैं कि ब्रह्म सत्य हैं जगत मिथ्या यही सनातन सत्य है । और इस शाश्वत सत्य को जानने या मानने वाला ही सनातनी कहलाता है ।

सनातन धर्म के सत्य को जन्म देने वाले अलग-अलग काल में अनेक ऋषि हुए हैं। उक्त ऋषियों को दृष्टा कहा जाता है । जिन्होंने सत्य को जैसा देखा, वैसा कहा । इसीलिए सभी ऋषियों की बातों में एकरूपता है । जो उक्त ऋषियों की बातों को नहीं समझ पाते वही उसमें भेद करते हैं। भेद भाषाओं में होता है, अनुवादकों में होता है, संस्कृतियों में होता है परम्पराओ में होता है ,सिद्धांतों में होता है, लेकिन सत्य में नहीं है ।

अति प्राचीन काल में इस धर्म के लोग मुख्य रूप से पाँच भागों में बंटे नजर आते थे। कालांतर में अलग-अलग अवधारणा की समाप्ति हुई तथा दो ही संप्रदाय शेष रहे शैव और वैष्णव। इसमें बताया गया की सबसे बड़ी शक्ति परम पिता परमेश्वर हैं, जिसे आप शिव कहें या विष्णु कहें।

१) **गणपत्य** – ये भगवान गणेश को अपने अधिपति मानकर उनकी ही पूजा करते थे।

२) **शैव** – यह समुदाय भगवान शिव को आराध्य मान कर उनकी ही आराधना करते थे।

३) **वैष्णव** – भगवान विष्णु की के उपासक वैष्णव संप्रदाय कहलाते थे।

४) **सौर** – जो सूर्य को ही सर्वोच मानते थे और केवल सूर्य की ही पूजा करते थे।

५) **शाक्त** – माँ शक्ति के उपासक शाक्त समुदाय कहे जाते थे।

सनातन धर्म वास्तव में, हिंदू धर्म का ही वैकल्पिक नाम हैं । यह वैदिक कालीन धर्म भारतीय का मूल धर्म है । इतिहास इस बात का साक्षी हैं कि सनातन हिन्दू धर्म दुनियाँ का अति प्राचीन धर्म है । क्योंकि यह धर्म सनातन काल से चला आ रहा है । सनातन धर्म में परम ब्रह्म में विश्वास किया जाता है, जो सर्वव्याप्त है। इसमें आत्मा, पुनर्जन्म और मोक्ष में विश्वास किया जाता है । सनातन धर्म में परम पिता प्रमात्मा को निराकार माना गया है, लेकिन मूर्ति पूजा को स्वीकार किया जाता है । इस धर्म में अनगिनत देवी देवताओं के आस्तित्व को स्वीकारा जाता है । सनातन धर्म में प्रमुख देवता ब्रह्मा,विष्णु और महेश को कहा गया है । सनातन धर्म में यज्ञ और अनुष्ठान को प्राथमिकता दिया गया है । लेकिन भक्ति और ज्ञान को भी श्रेष्ठ माना गया है ।

सनातन धर्म दुनियाँ का सबसे प्राचीन धर्म जिसका उद्भव सृष्टि के आरंभ के समय से ही माना जाता है । सनातन धर्म में पुनर्जन्म में विश्वास किया जाता है । इसमें प्राणी का मरने के बाद अपने कर्मों के अनुसार पुनर्जन्म होता है । कहा जाता हैं की प्राणी मात्र को अपने कर्मों के अनुसार पाप और पुण्य भोगना पड़ता है । इसमें कर्मों के अनुसार फल की भी चर्चा की गयी है। जो जैसा कर्म करेगा, उसे वैसा ही फल उन्हें मिलता है । सनातन धर्म म ईश्वर के साकार और निराकार दोनों रूपों में विश्वास किया जाता है । आप चाहें साकार साधना करें या निराकार, आराधना उसी सर्व शक्तिमान की होती है । सनातन धर्म में आत्मा की अवधारणा को स्वीकार किया गया है । आत्मा को अमर बताया गया है । आत्मा न तो जन्म लेती है न ही आत्मा का विनाश होता है । आत्मा को उसी परम सत्ता का अंश बताया गया है और अंत में आत्मा उसी परम सत्ता में समा जाएगी।

सनातन धर्म में कहा गया है कि जब-जब पृथ्वी पर पाप बढ़ जाते हैं और धर्म की हानी होने लगती है । तब-तब ईश्वर धर्म की रक्षा के लिए प्रभु अवतार लेते हैं । इसमें बताया गया है कि परोपकार ही परम धर्म है । जीव मात्र पर ईश्वर की आराधना के तुल्य है । यह धर्म अहिंसा ही परम धर्म है का संदेश देती है । सनातन

धर्म के सिद्धान्तों पर चल कर मानसिक, शारीरिक और आध्यात्मिक सभी तरह के सुख की अनुभूति की जा सकती है । सनातन धर्म हमें यह सिखाता है कि सद्गुण और सदाचरण से ही मनुष्य जीवन सार्थक होता है ।इस धर्म को किसी पर थोपा नहीं जाता है । इनके मानने वाले स्वतंत्र होते है।अगर कोई हिन्दू मूर्ति पूजा में विश्वास करता है या नही करता है यह पूरी तरह उसकी अपनी इच्छा पर निर्भर है ।

भारत में जितने धर्म हैं उतने विश्व के किसी देश में नहीं हैं । भारत में जिन लोगों ने हिन्दू धर्म की जटिलताओं को स्वीकारने में दिक्कत महसूस किया। उन्होंने अलग पंथ को स्वीकार कर लिया, चाहे जैन धर्म हो, बौद्ध धर्म या सिख धर्म हो, इन धर्मों का विकास हिन्दू धर्म से ही हुआ है । इतने धर्मों और उन धर्मों में भारी धर्मांतरण के बाद भी भारतीय महाद्वीप की बहुसंखयक आवादी आज भी सनातन धर्म अर्थात हिन्दू धर्म को ही मानती है ।

सनातन धर्म में इन चार बातो को उल्लेखित किया गया है ।

१) **हिंदुत्व:** हिंदू अस्तित्व की पहचान हैं कि आप अपनी आस्था से, जन्म से, मन से हिंदू हैं। लेकिन अपनी पहचान के प्रति सजग होना और उसके प्रति चेतना का विकास होना हिंदुत्व है । अर्थात पहचान से हिंदू होने का तात्पर्य है कि क्षमाभाव, प्रेमभाव और आचरण की शुद्धता होना, अहिंसा के रास्ते पर चलना और विविधता को महत्व देना।

२) **आर्यत्व:** आर्य समाज के लोग इसे आर्य धर्म कहते हैं, जबकि आर्य किसी जाति या धर्म का नाम न हो कर इसका अर्थ सिर्फ श्रेष्ठ ही माना जाता है । अर्थात जो मन, वचन और कर्म से श्रेष्ठ है वही आर्य है । बौद्ध धर्म के चार आर्य सत्य का अर्थ चार श्रेष्ठ सत्य ही होता है । बुद्ध कहते हैं कि उक्त श्रेष्ठ व शाश्वत सत्य को जानकर आष्टांगिक मार्ग का अनुसरण करना ही ‹एस धम्मो सनंतनो › अर्थात यही है सनातन धर्म। इस प्रकार आर्य धर्म का अर्थ श्रेष्ठ समाज का धर्म ही होता है । प्राचीन भारत को आर्यावर्त भी कहा जाता था जिसका तात्पर्य श्रेष्ठ जनों के निवास की भूमि था।

३) **सनातन मार्ग:** विज्ञान जब प्रत्येक वस्तु, विचार और तत्व का मूल्यांकन करता है तो इस प्रक्रिया में धर्म के अनेक विश्वास और सिद्धांत धराशायी हो जाते हैं। विज्ञान भी सनातन सत्य को समझने में अभी तक कामयाब नहीं

हुआ है किंतु वेदांत में उल्लेखित जिस सनातन सत्य की महिमा का वर्णन किया गया है, विज्ञान धीरे-धीरे उससे सहमत होता नजर आ रहा है । हमारे ऋषि-मुनियों ने ध्यान और मोक्ष की गहरी अवस्था में ब्रह्म, ब्रह्मांड और आत्मा के रहस्य को जानकर उसे स्पष्ट तौर पर व्यक्त किया था। वेदों में ही सर्वप्रथम ब्रह्म और ब्रह्मांड के रहस्य पर से पर्दा हटा कर ‹मोक्ष› की धारणा को प्रतिपादित कर उसके महत्व को समझाया गया था। मोक्ष के बगैर आत्मा की कोई गति नहीं इसीलिए ऋषियों ने मोक्ष के मार्ग को ही सनातन मार्ग माना है ।

४) मोक्ष का मार्ग: धर्म, अर्थ, काम, मोक्ष, में मोक्ष अंतिम लक्ष्य है । यम, नियम, अभ्यास और जागरण से ही मोक्ष मार्ग पुष्ट होता है । जन्म और मृत्यु मिथ्या है । जगत भ्रम पूर्ण है । ब्रह्म और मोक्ष ही सत्य है । मोक्ष से ही ब्रह्म हुआ जा सकता है । इसके अलावा स्वयं के अस्तित्व को कायम करने का कोई उपाय नहीं । ब्रह्म के प्रति ही समर्पित रहने वाले को ब्राह्मण और ब्रह्म को जानने वाले को ब्रह्मर्षि और ब्रह्म को जानकर ब्रह्ममय हो जाने वाले को ही ब्रह्मलीन कहते हैं।

सनातनी (हिन्दू) मानते हैं कि समय सीधा ही चलता है । सीधे चलने वाले समय में जीवन और घटनाओं का चक्र चलता रहता है । समय के साथ घटनाओं में दोहराव होता है फिर भी घटनाएं नई होती हैं। लेकिन समय की अवधारणा हिन्दू धर्म में अन्य धर्मों की अपेक्षा बहुत अलग है । प्राचीनकाल से ही हिन्दू मानते आए हैं कि हमारी धरती का समय अन्य ग्रहों और नक्षत्रों के समय से भिन्न है, जैसे 365 दिन में धरती का 1 वर्ष होता है तो धरती के मान से 365 दिन में देवताओं का 1 ‹दिव्य वर्ष› होता हैं । हिन्दू काल-अवधारणा सीधी होने के साथ चक्रीय भी है । चक्रीय इस मायने में कि दिन के बाद रात और रात के बाद दिन होता है तो यह चक्रीय है, लेकिन इसका यह मतलब नहीं कि कल वाला दिन ही आज का दिन है और आज भी कल जैसी ही घटनाएं घटेंगी ।

उपरोक्त लिखने का आशय यह हैं कि हिन्दू काल निर्धारण अनुसार 4 युगों का मतलब 12,000 दिव्य वर्ष होता है । इस तरह अब तक 4-4 करने पर 71 युग होते हैं। 71 युगों का एक मन्वंतर होता हैं । इस तरह 14 मन्वंतर का 1 कल्प माना गया हैं । 1 कल्प अर्थात ब्रह्मा जी के लोक का 1 दिन होता है । विष्णु पुराण

के अनुसार मन्वंतर की अवधि 71 चतुर्युगी के बराबर होती है । इसके अलावा कुछ अतिरिक्त वर्ष भी जोड़े जाते हैं। 1 मन्वंतर = 71 चतुर्युगी = 8,52,000 दिव्य वर्ष = 30,67,20,000 मानव वर्ष। अब तक 6 मन्वंतर बीत चुके हैं और यह 7वां मन्वंतर चल रहा है जिसका नाम वैवस्वत मनु का मन्वंतर कहा गया है । यदि हम कल्प की बात करें तो अब तक महत कल्प, हिरण्य गर्भ कल्प, ब्रह्म कल्प और पद्म कल्प बीत चुका है और यह पांचवां कल्प वराह कल्प चल रहा है । अब तक वराह कल्प के स्वयम्भुव मनु, स्वरोचिष मनु, उत्तम मनु, तमास मनु, रेवत मनु, चाक्षुष मनु तथा वैवस्वत मनु के मन्वंतर बीत चुके हैं और अब वैवस्वत तथा सावर्णि मनु की अंतरदशा चल रही है । सावर्णि मनु का आविर्भाव विक्रमी संवत् प्रारंभ हो ने से 5,631 वर्ष पूर्व हुआ था ।

धर्म एवं संस्कृति पर प्रायः होने वाली बहस में यह भुला दिया जाता है कि भारत की पहचान सदा से धर्म एवं संस्कृति ही रही है । ये दोनों एक-दूसरे के पूरक हैं। जहां धर्म संस्कृति का आधार है, वहीं संस्कृति धर्म की संवाहिका है । दोनों ही अपने-अपने परिप्रेक्ष्य में राष्ट्र के निर्माण एवं राष्ट्रीयता के संरक्षण में सहायक सिद्ध होते हैं। जहां धर्म अपनी स्वाभाविकता के साथ सामाजिक परिवेश का आधार बनता है, वहीं संस्कृति सामाजिक मूल्यों का स्थायी निर्माण करती है । कहना अप्रासंगिक नहीं होगा कि धर्म का सूत्र मानव के सर्वांगीण विकास को सुनिश्चित करता है। तो वहीं संस्कृति मानवीय संवेदनाओं को सामाजिक सरोकार से जोड़ती है । इस तरह धर्म कालांतर में संस्कृति का रक्षण करता है और संस्कृति धर्म के आधार का उन्नयन करती है ।

जहां धर्म हमारे सर्वस्व का प्रतीक रहा हैं तो वहीं संस्कृति हमारी स्वाभाविक जीवन शैली की वाहिका रही है । दोनों ने ही भारतीय मूल्यों को जीवंत रखा है और संसार में इसी कारण से भारत का मान-सम्मान रहा है ।प्राचीन समय में धर्म एक नागरिक के जीवन के उद्देश्यों का आधार था। धर्म मात्र प्रतीक नहीं हो कर समग्र चेतना का स्तंभ था। परिणाम स्वरूप भारत की सामाजिक, आर्थिक एवं नैतिक व्यवस्था मजबूत थी। इस तरह भारतीय का जीवन शांत एवं सुखी था। तब संस्कृति, भारतीयता को परिभाषित करती थी और भारत की सारी व्यवस्थाएं संस्कृति पर आधारित थीं। संस्कृति का सौरभ ही हमारे राष्ट्र का सौरभ था। इस तरह से हमारी पारिवारिक एवं सामयिक पृष्ठ भूमि निरंतर विकसित होती गई।

हमारे वैचारिक दृष्टि कोण का ताना-बाना हमारी संस्कृति पर ही आधारित था और हमारा संपूर्ण जीवन उन्नति के चरम पर पहुंचता रहा।

धीरे-धीरे हमारी धार्मिक मान्यताएं और स्थिर होती गईं और संस्कृति का कार्मिक विकास होता गया। कहना गलत नहीं होगा कि धर्म और संस्कृति ने मिलकर हमारी भारतीयता को विकसित किया। यह भारतीय धर्म की विशेषता रही है कि वह जटिलताओं में जकड़ा न रहा और सतत चिंतन की अवधारणा को विकसित होने में सहायक सिद्ध हुआ, जिसके कारण अनेक भारतीय धर्मों का उदय हुआ। बौद्ध, जैन एवं बाद में सिख धर्म ने अपनी चिंतन शैली को विकसित किया, परंतु मूल में सनातन धर्म ही रहा ।

आज हम जानते हैं कि भारतीय चिंतन पर आधारित अनेक शैक्षणिक एवं सांस्कृतिक संस्थाएं दुनिया के विभिन्न हिस्सों में स्थापित हो कर काम कर रही हैं। वे हमारी विरासत का संरक्षण ही कर रही हैं। भाषा के मामले में भी देखें तो भारतीय भाषाओं ने विश्व की भाषाओं को प्रभावित किया और कई विदेशी भाषाओं के निर्माण में भारतीय भाषाओं ने योगदान दिया। एशियाई देशों की अधिकतर भाषाएं संस्कृत, एवं प्राकृत पर आधारित हैं। इस तरह इन भाषाओं से विकसित विदेशी भाषाओं से भारतीय दर्शन एवं संस्कृति का सहज ही ज्ञान परिलक्षित होता है ।

भारतीय भाषा विदों, धार्मिक गुरुओं एवं संस्कृति को पोषित करने वाले व्यक्तियों ने विश्व में अपनी पहचान बना कर भारत की गरिमा को हमेशा गौरव प्रदान किया। अनेक लोग भारतीय धर्म एवं संस्कृति के माध्यम से आज भी निरंतर सक्रिय हैं।आवश्यकता इसकी है कि भारतीय धर्म एवं संस्कृति के विभिन्न आयामों को आधुनिक परिवेश में परिभाषित किया जाए और इन क्षेत्रों में काम कर रहे लोगों को सरकार द्वारा प्रोत्साहित किया जाना चाहिए। इससे न केवल भारत का सांस्कृतिक संबंध दुनिया से मजबूत होगा, बल्कि आर्थिक एवं राजनयिक संबंध भी प्रगाढ़ होंगे।

हिंदू धर्म

विश्व में केवल हिन्दू धर्म ही ज्ञान पर आधारित धर्म है, बाकी सब तो किसी एक व्यक्ति के द्वारा प्रतिपादित किये गये हैं। इसलिए हिन्दू धर्म ही सर्वश्रेष्ठ है और उसकी किसी से तुलना नहीं की जा सकती है, एक मात्र हिंदू धर्म ही ऐसा धर्म है, जो समय-समय पर अपने नियमों की समीक्षा करके उनमें सुधार करता रहा है । हिन्दू धर्म एक खुला धर्म है जो विचार से नहीं अपितु विवेक से विकसित हुआ है । इसके विपरीत अन्य धर्म सभी बंद धर्म हैं, जो एक व्यक्ति मात्र के विचारों पर आधारित है और जो यह मानकर चलते हैं कि समय अपरिवर्तित रहता है और व्यक्ति का विवेक भी। इन धर्मों में विचारों के विकास का कोई महत्व नहीं है । यही कारण है कि इन धर्मों में विशेष आग्रह अथवा वैचारिक कट्टरता पाई जाती है ।

हिन्दू कौन हैं?

"हिन्दू" शब्द की खोज - **"हीनंदुष्यतिइतिहिन्दू से हुई है ।"**

अर्थात: जो अज्ञानता और हीनता का त्याग करे उसे हिन्दू कहते हैं।

'हिन्दू' शब्द, करोड़ों वर्ष प्राचीन, संस्कृत शब्द से है!

यदि संस्कृत के इस शब्द का सन्धि विछेदन करें तो पायेंगे .

हीन + दू = हीन भावना + से दूर

अर्थात:जो हीन भावना या दुर्भावना से दूर रहे, मुक्त रहे, वो हिन्दू हैं!

हमें बार - बार, सदा झूठ ही बतलाया जाता है कि हिन्दू शब्द मुगलों ने हमें दिया, जो "सिंधु" से "हिन्दू" हुआ ।

हिन्दू शब्द की वेद से ही उत्पत्ति है!

आइए आगे जानते हैं ,कहाँ से आया हिन्दू शब्द और कैसे हुई इसकी उत्पत्ति?

कुछ लोग यह कहते हैं कि हिन्दू शब्द सिंधु से बना है और यह फारसी शब्द है ।परंतु ऐसा कुछ नहीं है! ये केवल झुठ फ़ैलाया जाता है । हमारे "वेदों" और "पुराणों" में हिन्दू शब्द का उल्लेख मिलता है ।आज हम आपको बता रहे हैं कि हमें हिन्दू शब्द कहाँ से मिला है!

"ऋग्वेद" के "ब्रहस्पति अग्यम " में हिन्दू शब्द का उल्लेख इस प्रकार आया है:-

"हिमालयंसमारभ्य

यावद्इन्दसरोवरं।

तंदेवनिर्मितंदेशं

हिन्दुस्थानंप्रचक्षते।"

अर्थात: हिमालय से इंदु सरोवर तक, देव निर्मित देश को हिंदुस्तान कहते हैं!

केवल "वेद" ही नहीं, बल्कि "शैव" ग्रन्थ में हिन्दू शब्द का उल्लेख इस प्रकार किया गया है:-

"हीनंचद्रूष्यतेक्हिन्दुरित्युच्चतेप्रिये।"

अर्थात:- जो अज्ञानता और हीनता का त्याग करे उसे हिन्दू कहते हैं!

इससे मिलता जुलता लगभग यही श्लोक" कल्पद्रुम " में भी दोहराया गया है:

"हीनंदुष्यतिइतिहिन्दू!"

अर्थात:जो अज्ञानता और हीनता का त्याग करे उसे हिन्दू कहते हैं।

"पारिजातहरण" में हिन्दू को कुछ इस प्रकार कहा गया है:-

"हिनस्तितपसापापां

दैहिकांदुष्टं।

हेतिभिःश्लुवर्गंच

सहिन्दुर्भिधियते।"

अर्थात:- जो अपने तप से शत्रुओं का, दुष्टोंका, और पाप का नाश कर देता है, वही हिन्दू हैं!

"माधवदिग्विजय" में भी हिन्दू शब्द को कुछ इस प्रकार उल्लेखित किया गया है:-

" ओंकारमन्त्रमूलाढ्य

पुनर्जन्मद्रढ़ाश्यः ।

गौभक्तोभारतः

गरुर्हिन्दुर्हिंसनद्रूषकः ।"

अर्थात: वो जो "ॐ कार" को ईश्वरीय धुन माने, कर्मों पर विश्वास करे, गौ-पालक रहे, तथा बुराइयों को दूर रखे, वो हिन्दू है!

केवल इतना ही नहीं ,हमारे "ऋगवेद" (8:2:41) में हिन्दू नाम के बहुत ही पराक्रमी और दानी राजा का वर्णन मिलता है, जिन्होंने 46,000 गौमाता दान में दी थी! और "ऋग्वेदमंडल" में भी उनका वर्णन मिलता है।

बुराइयों को दूर करने के लिए सतत प्रयास रत रहने वाले ,सनातन धर्म के पोषक व पालन करने वाले हिन्दू हैं।

सनातन धर्म के प्राचीन इतिहास को किसी मानव की उत्पत्ति से जोड़कर नहीं देखा जा सकता। हर कोई यह जानने का प्रयास करता है कि सनातन धर्म की शुरुआत कैसे हुई और क्या है, इसका क्रमबद्ध इतिहास। बहुत से लोग पुराण कथाएं पढ़कर हमेशा भ्रम में रहते हैं और सोचते हैं कि आखिर पहले कौन हुआ और बाद में कौन? उत्पत्ति का मूल जानना और फिर क्रमशः विकास, उत्थान और पतन को जानना जरूरी है । सनातन धर्म को जानने के लिए संछेप में आगे जानकारी दी जा रही है जिसको को पढ़ कर हम और हमारी आगे आने वाली पीढ़ियां अपने सनातन धर्म के उत्कृष्ट ज्ञान को प्राप्त कर सकते हैं।

ब्रह्मा, विष्णु, महेश, की उत्पत्ति

ब्रह्मा, विष्णु और महेश की कथा को शिव के भक्तों ने शिव को आधार बना कर लिखा तो विष्णु के भक्तों ने विष्णु को आधार बना कर। जब सब कुछ प्रलय के कारण नष्ट हो गया तो धरती लाखों वर्ष तक अंधकार में रही । फिर सूखी धरती पर जलावृष्टि हुई और यह धरती पूर्ण रूप से जल से भर गई। संपूर्ण धरती जलमग्न हो गई। जल में भगवान विष्णु की उत्पत्ति हुई। जब उन्हों ने आंखें खोलीं तो नेत्रों से सूर्य की और हृदय से चंद्रमा की उत्पत्ति हुई। जल से विष्णु की उत्पत्ति होने के कारण उन्हें हिरण्याभ भी कहते हैं। हिरण्य अर्थात जल और नाभ अर्थात नाभि यानी जल की नाभि । इस नाभि से कमल की उत्पत्ति हुई और कमल जब जल के ऊपर खिला तो उसमें से ब्रह्मा की उत्पत्ति हुई।

फिर उनके माथे से ही एक ज्योतिर्लिंग प्रकट हुआ, जो टूटकर जब बिखरा तो उसमें से महेश की उत्पत्ति हुई। दोनों ने पूछा - मैं कौन हूं। तब विष्णु ने उनको सृष्टि के विस्तार का आदेश दिया । इस काल में एक ओर जहां जल में एकइंद्रिय और एकरंगी जीवों की उत्पत्ति हुई वहीं असंख्य पौधों और लताओं की उत्पत्ति होती गई। इसी तरह मेरू पर्वत से जब कुछ जल हटा तो यही एकइंद्रिय जीव वहां फैलकर तरह-तरह के रूप धरने लगे। ये जीवन क्रम विकास के क्रम में शामिल हो गए। यह सब ब्रह्मा की घोर तपस्या और अथक प्रयास से संभव हुआ।

ब्रह्मा की उत्पत्ति जल में उत्पन्न कमल पर हुई। उन्हों ने कमल के डंठल के अंदर उतरकर उसका मूल जानने का प्रयास किया लेकिन नहीं जान पाए। तब वह पुन: कमल आकर पर विराजमान हो कर सोचने लगे कि मैं कहां से और कैसे उत्पन्न हुआ। तभी एक शब्द सुनाई दिया ‹तपस तपस›। तब ब्रह्मा ने सौ वर्षों तक वहीं आंख बंद कर तपस्या की । फिर ब्रह्मा को भगवान विष्णु की प्रेरणा से सृष्टि रचना का आदेश मिला । उन्होंने तब सर्व प्रथम चार पुत्रों की उत्पत्ति की। सनक,

सनन्दन, सनातन, सनत्कुमार । ब्रह्मा ने इन्हें सृष्टि रचना का आदेश दिया। परंतु ये चारों भी सृष्टि रचना छोड़कर तपस्या में लीन हो गए। अपने पुत्रों की इस क्रियाकलाप से जब ब्रह्मा क्रोधित हुए तो उनकी भौहों से एक बालक का जन्म हुआ। यह बालक रोने लगा तो इसका नाम रुद्र रख दिया गया ।

धर्म ग्रंथों के अनुसार ये चारों कुमार प्रकाट्य काल से ही मोक्ष मार्ग परायण, ध्यान में तल्लीन रहने वाले, नित्यसिद्ध एवं नित्य विरक्त थे। ये भगवान विष्णु के सर्वप्रथम अवतार माने जाते हैं। यह सभी सर्वदा पांच वर्ष आयु के ही रहे। न कभी जवान हुए ना बूढ़े। चार भाई एक साथ ही रहते हैं ब्रह्मांड में विचरण करते रहते हैं। चारों जहां भी जाते भगवान विष्णु का भजन करते उनके भजन-कीर्तन में ध्यानस्थ रहते थे। वे सर्वदा उदासीन भाव से युक्त हो कर भजन साधन में मग्न रहते थे। इन्हीं चारों कुमारों से उदासीन भक्ति, ज्ञान तथा विवेक का मार्ग शुरू हुआ जो आज तक उदासीन अखाड़ा के नाम जाना जाता है । प्रलयकाल के समय जो वेद शास्त्र लीन हो गए थे इन चार कुमारों ने भगवान विष्णु के हंसावतार में पुनः प्राप्त किया ।

सनाकादि ऋषियों ने अपना प्रथम उपदेश नारदजी को दिया था। पुराणों में इन चारों कुमारों के श्राप और वरदान देने के कई किस्से और कहानियां हैं। एक बार विष्णु के द्वारपाल जय और विजय ने इन्हें अंदर जा ने से रोक दिया था, जिसके चलते उन्होंने इन्हें धरती पर तीन जन्मों तक राक्षस योनी में जन्म लेने का श्राप दिया था। दोनों ही भाई बाद में हिरण्याक्ष और हिरण्यकश्यप के रूप में जन्में। फिर रावण और कुंभकर्ण के रूप में जन्में और अंत में शिशुपाल और दन्तवक्र के रूप में जन्म लेकर श्री हरि के हाथों मोक्ष द्वार गए।

ब्रह्मा ने विष्णुजी की शक्ति से दस तेजस्वी पुत्रों को जन्म दिया । तब ब्रह्मा ने दसमानस पुत्रों को उत्पन्न किया । भागवत पुराण के अनुसार ये मानसपुत्र ये हैं- अत्रि, अंगरिस, पुलस्त्य, मरीचि, पुलह, क्रतु, भृगु, वसिष्ठ, दक्ष, और नारद हैं। इन ऋषियों को प्रजापति भी कहते हैं। इनकी उत्पत्ति, मन से मारिचि, नेत्र से अत्रि, मुख से अंगिरस, कान से पुलस्त्य, नाभि से पुलह, हाथ से कृतु, त्वचा से भृगु, प्राण से वशिष्ठ, अंगुष्ठ से दक्ष, छाया से कंदर्भ, गोद से नारद। उनसे कहा कि आप मानव जीवन की उत्पत्ति करें, उनको शिक्षा दें और परमेश्वर का मार्ग बताएं। उनके मुख से पुत्री वाग्देव की उत्पत्ति हुई।

बहुत काल तक जब ये ऋषि तपस्या में ही लीन रहे तो यह देखकर स्वयं ब्रह्मा ने मानव रूप में स्वयम्भुव मनु और स्त्री रूप में शतरूपा को जन्म दिया । उन्होंने तब उन दोनों से मानव जाति के विस्तार का आदेश दिया और कहा कि आप सभी धर्मसम्मत वेदवाणी का ज्ञान दें। वेद ईश्वर की वाणी है । इस वाणी को सर्वप्रथम 4 क्रमशः ऋषियों ने सुना - 1. अग्नि, 2. वायु, 3. अंगिरा और 4. आदित्य। परंपरागत रूप से इस ज्ञान को स्वयम्भुव मनु ने अपने कुल के लोगों को सुनाया, फिर स्वरोचिष, फिर औत्तमी, फिर तामस मनु, फिर रैवत और फिर चाक्षुष मनु ने इस ज्ञान को अपने कुल और समाज के लोगों को सुनाया । बाद में इस ज्ञान को वैवश्वत मनु ने अपने पुत्रों को दिया । इस तरह परंपरा से प्राप्त यह ज्ञान श्री कृष्ण तक पहुंचा ।

हिन्दू धर्म की शुरुआत की कहानी में सबसे पहले ब्रह्मा और उनके पुत्रों की कहानी का अधिक महत्व है। उसके बाद विष्णु और महेश के शिष्यों और भक्तों की कहानी का अधिक महत्व है । महेश ने ब्रह्मा के पुत्र दक्ष की बेटी सती से विवाह किया और विष्णु ने ब्रह्मा के पुत्र भृगु की बेटी लक्ष्मी से विवाह किया । इस तरह ब्रह्मा, विष्णु और महेश ने संपूर्ण धरती पर देव, दैत्य, दानव, राक्षस, मानव, किन्नर, वानर, नाग, मल्ल आदि हजारों तरह के जीवों की रचना की । उल्लेखनीय है कि स्वयम्भुव मनु के कुल में भगवान ऋषभदेव हुए। ऋषभदेव स्वयम्भुव मनु से पांचवी पीढ़ी में इस क्रम में हुए- स्वयम्भुव मनु, प्रियव्रत, अग्नीघ्र, नाभि और फिर ऋषभ। ऋषभदेव ने प्रजा को जीवन के निर्वाह हेतु असि, मसि, कृषि, वाणिज्य, विद्या, शिल्प आदि की शिक्षा दी । इनका नंदा व सुनंदा से विवाह हुआ। इनके भरत व बाहुबली आदि सौ पुत्र हुए।

ऋषि कश्यप, हिरण्यकश्यप और हिरण्याक्ष

हम जानते हैं कि संपूर्ण धरती पर पहले जल ही था । जल जब हटा तो धरती का सर्वप्रथम हिस्सा जो प्रकट हुआ, वह मेरू पर्वत के आस-पास का क्षेत्र था । यह पर्वत हिमालय के बीचो-बीच का हिस्सा है । यहीं पर कैलाश पर्वत है । कश्मीर को कश्यप ऋषि के कुल के लोगों ने ही बसाया था । ऋषि कश्यप एक ऐसे ऋषि थे जिन्हों ने बहुत स्त्रियों से विवाह कर अपने कुल का विस्तार किया था । आदिम काल में जातियों की विविधता आज की अपेक्षा कई गुना अधिक थी । ऋषि कश्यप ब्रह्मा जी के मानस-पुत्र मरीचि के विद्वान पुत्र थे। सुर-असुरों के मूल पुरुष ऋषि कश्यप का आश्रम मेरू पर्वत के शिखर पर था, जहां वे परब्रह्म परमात्मा के ध्यान में ली न रहते थे। समस्त देव, दानव एवं मानव ऋषि कश्यप की आज्ञा का पालन करते थे। कश्यप ने बहुत से स्मृति-ग्रंथों की रचना की थी ।

पुराण के अनुसार सृष्टि की रचना और विकास के काल में धरती पर सर्वप्रथम भगवान ब्रह्मा जी प्रकट हुए। ब्रह्मा जी से दक्ष प्रजापति का जन्म हुआ। ब्रह्मा जी के निवेदन पर दक्ष प्रजापति ने अपनी पत्नी असिक्नी के गर्भ से छयासठ कन्याएं पैदा कीं । इन कन्याओं में से तेरह कन्याएं ऋषि कश्यप की पत्नियां बनीं । मुख्यत: इन्हीं कन्याओं से सृष्टि का विकास हुआ और कश्यप सृष्टिकर्ता कहलाए। कश्यप की पत्नियाँ अदिति, दिति, दनु काष्ठा, अरिष्ठा,, इला, मुनि, क्रोधवशा, ताम्रा, सुरभि, सुरसा, तिमि, विनता, कद्रू, पतांगी और यामिनी आदि पत्नियां बनीं । इन पत्नियों की कहानी भी बड़ी रोचक हैं ।

अदिति: पुराणों के अनुसार कश्यप ने अपनी पत्नी अदिति के गर्भ से बारह आदित्यों को जन्म दिया जिनमें भगवान नारायण का वामन अवतार भी शामिल था । ये बारह पुत्र इस प्रकार थे- विवस्वान (सूर्य), अर्यमा, पूषा, त्वष्टा (विश्वकर्मा), सविता, भग, धाता, विधाता, वरुण, मित्र, इंद्र और त्रिविक्रम (भगवान वामन)। माना

जाता है कि ऋषि कश्यप के पुत्र विवस्वान से वैवस्वत मनु का जन्म हुआ। महाराज वैवस्वत मनु को इक्ष्वाकु, नृग, धृष्ट, शर्याति, नरिष्यंत, प्रांशु, नाभाग, दिष्ट, करुष और पृषध्ननामक दस श्रेष्ठ पुत्रों की प्राप्ति हुई। इनके ही कुल में आगे चलकर श्री राम हुए। यह सूर्यवंशियों का कुल था, जबकि चंद्रवंशियों की उत्पत्ति ब्रह्मा के पुत्र अत्रि से हुई थी। ब्रह्मा से अत्रि, अत्रि से चंद्रमा, चंद्रमा से बुध, बुध से पुरुरवा, पुरुरवा से आयु,आयु से नहुष, नहुष से यति, ययाति, संयाति, आयति, वियाति और कृति नामक 6 महाबल-विक्रमशाली पुत्र हुए। सूर्यवंश- ब्रह्मा से मरीचि, मरीचि से कश्यप और कश्यप से विवस्वान (सूर्य), विवस्वान से वैवस्वत मनु का जन्म हुआ।

दिति: कश्यप ऋषि ने दिति के गर्भ से हिरण्यकश्यप और हिरण्याक्ष नामक दो पुत्र एवं सिंहिका नामक एक पुत्री को जन्म दिया। श्री मद्भागवत के अनुसार इन तीन संतानों के अलावा दिति के गर्भ से कश्यप के उनन्चास अन्य पुत्रों का जन्म भी हुआ, जो कि मरुंदण कहलाए। कश्यप के ये पुत्र निःसनातन रहे। जबकि हिरण्यकश्यप के चार पुत्र थे- अनुहल्लाद, हल्लाद, भक्त प्रह्लाद और संहल्लाद।

देवासुर संग्रामः अदिति एवं दिति दोनों के पुत्रों को सुर और असुर कहा जाता है। दोनों के ही पुत्रों में धरती पर स्वर्ग के अधिकार को लेकर घनघोर युद्ध होता था। माना जाता है कि देवासुर संग्राम लगभग बारह बार हुआ। इन दोनों के पुत्रों में अदिति के पुत्र इंद्र और विवस्वान की प्रतिद्वंद्विता दिति के पुत्र हिरण्यकश्यप और हिरण्याक्ष से चलती रहती थी। अदिति के पुत्र वरुण देव और असुर दोनों को ही प्रिय थे इसलिए उनको असुरों का समर्थक भी माना गया है। वरुण देव जल के देवता हैं।

हिरण्याक्ष

दिति का पुत्र हिरण्याक्ष भयंकर दैत्य था। वह तीनों लोकों पर अपना अधिकार चाहता था। हिरण्याक्ष का दक्षिण भारत पर राज था। ब्रह्मा से युद्ध में अजेय और अमरता का वर मिलने के कारण उसका धरती पर आतंक हो चला था। हिरण्याक्ष भगवान वराहरूपी विष्णु के पीछे लग गया था और वह उनके धरती निर्माण के कार्य में विन्न डाल कर उनको युद्ध के लिए ललकारता था। वराह भगवान ने जब रसातल से बाहर निकलकर धरती को समुद्र के ऊपर स्थापित कर दिया, तब उनका ध्यान हिरण्याक्ष पर गया।

आदि वराह के साथ भी महाप्रबल वराह सेना थी । उन्होंने अपनी सेना को लेकर हिरण्याक्ष के क्षेत्र पर चढ़ाई कर दी और विंध्यगिरि के पाद प्रसूत जल समुद्र को पार कर उन्होंने हिरण्याक्ष के नगर को घेर लिया । संगमनेर में महासंग्राम हुआ और अंतत: हिरण्याक्ष का अंत हुआ। आज भी दक्षिण भारत में हिंगोली, हिंगनघाट, हींगना नदी तथा हिरण्याक्षगण हैंगड़े नामों से कई स्थान हैं। उल्लेखनीय है कि सबसे पहले भगवान विष्णु ने नील वराह का अवतार लिया फिर आदि वराह बनकर हिरण्याक्ष का वध किया इसके बाद श्वेत वराह का अवतार नृसिंह अवतार के बाद लिया ।

हिरण्यकश्यप

हिरण्यकश्यप का पुत्र प्रह्लाद भगवान विष्णु का भक्त था । हिरण्यकश्यप को यह अच्छा नहीं लगता था । हिरण्याक्ष की तरह वह चाहता था कि संपूर्ण धरती के देव, दानव और मानव मुझे ईश्वर मानें। हिरण्यकश्यप को मारने के लिए भगवान विष्णु को नृसिंह का अवतार लेना पड़ा । होलिका दहन और नृसिंह जयंती पर्व इस घटना की याद में मनाया जाता है ।

आगे भक्त प्रह्लाद की कहानी को संछेप में जानते हैं ।

भक्त प्रह्लाद एवं भगवान विष्णु का नृसिंह अवतार

जब प्रह्लाद अपनी माँ कयाधु के पेट में था, तब उसके चाचा हिरण्याक्ष का भगवान विष्णु के वराहावतार ने वध कर दिया था। इससे कुंठित होकर उसके पिता हिरण्यकश्यप भगवान ब्रह्मा की तपस्या करने चले गए थे। इसके बाद दैत्य नगरी में हिरण्यकश्यप को ना पाकर देवताओं ने वहां पर आक्रमण कर दिया था। उन्होंने दैत्य नगरी पर अधिकार कर लिया तथा कयाधु (प्रह्लाद की माता) को बंदी बना लिया। इंद्र देव कयाधु को बंदी बनाकर अपने साथ ले जाने लगे तब नारद मुनि ने उन्हें रोक दिया। नारद मुनि ने इंद्र से कहा कि तुम एक गर्भवती स्त्री पर अत्याचार नही कर सकते और वह भी तब जब उसके गर्भ में भगवान विष्णु का भक्त पल रहा हो।

इसके पश्चात नारद मुनि कयाधु को इंद्र से छुड़ाकर अपने आश्रम में ले आये तथा हिरण्यकश्यप की तपस्या पूर्ण होने तक अपने आश्रम में रखा। इस दौरान नारद मुनि कयाधु को हरी भजन सुनाते व भगवान विष्णु की कथाओं का विस्तारपूर्वक वर्णन करते। नारद मुनि के इन वचनों का सकारात्मक प्रभाव कयाधु के गर्भ में पल रहे अजन्मे प्रह्लाद पर भी पड़ रहा था। यही कारण था कि जब उसका जन्म हुआ तब वह विष्णु भक्त बना। उससे पहले उसके चार बड़े भाई भी थे जिनका जन्म दैत्य नगरी में ही हुआ था किंतु उनमे से केवल प्रह्लाद ही विष्णु भक्ति में लीन रहता था।

इसी बीच हिरण्यकश्यप की तपस्या समाप्त हो गयी तथा भगवान ब्रह्मा से उसने तीनों लोकों में सर्वशक्तिशाली होने का वरदान प्राप्त कर लिया। राक्षसराज हिरण्यकश्यप ने अपने कठोर तप से ब्रह्मा जी को प्रसन्न कर वरदान मांगा. उसने कहा कि उसे कोई भी मनुष्य, पुरुष या महिला, पशु या पक्षी, दिन या रात, घर या बाहर कहीं भी, अस्त्र-शस्त्र से नहीं मार सकता है । ब्रह्मा जी से वरदान पाकर वह

स्वयं को भगवान समझने लगा । इसके बाद वह पुनः अपनी दैत्य नगरी वापस आ गया और वहां देवताओं का अधिकार हुए देखा। इसके बाद उसने अपने मिले वरदान से ना केवल दैत्य नगरी को वापस पाया अपितु तीनों लोकों पर अधिकार स्थापित कर लिया और इंद्र देव को स्वर्ग के आसन से अपदस्थ कर दिया। अपने राज्य में उसने सभी प्रजा से स्वयं की पूजा करने का आदेश दे दिया। हिरण्यकश्यप की तपस्या समाप्त हो जाने और पुनः अपनी नगरी लौट आने की सूचना मिलने के पश्चात कयाधु और भक्त प्रह्लाद भी नारद मुनि से आशीर्वाद लेकर पुनः अपनी नगरी लौट गए।

हिरण्यकश्यप भगवान ब्रह्मा से मिले वरदान के फलस्वरूप अति-शक्तिशाली हो चुका था। इसी अहंकार में उसने विष्णु को भगवान मानने से मना कर दिया और स्वयं को भगवान की उपाधि दे दी। तीनों लोकों में जो कोई भी विष्णु की पूजा करता, वह उसे मरवा डालता किंतु जब उसने अपने स्वयं के पुत्र को ही विष्णु भक्ति में लीन देखा तो क्रोध की अग्नि में जलने लगा। उसने अपने पांच वर्ष के छोटे से पुत्र प्रह्लाद को मारने की कई बार चेष्ठा की लेकिन हर प्रयास असफल सिद्ध हुआ। उसने प्रह्लाद को पागल हाथियों के सामने फिंकवा दिया ताकि वह उनके पैरों के नीचे कुचल के मारा जाये, सांपों से भरे कुएं में फिंकवा दिया, ऊपर पर्वत की चोटी से नीचे खाई में फेंक दिया, बेड़ियाँ बांधकर समुंद्र में फिंकवाया, अस्त्र-शस्त्र से मरवाने की कोशिश की। परन्तु प्रह्लाद को कोई हानि नहीं पहुंची।

इसके बाद हिरण्यकश्यप ने अपनी बहन होलिका को प्रह्लाद को जलती आग में लेकर बैठने के लिए मनाया । होलिका को ब्रह्मा जी से वरदान प्राप्त था कि आग से वह सुरक्षित रहेगी। आग उसका बाल भी बांका नहीं कर सकती है। कहा जाता है कि होलिका के पास एक चादर थी, जिसे ओढ़ लेने से वह जलती नहीं थी। फाल्गुन पूर्णिमा की रात होलिका भक्त प्रह्लाद को अपनी गोद में लेकर चिता पर बैठ गई, होलिका ने वह चादर ओढ़ लिया, ताकि आग लगाई जाए तो वह बच जाए और प्रह्लाद जलकर मर जाएं। चिता में आग लगाई गई, तब भगवान विष्णु की कृपा से उस चादर से प्रह्लाद सुरक्षित हो गए और होलिका जलकर मर गई। लेकिन हर बार प्रह्लाद के प्राणों की रक्षा करने स्वयं भगवान विष्णु आ जाते।

हिरण्यकशिपु के दूतों ने उसे जब यह समाचार सुनाया तो वह अत्यंत क्षुब्ध हुआ और उसने प्रह्लाद को अपनी सभा में बुलवाया। हिरण्यकशिपु ने प्रह्लाद से कहा – " रे दुष्ट! जिसके बल पर तू ऐसी बहकी- बहकी बातें करता है, तेरा वह

ईश्वर कहाँ है? वह यदि सर्वत्र है तो मुझे इस खम्बे में क्यों नहीं दिखाई देता? " तब प्रह्लाद ने कहा – " मुझे तो प्रभु खम्बे में भी दिखाई दे रहे हैं। " यह सुनकर हिरण्यकशिपु क्रोध के मारे स्वयं को संभाल नहीं सका और हाथ में गदा लेकर सिंघासन से कूद पड़ा और बड़े जोर से उस खम्बे में एक गदा मारा। उसी समय उस खम्बे से बड़ा भयंकर शब्द हुआ और उस खम्बे को तोड़कर एक विचित्र प्राणी बाहर निकलने लगा जिसका आधा शरीर सिंह का और आधा शरीर मनुष्य का था।

यह भगवान विष्णु का नृसिंह अवतार था। उनका रूप बड़ा भयंकर था। उनकी तपाये हुए सोने के समान पीली-पीली आँखें थीं, उनकी दाढ़ें बड़ी विकराल थीं और वे भयंकर शब्दों से गर्जन कर रहे थे। उनके निकट जाने का साहस किसी में नहीं हो रहा था। यह देखकर हिरण्यकशिपु सिंघनाद करता हुआ हाथ में गदा लेकर नृसिंह भगवान पर टूट पड़ा। तब भगवान भी हिरण्यकशिपु के साथ कुछ देर तक युद्ध लीला करते रहे और अंत में उसे झपटकर दबोच लिया और उसे सभा के दरवाजे पर ले जाकर अपनी जांघों पर गिरा लिया और खेल ही खेल में अपनी नखों से उसके कलेजे को फाड़कर उसे पृथ्वी पर पटक दिया। फिर वहाँ उपस्थित अन्य असुरों और दैत्यों को खदेड़-खदेड़ कर मार डाला। उनका क्रोध बढ़ता ही जा रहा था। वे हिरण्यकशिपु की ऊँची सिंहासन पर विराजमान हो गए।उनकी क्रोधपूर्ण मुखाकृति को देखकर किसी को भी उनके निकट जाकर उनको प्रसन्न करने का साहस नहीं हो रहा था।

हिरण्यकशिपु की मृत्यु का समाचार सुनकर उस सभा में ब्रह्मा, इन्द्र, शंकर, सभी देवगण, ऋषि-मुनि, सिद्ध, नाग, गन्धर्व आदि पहुँचे और थोड़ी दूरी पर स्थित होकर सभी ने अंजलि बाँध कर भगवान की अलग-अलग से स्तुति की पर भगवान नृसिंह का क्रोध शांत नहीं हुआ। तब देवताओं ने माता लक्ष्मी को उनके निकट भेजा पर भगवान के उग्र रूप को देखकर वे भी भयभीत हो गई। तब ब्रह्मा जी ने प्रह्लाद से कहा – " बेटा! तुम्हारे पिता पर ही तो भगवान क्रुद्ध हुए थे, अब तुम ही जाकर उनको शांत करो। " तब प्रह्लाद भगवान के समीप जाकर हाथ जोड़कर साष्टांग भूमि पर लोट गए और उनकी स्तुति करने लगे। बालक प्रह्लाद को अपने चरणों में पड़ा देखकर भगवान दयार्द्र हो गए और उसे उठाकर गोद में बिठा लिया और प्रेमपूर्वक बोले –

"वत्स प्रह्लाद! तुम्हारे जैसे एकांत प्रेमी भक्त को यद्यपि किसी वस्तु की अभिलाषा नहीं रहती पर फिर भी तुम केवल एक मन्वन्तर तक मेरी प्रसन्नता के लिए इस

लोक में दैत्याधिपति के समस्त भोग स्वीकार कर लो। भोग के द्वारा पुण्यकर्मों के फल और निष्काम पुण्यकर्मों के द्वारा पाप का नाश करते हुए समय पर शरीर का त्याग करके समस्त बंधनों से मुक्त होकर तुम मेरे पास आ जाओगे। देवलोक में भी लोग तुम्हारी विशुद्ध कीर्ति का गान करेंगे। " यह कहकर भगवान नृसिंह वहीँ अंतर्ध्यान हो गए। विष्णु पुराण में पराशर जी कहते हैं – " भक्त प्रह्लाद की कहानी को जो मनुष्य सुनता है उसके पाप शीघ्र ही नष्ट हो जाते हैं। पूर्णिमा, अमावस्या, अष्टमी और द्वादशी को इसे पढ़ने से मनुष्य को गोदान का फल मिलता है। जिस प्रकार भगवान ने प्रह्लाद जी की सभी आपत्तियों से रक्षा की थी उसी प्रकार वे सर्वदा उसकी भी रक्षा करते हैं जो उनका चरित्र सुनता है। "

अपने पिता की मृत्यु के पश्चात प्रह्लाद तीनों लोकों का राजा बन गया। दैत्य कुल से होते हुए भी उसने अहिंसा तथा धर्म का मार्ग अपनाया तथा सभी की रक्षा की। उसके राज्य में सभी प्रजा कुशल मंगल से रह रही थी। वह प्रतिदिन ब्राह्मणों को दान करता था तथा बिना अस्त्र उठाये सभी पर विजय पा लेता था। प्रह्लाद के स्वभाव के कारण वह देवता तथा दानवों दोनों में प्रिय हो गया था। जब प्रह्लाद बड़ा हुआ तब उसका विवाह धृति नामक स्त्री से हुआ। इस प्रकार प्रह्लाद की पत्नी का नाम धृति था, जिससे उसके विरोचन नामक पुत्र हुआ। विरोचन के पुत्र का नाम बलि था जिसका मानभंग भगवान विष्णु ने वामन अवतार लेकर किया था।

अपने दानवीर व्यवहार के कारण एक दिन इंद्र ने प्रह्लाद के साथ छल किया था। उसने प्रातःकाल के समय ब्राह्मण वेश में प्रह्लाद से उसका शील/राज्य मांग लिया था। इस कारण प्रह्लाद के हाथों से संपूर्ण राज्य चला गया था। इससे क्रुद्ध होकर दैत्यों ने देवताओं पर आक्रमण कर दिया था। बाद में प्रह्लाद के पास पुनः अपना राज्य आ गया था तथा उसने अपने पुत्र विरोचन को राज्य का भार सौंप दिया तथा स्वयं मोक्ष प्राप्त करने चले गए। इस प्रकार प्रह्लाद ने अपना संपूर्ण जीवन भगवान विष्णु की भक्ति, सदाचार, धर्म की स्थापना करने में बिताया। प्रह्लाद के इसी व्यवहार के कारण ही वह दैत्य कुल में जन्म लेने के पश्चात भी भगवान विष्णु का सबसे प्रिय भक्त बन गया था।

बलि - भगवान विष्णु का वामन अवतार

महाबली बलि अजर-अमर है । कहते हैं कि वो आज भी धरती पर रहकर देवताओं के विरुद्ध कार्य में लिप्त है । पहले उसका स्थान दक्षिण भारत के महाबली पुरम में था लेकिन मान्यता अनुसार अब मरुभूमि अरब में है जिसे प्राचीनकाल में पाताल लोक कहा जाता था । अहिरावण भी वहीं रहता था । समुद्र मंथन में उसे घोड़ा प्राप्त हुआ था जबकि इंद्र को हाथी । शिवभक्त असुरों के राजा बलि की चर्चा पुराणों में बहुत होती हैं । वह अपारशक्तियों का स्वामी लेकिन धर्मात्मा था । वह मानता था कि देवताओं और विष्णु ने उसके साथ छल किया । हालांकि बलि विष्णु का भी भक्त था । भगवान विष्णु ने उसे अजर-अमर होने का वरदान दिया था ।

हिरण्यकश्यप के चार पुत्र थे- अनुह्ललाद, ह्ललाद, भक्त प्रह्लाद और संह्ललाद। प्रह्लाद के कुल में विरोचन से राजा बलि का जन्म हुआ। बलि जानता था कि मेरे पूर्वज विष्णु भक्त थे, लेकिन वह यह भी जानता था कि मेरे पूर्वजों को विष्णु ने ही मारा था इसलिए बलि के मन में देवताओं के प्रति द्वेष था । उसने शुक्राचार्य के सान्निध्य में रहकर स्वर्ग पर आक्रमण करके देवताओं को खदेड़ दिया था । वह तीनों लोकों का स्वामी बन बैठा था ।देवताओं के कहने पर वामन रूप विष्णु ने दानवीर बलि के समक्ष ब्राह्मण रूप में उपस्थित हो कर उससे तीन पग भूमि मांग ली थी । वामन ने दो पग में तीनों लोक नापकर पूछा, अब तीसरा पग कहां रखूं तो बलि ने कहा कि प्रभु अब मेरा सिर ही बचा हैं आप इस पर पग रख दें। बलि के इस वचन को सुनकर और उसकी दानवीरता को देखते हुए भगवान वामन ने उनको पाताल लोक का राजा बना कर अमरता का वरदान दे दिया । इस तरह इंद्र और अन्य देवताओं को फिर से स्वर्ग का साम्राज्य मिल गया था ।

इन्द्र-बलि (समुद्र मंथन)

राजा बलि के हाथ से जब वामन के दान के कारण स्वर्ग का राज्य चला गया, तब कुछ काल बाद एक घटना घटी। दुर्वासा ऋषि की पारिजात पुष्पमाला का इंद्र ने उचित सम्मान नहीं किया तो इससे रुष्ट हो कर उन्हों ने इंद्र को श्री हीन हो कर स्वर्ग से वंचित हो ने का श्राप दे डाला। यह समाचार लेकर शुक्राचार्य दैत्यराज बलि के दरबार में पहुंचते हैं। वे दैत्यराज बलि को कहते हैं कि इस अवसर का लाभ उठा कर असुरों को तुरंत आक्रमण करके स्वर्ग पर अधिकार कर लेना चाहिए। ऐसा ही होता है। दैत्यराज बलि स्वर्ग पर आक्रमण का देवताओं को वहां से खदेड़ देता है।

इधर, असुरों से पराजित देवताओं की दुर्दशा का समाचार लेकर नारद ब्रह्मा के पास जाते हैं और फिर नारद सहित सभी देवतागण भगवान विष्णु के पास पहुंच जाते हैं। भगवान विष्णु सभी को लेकर देवादि देव महादेव के पास पहुंच जाते हैं। सभी निर्णय लेते हैं कि समुद्र का मंथन कर अमृत प्राप्त किया जाए और वह अमृत देवताओं को पिलाया जाए जिससे कि वे अमर हो जाएं और फिर वे दैत्यों से युद्ध लड़ें। समुद्र मंथन पुराणों में वर्णित एक प्रसिद्ध पौराणिक कथा है जिसमें देवताओं और दानवों ने मिलकर समुद्र का मंथन किया था।

एक बार की बात है शिवजी के दर्शनों के लिए दुर्वासा ऋषि अपने शिष्यों के साथ कैलाश जा रहे थे। मार्ग में उन्हें देवराज इन्द्र मिले। इन्द्र ने दुर्वासा ऋषि और उनके शिष्यों को भक्तिपूर्वक प्रणाम किया। तब दुर्वासा ने इन्द्र को आशीर्वाद देकर विष्णु भगवान का पारिजात पुष्प प्रदान किया। इन्द्रासन के गर्व में चूर इन्द्र ने उस पुष्प को अपने ऐरावत हाथी के मस्तक पर रख दिया। उस पुष्प का स्पर्श होते ही ऐरावत सहसा विष्णु भगवान के समान तेजस्वी हो गया। उसने इन्द्र का परित्याग कर दिया और उस दिव्य पुष्प को कुचलते हुए वन की ओर चला गया।

इन्द्र द्वारा भगवान विष्णु के पुष्प का तिरस्कार होते देखकर दुर्वाषा ऋषि के क्रोध की सीमा न रही। उन्होंने देवराज इन्द्र को 'श्री' (लक्ष्मी) से हीन हो जाने का शाप दे दिया। दुर्वासा मुनि के शाप के फलस्वरूप लक्ष्मी उसी क्षण स्वर्गलोक को छोड़कर अदृश्य हो गईं। लक्ष्मी के चले जाने से इन्द्र आदि देवता निर्बल और श्रीहीन हो गए। उनका वैभव लुप्त हो गया। इन्द्र को बलहीन जानकर दैत्यों ने स्वर्ग पर आक्रमण कर दिया और देवगण को पराजित करके स्वर्ग के राज्य पर अपना अधिकार कर लिया। तब इन्द्र देवगुरु बृहस्पति और अन्य देवताओं के साथ ब्रह्माजी की सभा में उपस्थित हुए। तब ब्रह्माजी बोले —''देवेन्द्र! भगवान विष्णु के भोगरूपी पुष्प का अपमान करने के कारण रुष्ट होकर भगवती लक्ष्मी तुम्हारे पास से चली गयी हैं। उन्हें पुनः प्रसन्न करने के लिए तुम भगवान नारायण की कृपा-दृष्टि प्राप्त करो। उनके आशीर्वाद से तुम्हें खोया वैभव पुनः मिल जाएगा।''

इस प्रकार ब्रह्माजी ने इन्द्र को आस्वस्त किया और उन्हें लेकर भगवान विष्णु की शरण में पहुँचे। वहाँ परब्रह्म भगवान विष्णु भगवती लक्ष्मी के साथ विराजमान थे। देवगण भगवान विष्णु की स्तुति करते हुए बोले—"भगवान्! आपके श्रीचरणों में हमारा बारम्बार प्रणाम। भगवान्! हम सब जिस उद्देश्य से आपकी शरण में आए हैं, कृपा करके आप उसे पूरा कीजिए। दुर्वाषा ऋषि के शाप के कारण माता लक्ष्मी हमसे रूठ गई हैं और दैत्यों ने हमें पराजित कर स्वर्ग पर अधिकार कर लिया है। अब हम आपकी शरण में हैं, हमारी रक्षा कीजिए।" भगवान विष्णु त्रिकालदर्शी हैं। वे पल भर में ही देवताओं के मन की बात जान गए। तब वे देवगण से बोले— "देवगण! मेरी बात ध्यानपूर्वक सुनें, क्योंकि केवल यही तुम्हारे कल्याण का उपाय है। दैत्यों पर इस समय काल की विशेष कृपा है इसलिए जब तक तुम्हारे उत्कर्ष और दैत्यों के पतन का समय नहीं आता, तब तक तुम उनसे संधि कर लो। क्षीरसागर के गर्भ में अनेक दिव्य पदार्थों के साथ-साथ अमृत भी छिपा है। उसे पीने वाले के सामने मृत्यु भी पराजित हो जाती है। इसके लिए तुम्हें समुद्र मंथन करना होगा। यह कार्य अत्यंत दुष्कर है, अतः इस कार्य में दैत्यों से सहायता लो। कूटनीति भी यही कहती है कि आवश्यकता पड़ने पर शत्रुओं को भी मित्र बना लेना चाहिए। तत्पश्चात् अमृत पीकर अमर हो जाओ। तब दुष्ट दैत्य भी तुम्हारा अहित नहीं कर सकेंगे। देवगण! वे जो शर्त रखें, उसे स्वाकीर कर लें। यह बात याद रखें कि शांति से सभी कार्य बन जाते हैं, क्रोध करने से कुछ नहीं

होता।" भगवान विष्णु के परामर्श के अनुसार इन्द्रादि देवगण दैत्यराज बलि के पास संधि का प्रस्ताव लेकर गए और उन्हें अमृत के बारे में बताकर समुद्र मंथन के लिए तैयार कर लिया।

इसी समय मेघ के समान गम्भीर स्वर में आकाशवाणी हुई- 'देवताओ और दैत्यो! तुम क्षीर समुद्र का मन्थन करो। इस कार्य में तुम्हारे बल की वृद्धि होगी, इसमें तनिक भी संदेह नहीं है। मन्दराचल को मथानी और वासुकी नाग को रस्सी बनाओ, फिर देवता और दैत्य मिलकर मन्थन आरम्भ करो।' यह आकाशवाणी सुनकर सहस्रों दैत्य और देवता समुद्र-मन्थन के लिये उद्यत हो सुवर्ण के सदृश कान्तिमान् मन्दराचल के समीप गये। वह पर्वत सीधा, गोलाकार, बहुत मोटा और अत्यन्त प्रकाशमान था। अनेक प्रकार के रत्न उसकी शोभा बढ़ा रहे थे। चन्दन, पारिजात, नागकेशर, जायफल और चम्पा आदि भाँति-भाँति के वृक्षों से वह हरा-भरा दिखायी देता था।

उस वृहद् पर्वत को देखकर सम्पूर्ण देवताओं ने हाथ जोड़कर कहा- 'दूसरों का उपकार करने वाले महाशैल मन्दराचल! हम सब देवता तुमसे कुछ निवेदन करने के लिये यहाँ आये हैं, उसे तुम सुनो।' उनके यह कहने पर मन्दराचल ने देहधारी पुरुष के रूप में प्रकट होकर कहा- 'देवगण! आप सब लोग मेरे पास किस कार्य से आये हैं, उसे बताइये।' तब इन्द्र ने मधुर वाणी में कहा- 'मन्दराचल! तुम हमारे साथ रहकर एक कार्य में सहायक बनो। हम समुद्र को मथकर उससे अमृत निकालना चाहते हैं, इस कार्य के लिये तुम मथानी बन जाओ।' मन्दराचल ने 'बहुत अच्छा' कहकर उनकी आज्ञा स्वीकार की और देवकार्य की सिद्धि के लिये देवताओं, दैत्यों तथा विशेषत: इन्द्र से कहा- 'पुण्यात्मा देवराज! आपने अपने वज्र से मेरे दोनों पंख काट डाले हैं, फिर आप लोगों के कार्य की सिद्धि के लिये वहाँ तक मैं चल कैसे सकता हूँ?' तब सम्पूर्ण देवताओं और दैत्यों ने उस अनुपम पर्वत को क्षीर समुद्र तक ले जाने की इच्छा से उखाड़ लिया, परंतु वे उसे धारण करने में समर्थ न हो सके। वह महान् पर्वत उसी समय देवताओं और दैत्यों के ऊपर गिर पड़ा। कई कुचले गये, कई मर गये, कई मूर्च्छित हो गये, कई एक-दूसरे को कोसने और चिल्लाने लगे तथा कुछ लोगों ने बड़े क्लेश का अनुभव किया। इस प्रकार उनका उद्यम और उत्साह भंग हो गया। वे देवता और दानव सचेत होने पर जगदीश्वर भगवान विष्णु की स्तुति करने लगे- 'शरणागतवत्सल महाविष्णो! हमारी

रक्षा कीजिये, रक्षा कीजिये। आपने ही इस सम्पूर्ण चराचर जगत् को व्याप्त कर रखा है।'

उस समय देवताओं का कार्य सिद्ध करने के लिये गरुड़ की पीठ पर बैठे हुए भगवान विष्णु सहसा वहाँ प्रकट हो गये। वे सबको अभय देने वाले हैं। उन्होंने देवताओं और दैत्यों की ओर दृष्टिपात करके खेल-खेल में ही उस महान् पर्वत को उठाकर गरुड़ की पीठ पर रख लिया। फिर वे देवताओं और दैत्यों को क्षीर-समुद्र के उत्तर-तट पर ले गये और पर्वतश्रेष्ठ मन्दराचल को समुद्र में डालकर तुरंत वहाँ से चल दिये। तदनन्तर सब देवता दैत्यों को साथ लेकर वासुकी नाग के समीप गये और उनसे भी अपनी प्रार्थना स्वीकार करायी। इस प्रकार मन्दराचल को मथानी और वासुकि-नाग को रस्सी बनाकर देवताओं और दैत्यों ने क्षीर-समुद्र का मन्थन आरम्भ किया। इतने में ही वह पर्वत समुद्र में डूबकर रसातल को जा पहुँचा। तब लक्ष्मीपति भगवान् विष्णु ने कच्छपरूप धारण करके तत्काल ही मन्दराचल को ऊपर उठा दिया। उस समय यह एक अद्भुत घटना हुई। फिर जब देवता और दैत्यों ने मथानी को घुमाना आरम्भ किया, तब वह पर्वत बिना गुरु के ज्ञान की भाँति कोई सुदृढ़ आधार न होने के कारण इधर-उधर डोलने लगा। यह देख परमात्मा भगवान् विष्णु स्वयं ही मन्दराचल के आधार बन गये और उन्होंने अपनी चारों भुजाओं से मथानी बने हुए उस पर्वत को भली-भाँति पकड़कर उसे सुखपूर्वक घुमाने योग्य बना दिया। तब अत्यन्त बलवान् देवता और दैत्य एकीभूत हो अधिक ज़ोर लगाकर क्षीर-समुद्र का मन्थन करने लगे।

कच्छप रूपधारी भगवान की पीठ जन्म से ही कठोर थी और उस पर घूमने वाला पर्वतश्रेष्ठ मन्दराचल भी वज्रसार की भाँति दृढ़ था। उन दोनों की रगड़ से समुद्र में बड़वानल प्रकट हो गया। साथ ही हलाहल विष उत्पन्न हुआ। उस विष को सबसे पहले नारद जी ने देखा। तब अमित तेजस्वी देवर्षि ने देवताओं को पुकार कर कहा- 'अदिति कुमारो! अब तुम समुद्र का मन्थन न करो। इस समय सम्पूर्ण उपद्रवों का नाश करने वाले भगवान शिव की प्रार्थना करो। वे परात्पर हैं, परमानन्दस्वरूप हैं तथा योगी पुरुष भी उन्हीं का ध्यान करते हैं।'

देवता अपने स्वार्थसाधन में संलग्न हो समुद्र मंथन कर रहे थे। वे अपनी ही अभिलाषा में तन्मय होने के कारण नारद जी की बात नहीं सुन सके। केवल उद्यम का भरोसा करके वे क्षीर-सागर के मन्थन में संलग्न थे। अधिक मन्थन से जो

हलाहल विष प्रकट हुआ, वह तीनों लोकों को भस्म कर देने वाला था। वह प्रौढ़ विष देवताओं का प्राण लेने के लिये उनके समीप आ पहुँचा और ऊपर–नीचे तथा सम्पूर्ण दिशाओं में फैल गया। समस्त प्राणियों को अपना ग्रास बनाने के लिये प्रकट हुए उस कालकूट विष को देखकर वे सब देवता और दैत्य हाथ में पकड़े हुए नागराज वासुकि को मन्दराचल पर्वत सहित वहीं छोड़ भाग खड़े हुए। उस समय उस लोकसंहारकारी कालकूट विष को भगवान शिव ने स्वयं अपना ग्रास बना लिया। उन्होंने उस विष को निर्मल (निर्दोष) कर दिया। इस प्रकार भगवान शंकर की बड़ी भारी कृपा होने से देवता, असुर, मनुष्य तथा सम्पूर्ण त्रिलोकी की उस समय कालकूट विष से रक्षा हुई।

तदनन्तर भगवान विष्णु के समीप मन्दराचल को मथानी और वासुकि नाग को रस्सी बनाकर देवताओं ने पुन: समुद्र-मन्थन आरम्भ किया। तब समुद्र से देवकार्य की सिद्धि के लिये अमृतमयी कलाओं से परिपूर्ण चन्द्रदेव प्रकट हुए। सम्पूर्ण देवता, असुर और दानवों ने भगवान चंद्रमा को प्रणाम किया और गर्गाचार्य जी से अपने-अपने चन्द्रबल की यथार्थ रूप से जिज्ञासा की। उस समय गर्गाचार्य जी ने देवताओं से कहा- 'इस समय तुम सब लोगों का बल ठीक है। तुम्हारे सभी उत्तम ग्रह केंन्द्र स्थान में (लग्न में, चतुर्थ स्थान में, सप्तम स्थान में और दशम स्थान में) हैं। चन्द्रमा से गुरु का योग हुआ है। बुध, सूर्य, शुक्र, शनि और मंगल भी चन्द्रमा से संयुक्त हुए हैं। इसलिये तुम्हारे कार्य की सिद्धि के निमित्त इस समय चन्द्रबल बहुत उत्तम है। यह गोमन्त नामक मुहूर्त है, जो विजय प्रदान करने वाला है।' महात्मा गर्गजी के इस प्रकार आश्वासन देने पर महाबली देवता गर्जना करते हुए बड़े वेग से समुद्र-मन्थन करने लगे।

मथे जाते हुए समुद्र के चारों ओर बड़े ज़ोर की आवाज़ उठ रही थी। इस बार के मर्थन से देवकार्यों की सिद्धि के लिये साक्षात् सुरभि कामधेनु प्रकट हुई। उन्हें काले, श्वेत, पीले, हरे तथा लाल रंग की सैकड़ों गौएँ घेरे हुए थीं। उस समय ऋषियों ने बड़े हर्ष में भरकर देवताओं और दैत्यों से कामधेनु के लिये याचना की और कहा- 'आप सब लोग मिलकर भिन्न-भिन्न गोत्रवाले ब्राह्मणों को कामधेनु सहित इन सम्पूर्ण गौओं का दान अवश्य करें।' ऋषियों के याचना करने पर देवताओं और दैत्यों ने भगवान् शंकर की प्रसन्नता के लिये वे सब गौएँ दान कर दीं तथा यज्ञ कर्मों में भली-भाँति मन को लगाने वाले उन परम मंगलमय महात्मा ऋषियों ने

उन गौओं का दान स्वीकार किया। तत्पश्चात् सब लोग बड़े जोश में आकर क्षीरसागर को मथने लगे। तब समुद्र से कल्पवृक्ष, पारिजात, आम का वृक्ष और सन्तान- ये चार दिव्य वृक्ष प्रकट हुए।

उन सबको एकत्र रखकर देवताओं ने पुन: बड़े वेग से समुद्र मन्थन आरम्भ किया। इस बार के मन्थन से रत्नों में सबसे उत्तम रत्न कौस्तुभ प्रकट हुआ, जो सूर्यमण्डल के समान परम कान्तिमान था। वह अपने प्रकाश से तीनों लोकों को प्रकाशित कर रहा था। देवताओं ने चिन्तामणि को आगे रखकर कौस्तुभ का दर्शन किया और उसे भगवान विष्णु की सेवा में भेंट कर दिया। तदनन्तर, चिन्तामणि को मध्य में रखकर देवताओं और दैत्यों ने पुन: समुद्र को मथना आरम्भ किया। वे सभी बल में बढ़े-चढ़े थे और बार-बार गर्जना कर रहे थे। अब की बार उसे मथे जाते हुए समुद्र से उच्चै:श्रवा नामक अश्व प्रकट हुआ। वह समस्त अश्वजाति में एक अद्त रत्न था। उसके बाद गज जाति में रत्न भूत ऐरावत प्रकट हुआ। उसके साथ श्वेतवर्ण के चौसठ हाथी और थे। ऐरावत के चार दाँत बाहर निकले हुए थे और मस्तिष्क से मद की धारा बह रही थी। इन सबको भी मध्य में स्थापित करके वे सब पुन: समुद्र मथने लगे। उस समय उस समुद्र से मदिरा, भाँग, काकड़ासिंगी, लहसुन, गाजर, अत्यधिक उन्मादकारक धतूर तथा पुष्कर आदि बहुत-सी वस्तुएँ प्रकट हुईं। इन सबको भी समुद्र के किनारे एक स्थान पर रख दिया गया। तत्पश्चात् वे श्रेष्ठ देवता और दानव पुन: पहले की ही भाँति समुद्र-मन्थन करने लगे। अब की बार समुद्र से सम्पूर्ण भुवनों की एकमात्र अधीश्वरी दिव्यरूपा देवी महालक्ष्मी प्रकट हुईं, जिन्हें ब्रह्मवेत्ता पुरुष आन्वीक्षिकी (वेदान्त-विद्या) कहते हैं। इन्हीं को दूसरे लोग 'मूल-विद्या' कहकर पुकारते हैं।

कुछ सामर्थ्यशाली महात्मा इन्हीं को वाणी और ब्रह्मविद्या भी कहते हैं। कोई-कोई इन्हीं को ऋद्धि, सिद्धि, आज्ञा और आशा नाम देते हैं। कोई योगी पुरुष इन्हीं को 'वैष्णवी' कहते हैं। सदा उद्यम में लगे रहने वाले माया के अनुयायी इन्हीं को 'माया' के रूप में जानते हैं। जो अनेक प्रकार के सिद्धान्तों को जानने वाले तथा ज्ञानशक्ति से सम्पन्न हैं, वे इन्हीं को भगवान की 'योगमाया' कहते हैं। देवताओं ने देखा देवी महालक्ष्मी का रूप परम सुन्दर है। उनके मनोहर मुख पर स्वाभाविक प्रसन्नता विराजमान है। हार और नूपुरों से उनके श्रीअंगो की बड़ी शोभा हो रही है। मस्तिष्क पर छत्र तना हुआ है, दोनों ओर से चँवर डुल रहे हैं; जैसे माता अपने

पुत्रों की ओर स्नेह और दुलार भरी दृष्टि से देखती है, उसी प्रकार सती महालक्ष्मी ने देवता, दानव, सिद्ध, चारण और नाग आदि सम्पूर्ण प्राणियों की ओर दृष्टिपात किया। माता महालक्ष्मी की कृपा-दृष्टि पाकर सम्पूर्ण देवता उसी समय श्रीसम्पन्न हो गये। वे तत्काल राज्याधिकारी के शुभ लक्षणों से सम्पन्न दिखायी देने लगे।

तदनन्तर देवी लक्ष्मी ने भगवान मुकुन्द की ओर देखा। उनके श्रीअंग तमाल के समान श्यामवर्ण थे। कपोल और नासिका बड़ी सुन्दर थी। वे परम मनोहर दिव्य शरीर से प्रकाशित हो रहे थे। उनके वक्ष:स्थल में श्रीवत्स का चिह्न सुशोभित था। भगवान एक हाथ में कौमोद की गदा शोभा पा रही थी। भगवान् नारायण की उस दिव्य शोभा को देखते ही लक्ष्मी जी आश्चर्यचकित हो उठीं और हाथ में वनमाला ले सहसा हाथी से उतर पड़ीं। वह माला श्रीजी ने अपने ही हाथों बनायी थी, उसके ऊपर भ्रमर मंडरा रहे थे। देवी ने वह सुन्दर वनमाला परमपुरुष भगवान विष्णु के कण्ठ में पहना दी और स्वयं उनके वाम भाग में जाकर खड़ी हो गई। उस शोभाशाली दम्पति का वहाँ दर्शन करके सम्पूर्ण देवता, दैत्य, सिद्ध, अप्सराएँ, किन्नर तथा चारणगण परम आनन्द को प्राप्त हुए।

लक्ष्मी द्वारा विष्णु वरण के बाद समुद्र मंथन से कन्या के रूप में वारुणी प्रकट हई जिसे दैत्यों ने ग्रहण किया। फिर एक के पश्चात् एक चन्द्रमा, पारिजात वृक्ष तथा शंख निकले और अन्त में धन्वन्तरि वैद्य अमृत का घट लेकर प्रकट हुये।" धन्वन्तरि के हाथ से अमृत को दैत्यों ने छीन लिया और उसके लिये आपस में ही लड़ने लगे। देवताओं के पास दुर्वासा के शापवश इतनी शक्ति नही रही थी कि वे दैत्यों से लड़कर उस अमृत को ले सकें इसलिये वे निराश खड़े हुये उनका आपस में लड़ना देखते रहे।

देवताओं की निराशा को देखकर भगवान विष्णु तत्काल मोहिनी रूप धारण कर आपस में लड़ते दैत्यों के पास जा पहुँचे। उस विश्वमोहिनी रूप को देखकर दैत्य तथा देवताओं की तो बात ही क्या, स्वयं ब्रह्मज्ञानी, कामदेव को भस्म कर देने वाले, भगवान शंकर भी मोहित होकर उनकी ओर बार-बार देखने लगे। जब दैत्यों ने उस नवयौवना सुन्दरी को अपनी ओर आते हुये देखा तब वे अपना सारा झगड़ा भूल कर उसी सुन्दरी की ओर कामासक्त होकर एकटक देखने लगे। वे दैत्य बोले, "हे सुन्दरी! तुम कौन हो? लगता है कि हमारे झगड़े को देखकर उसका निबटारा करने के लिये ही हम पर कटाक्ष कर रही हो। आओ शुभगे! तुम्हारा

स्वागत है। हमें अपने सुन्दर कर कमलों से यह अमृतपान कराओ।" इस पर विश्वमोहिनी रूपी विष्णु ने कहा, "हे देवताओं और दानवों! आप दोनों ही महर्षि कश्यप जी के पुत्र होने के कारण भाई-भाई हो फिर भी परस्पर लड़ते हो। मैं तो स्वेच्छाचारिणी स्त्री हूँ। बुद्धिमान लोग ऐसी स्त्री पर कभी विश्वास नहीं करते, फिर तुम लोग कैसे मुझ पर विश्वास कर रहे हो? अच्छा यही है कि स्वयं सब मिल कर अमृतपान कर लो।"

विश्वमोहिनी के ऐसे नीति कुशल वचन सुन कर उन कामान्ध दैत्यों, दानवों और असुरों को उस पर और भी विश्वास हो गया। वे बोले, "सुन्दरी! हमें तुम पर पूर्ण विश्वास है। तुम जिस प्रकार बाँटोगी हम उसी प्रकार अमृतपान कर लेंगे। तुम ये घट ले लो और हम सभी में अमृत वितरण करो।" विश्वमोहिनी ने अमृत घट लेकर देवताओं और दैत्यों को अलग-अलग पंक्तियो में बैठने के लिये कहा। उसके बाद दैत्यों को अपने कटाक्ष से मदहोश करते हुये देवताओं को अमृतपान कराने लगे। दैत्य उनके कटाक्ष से ऐसे मदहोश हुये कि अमृत पीना ही भूल गये।

भगवान की इस चाल को राहु नामक दैत्य समझ गया। वह देवता का रूप बना कर देवताओं में जाकर बैठ गया और प्राप्त अमृत को मुख में डाल लिया। जब अमृत उसके कण्ठ में पहुँच गया तब चन्द्रमा तथा सूर्य ने पुकार कर कहा कि ये राहु दैत्य है। यह सुनकर भगवान विष्णु ने तत्काल अपने सुदर्शन चक्र से उसका सिर गर्दन से अलग कर दिया। अमृत के प्रभाव से उसके सिर और धड़ राहु और केतु नाम के दो ग्रह बन कर अन्तरिक्ष में स्थापित हो गये। वे ही बैर भाव के कारण सूर्य और चन्द्रमा का ग्रहण कराते हैं।

इस तरह देवताओं को अमृत पिलाकर भगवान विष्णु वहाँ से लोप हो गये। उनके लोप होते ही दैत्यों की मदहोशी समाप्त हो गई। वे अत्यन्त क्रोधित हो देवताओं पर प्रहार करने लगे। भयंकर देवासुर संग्राम आरम्भ हो गया जिसमें देवराज इन्द्र ने दैत्यराज बलि को परास्त कर अपना इन्द्रलोक वापस ले लिया।

समुद्र मंथन की मिथकीय घटना के बाद जो चौदह (14) रत्नों की प्राप्ति हुई उससे संबंधित निम्नलिखित पंक्तियाँ स्मरणीय हैं:-

"श्री, मणि, रम्भा, वारुणी, अमिय, शंख, गजराज

धेनु, धनुष, शशि, कल्पतरु, धन्वन्तरि, विष, वाज।"

अर्थात

१) हलाहल (विष)

२) कामधेनु

३) उच्चे: श्रवा (अश्व)

४) ऐरावत हाथी

५) कौस्तुभ मणि

६) कल्पद्रुम

७) रंभा

८) लक्ष्मी

९) वारुणी (मदिरा)

१०) चन्द्रमा

११) पारिजात वृक्ष

१२) पांचजन्य शंख

१३) धन्वन्तरि (वैद्य)

१४) अमृत

वैवस्वत मनु

मत्स्यपुराण में उल्लेख है कि सत्यव्रत नाम के राजा एक दिन कृतमाला नदी में जल से तर्पण कर रहे थे। उस समय उनकी अंजुलि में एक छोटी सी मछली आ गई। सत्यव्रत ने मछली को नदी में डाल दिया तो मछली ने कहा कि इस जल में बड़े जीव-जंतु मुझे खा जाएंगे। यह सुनकर राजा ने मछली को फिर जल से निकाल लिया और अपने कमंडल में रख लिया और आश्रम ले आए। रातभर में वह मछली बढ़ गई। तब राजा ने उसे बड़े मटके में डाल दिया। मटके में भी वह बढ़ गई तो उसे तालाब में डाल दिया। और तब अंत में सत्यव्रत ने जान लिया कि यह कोई मामूली मछली नहीं है, जरूर इसमें कुछ बात है, तब उन्हों ने उसे ले जा कर समुद्र में डाल दिया। समुद्र में डालते समय मछली ने कहा कि समुद्र में मगर रहते हैं मुझे वहां मत छोड़िए, लेकिन राजा ने हाथ जोड़कर कहा कि आप मुझे कोई मामूली मछली नहीं जान पड़ती हैं। आपका आकार तो अप्रत्याशित तेजी से बढ़ रहा है। बताएं कि आप कौन हैं?

तब मछली रूप में भगवान विष्णु ने प्रकट हो कर कहा कि आज से सांतवे दिन प्रलय (अधिक वर्षा से) के कारण पृथ्वी समुद्र में डूब जाएगी, तब मेरी प्रेरणा से तुम एक बहुत बड़ी नौका बनाओ और जब प्रलय शुरू हो तो तुम सप्त ऋषियों सहित सभी प्राणियों को लेकर उस नौका में बैठ जाना तथा सभी अनाज उसी में रख लेना। अन्य छोटे-बड़े बीज भी रख लेना। नाव पर बैठकर लहराते महासागर में विचरण करना। प्रचंड आंधी के कारण नौका डगमगा जाएगी, तब मैं इसी रूप में आ जाऊंगा।

तब वासुकि नाग द्वारा उस नाव को मेरे सींग में बांध लेना। जब तक ब्रह्मा की रात रहेगी, मैं नाव समुद्र में खींचता रहूंगा। उस समय जो तुम प्रश्न करोगे मैं उत्तर दूंगा। इतना कह मछली गायब हो गई। राजा तपस्या करने लगे। मछली का बताया हुआ समय आ गया। वर्षा होने लगी। समुद्र उमड़ने लगा। तभी राजा ऋषियों, अन्न, बीजों को लेकर नौका में बैठ गए। और फिर भगवानरूपी वही

मछली दिखाई दी । उसके सींग में नाव बांध दी गई और मछली से पृथ्वी और जीवों को बचा लेने की स्तुति करने लगे। मछली रूपी विष्णु ने उसे आत्मतत्व का उपदेश दिया । मछली रूपी विष्णु ने अंत में नौका को हिमालय की चोटी से बांध दिया । नाव में ही बैठे-बैठे प्रलय का अंत हो गया ।

यही सत्यव्रत वर्तमान में महाकल्प में विवस्वान या वैवस्वत (सूर्य) के पुत्र श्राद्धदेव के नाम से विख्यात हुए, वही वैवस्वत मनु के नाम से भी जाने गए। माना जाता हैं कि राजा बलि के लगभग 3500 वर्ष बाद धरती पर जलप्रलय हुआ था । जलप्रलय के बाद धीरे-धीरे जल उतरने लगा और... त्रिविष्टप (तिब्बत) या देवलोक से वैवस्वत मनु (6673 ईसा पूर्व) के नेतृत्व में प्रथम पीढ़ी के मानवों (देवों) का मेरू प्रदेश में अवतरण हुआ। वे देव स्वर्ग से अथवा अम्बर (आकाश) से पवित्र वेद पुस्तक भी साथ लाए थे। इसी से श्रुति और स्मृति की परंपरा चलती रही । वैवस्वत मनु के समय ही भगवान विष्णु का मत्स्य अवतार हुआ। वैवस्वत मनु के दस पुत्र थे। इल, इक्ष्वाकु, कुशनाम, अरिष्ट, धृष्ट, नरिष्यंत, करुष, महाबली, शर्याति और पृषध पुत्र थे। वैवस्वत मनु के दस पुत्र और इला नाम की कन्या थी । वैवस्वत मनु के काल के प्रमुख ऋषि - वशिष्ठ, विश्वामित्र, अत्रि, कण्व, भारद्वाज, मार्कंडेय, अगस्त्य आदि । वैवस्वत मनु की शासन व्यवस्था में देवों में पांच तरह के विभाजन थे- देव, दानव, यक्ष, किन्नर और गंधर्व। दरअसल ये पांच तरह की मानव जातियां थीं । प्रारंभ में ये सभी जातियां हिमालय से सटे क्षेत्रों में ही रहती थीं फिर धीरे-धीरे वहां से नीचे फैलने लगी।

इक्ष्वाकु

वैवस्वत मनु के बाद इक्ष्वाकु सनातन हिन्दू धर्म के इतिहास में मील का पत्थर हैं । इनकी कहानी को जानना जरूरी हैं । वैवस्वत मनु के 10 पुत्र थे- 1. इल, 2. इक्ष्वाकु, 3. कुशनाम, 4. अरिष्ट, 5. धृष्ट, 6. नरिष्यंत, 7. करुष, 8. महाबली, 9. शर्याति और 10. पृषध। राजा इक्ष्वाकु के कुल में हिन्दू धर्म के महान तीर्थंकर, भगवान, राजा, साधु-महात्मा और सृजनकारों का जन्म हुआ है ।

मनु के दूसरे पुत्र इक्ष्वाकु के 3 पुत्र हुए- 1. कुक्षि, 2. निमि और 3. दण्डक। इक्ष्वाकु के प्रथम पुत्र कुक्षि अयोध्या के राजा थे जिनके कुल में राम हुए। इक्ष्वाकु के दूसरे पुत्र निमि मिथिला के राजा थे जिनके कुल में राजा जनक हुए। राजा निमि के गुरु थे- ऋषि वशिष्ठ।

राजा पृथु

इक्ष्वाकु के वंश में महान सम्राट पृथु हुए। वेन के पुत्र पृथु की कहानी को बहुत कम हिन्दू जानते हैं। स्वयम्भुव मनु के वंशज अंग नामक प्रजापति का विवाह मृत्यु की मानसी पुत्री सुनी से हुआ था । वेन उनका पुत्र हुआ। पृथु ने कई महान कार्य किए थे। उनके महान कार्यों के कारण उनको विष्णु का अंशावतार माना गया है । वाल्मीकि रामायण में इन्हें अनरण्य का पुत्र तथा त्रिशंकु का पिता कहा गया हैं । पृथु की पत्नी का नाम अर्चि था । पृथु के पिता महापापी थे। उनके पाप के कारण वे नरक चले गए थे। पृथु ने उनको नरक से छुड़ाया था ।

पृथु भगवान विष्णु के भक्त और धर्मपरायण राजा थे। उन्होंने सरस्वती नदी के तट पर पर 100 यज्ञ किए थे। उस काल में यह क्षेत्र ब्रह्मा वर्त प्रदेश कहलाता था । सौवें यज्ञ के समय इंद्र ने उनका अश्व चुरा लिया था । इससे क्रुद्ध हो कर पृथु ने धनुष पर प्रत्यंचा चढ़ा दी थी । ब्रह्मा ने उनको रोका । तब पृथु ने प्रयाग को अपना निवास स्थल बना लिया । अंतिम दिनों में पृथु अर्चि सहित तपस्या के लिए वन में चले गए। पृथु तथा अर्चि के 5 पुत्र हुए थे- विजिताश्व, धूम्रकेश, हर्यक्ष, द्रविण और वृक।

राजा हरीशचन्द्र

सतयुग में राजा हरीशचन्द्र जी एक महान सत्यवादी राजा हुए। ऋषि विश्वामित्र और ब्रह्मा ने उनकी सत्यप्रियता की परीक्षा लेने के लिए उनका जीवन नरकमय बना दिया था, लेकिन उन्होंने सत्य का साथ फिर भी नहीं छोड़ा । भारत के इतिहास की सबसे महत्वपूर्ण कथा मानी जाती है सत्यवादी राजा हरीशचन्द्र की कथा । हरीशचन्द्र सच बोलने, दान देने और वचन पालन के लिए प्रसिद्ध थे।

उनकी सत्यता की परीक्षा लेने के लिए ब्रह्मा और विश्वामित्र ने एक योजना बनाई और फिर राजा हरीशचन्द्र का जीवन बदल गया । एक रात उन्होंने सपना देखा कि उन्होंने ऋषि विश्वामित्र को अपना संपूर्ण राजपाट दान कर दिया है । सुबह हुई तभी उनके द्वार पर विश्वामित्र साधु वेश में आ धमके। राजा हरीशचन्द्र ने उन्हें प्रणाम कर पूछा - ‘मेरे लिए क्या आज्ञा है, मुनिवर?’ मुनि के भेष में विश्वामित्र ने कहा कि मैं जो मांगूगा, वो तुम दे सकोगे? तब राजा ने विश्वामित्र को पहचानकर कहा कि मैं अपना सबकुछ पहले से ही आपको दे चुका हूं मुनिवर अब क्या दूं? विश्वामित्र को आश्चर्य हुआ।

विश्वामित्र ने कहा कि मुझे खुशी है, तुम अपने वचन के पक्के हो । चलो, तुम्हारा साम्राज्य अब मेरा हुआ किंतु अब बताओ दक्षिणा में तुम क्या दोगे।राजा सोच में पड़ गए। वे जानते थे कि दक्षिणा के बिना दान पूरा नहीं होता । कुछ देर सोचने के बाद उन्होंने कहा - ‘मुनि वर, अब तो हमारे पास केवल हमारे शरीर बचे हैं। काशी नगरी के बाजार में हम अपने को बेचेंगे। जो मूल्य मिलेगा, वही आपकी दक्षिणा होगी ।’ राजा ने अपने पुत्र और पत्नी सहित खुद को काशी की मंडी में बेच दिया और उस रकम को विश्वामित्र को दक्षिणा में दे दिया ।

ययाति

ब्रह्मा से अत्रि, अत्रि से चंद्रमा, चंद्रमा से बुध, बुध से पुरुरवा, पुरुरवा से आयु, आयु से नहुष, नहुष से यति, ययाति, संयाति, आयाति, वियाति और कृति नामक छः महाबली -विक्रमशाली पुत्र हुए।अत्रि से उत्पन्न चंद्रवंशियों में पुरुरवा के बाद सबसे चर्चित कहानी ययाति और उसके पुत्रों की है । ययाति के पाँच पुत्र थे- 1. पुरु, 2. यदु, 3. तुर्वस, 4. अनु और 5. द्रुह्। ययाति बहुत ही भोग-विलासी राजा था । जब भी उसको यमराज लेने आते तो वह कह देता नहीं अभी तो बहुत काम बचे हैं। अभी तो कुछ देखा ही नहीं ।

राजा सगर और भगीरथ

इक्ष्वाकु वंश के राजा सगर और भगीरथ और श्री राम के पूर्वज हैं। राजा सगर की दो रानियां थीं - केशिनी और सुमति । जब दीर्घकाल तक दोनों पत्नियों को कोई सनातन नहीं हुई तो राजा अपनी दोनों रानियों के साथ हिमालय पर्वत पर जाकर पुत्र कामना से तपस्या करने लगे। तब ब्रह्मा के पुत्र महर्षि भृगु ने उन्हें वरदान दिया कि एक रानी को साठ हजार अभिमानी पुत्र प्राप्त तथा दूसरी से एक वंशधर पुत्र होगा ।

वंशधर अर्थात जिससे आगे वंश चलेगा । बाद में रानी सुमति ने तूंबी के आकार के एक गर्भ-पिंड को जन्म दिया । वह सिर्फ एक बेजान पिंड था । राजा सगर निराश हो कर उसे फेंकने लगे, तभी आकाशवाणी हुई- ‹सावधान राजा! इस तूंबी में साठ हजार बीज हैं। घी से भरे एक-एक मटके में एक-एक बीज सुरक्षित रखने पर कालांतर में साठ हजार पुत्र प्राप्त होंगे।› राजा सगर ने इस आकाशवाणी को सुनकर इसे विधाता का विधान मानकर वैसा ही सुरक्षित रख लिया, जैसा कहा गया था । समय आने पर उन मटकों से साठ हजार पुत्र उत्पन्न हुए।

जब राजा सगर ने अश्वमेध यज्ञ किया तो उन्हों ने अपने साठ हजार पुत्रों को उस घोड़े की सुरक्षा में नियुक्त किया । देवराज इंद्र ने उस घोड़े को छलपूर्वक चुरा कर कपिल मुनि के आश्रम में बांध दिया । राजा सगर के साठ हजार पुत्र उस घोड़े को ढूंढते-ढूंढते जब कपिल मुनि के आश्रम पहुंचे तो उन्हें लगा कि मुनि ने ही यज्ञ का घोड़ा चुराया है । यह सोच कर उन्हों ने कपिल मुनि का अपमान कर दिया । ध्यानमग्न कपिल मुनि ने जैसे ही अपनी आंखें खोलीं, राजा सगर के साठ हजार पुत्र वहीं भस्म हो गए।

भगीरथ के पूर्वज राजा सगर के साठ हजार पुत्र कपिल मुनि के तेज से भस्म हो जाने के कारण अकाल मृत्यु को प्राप्त हुए थे। अपने पूर्वजों की शांति के लिए

ही भगीरथ ने घोर तप किया और गंगा को स्वर्ग से पृथ्वी पर लाने में सफल हुए। पूर्वजों की भस्म के गंगा के पवित्र जल में डूबते ही वे सब शांति को प्राप्त हुए। राजा भगीरथ के कठिन प्रयासों और तपस्या से ही गंगा स्वर्ग से पृथ्वी पर आई थी, इसे ही 'गंगा वतरण' की कथा कहते हैं।

परशुराम

सनातन धर्म के अनुसार अश्वत्थामा, हनुमान और विभीषण की भांति परशुराम भी चिरंजीवी हैं। भगवान परशुराम तभी तो राम के काल में भी थे और कृष्ण के काल में भी उनके होने की चर्चा होती है । कल्प के अंत तक वे धरती पर ही तपस्यारत रहेंगे। परशुराम भृगु वंश से थे।महाभारत के अनुसार भृगु से वारिणी भृगु ऋषि और वारिणी भृगु के उशनस् शुक्र एवं च्यवन नामक दो पुत्र थे। उनमें से शुक्र एवं उसका परिवार दैत्यों के पक्ष में शामिल होने के कारण नष्ट हो गया । इस प्रकार च्यवन (पत्नी मनुकन्या आरुषि) से और्व, और्व से ऋची, ऋची से जमदग्नि और जमदग्नि से परशुराम का जन्म हुआ। भृगु ऋषि के च्यवन कुल का संबंध पश्चिमी हिन्दुस्तान के अनार्त प्रदेश से था । उशनस् शुक्र उत्तर भारत के मध्य भाग में थे।

परशुराम के बाद इंद्रोत शौनक और प्रचेतन वाल्मीकि का उल्लेख मिलता है । ऋची सत्यवती के पुत्र जमदग्नि, जमदग्नि के पुत्र परशुराम थे। सत्यवती गाधि की पुत्री थी । गाधि राजा कुशिक का पुत्र और विश्वामित्र के पिता थे। ऋची सत्यवती के पुत्र जमदग्नि, जमदग्नि के पुत्र परशुराम थे। गाधि राजा कुशिक का पुत्र और विश्वामित्र के पिता थे।

विष्णु के छठे ‹आवेश अवतार› परशुराम का जन्म वैशाख शुक्ल पक्ष की तृतीया को रात्रि के प्रथम प्रहर में भृगु ऋषि के कुल में हुआ था । उनकी माता का नाम रेणुका था । परशुराम भगवान शंकर के परम भक्त थे। उनका वास्तविक नाम राम था किंतु परशुधारण करने से वे परशुराम कहे जाने लगे। भगवान शिव से उन्होंने एक अमोघास्त्र प्राप्त किया था, जो परशुनाम से प्रसिद्ध है । परशुराम के चार और भाई थे- रुमण्वान, सुषेण, वसु और विश्वावसु। परशुराम पाँचवे पुत्र थे।

उस काल में हैं हयवंशीय क्षत्रिय राजाओं का अत्याचार था । राजा सहस्रबाहु अर्जुन आश्रमों के ऋषियों को सताया करता था । परशुराम ने उक्त राजा

सहस्त्रबाहु का महिष्मती में वध कर ऋषियों को भयमुक्त किया । हयवंशीय क्षत्रिय राजाओं से उनके युद्ध को आज भी याद किया जाता है । उनका इन राजाओं से छत्तीस बार युद्ध हुआ था और छत्तीस बार ही हयवंशीय क्षत्रिय राजाओं को पराजित होना पड़ा था। इस दौरान लाखों क्षत्रियों का नाश हो गया था । इस पाप से छुटकारा पाने के लिए भगवान परशुराम घोर तपस्या में लीन हो गए थे।

भगवान श्री राम

सनातन धर्म के अनुसार भगवान श्री राम का जन्म 5114 ईस्वी पूर्व चैत्र मास की नवमी को हुआ था । श्री राम, ब्रह्मा जी के पुत्र दरीची, दरीची के पुत्र महर्षि कूर्म (कुर्मी) कश्यप के वंश से जो सूर्यवंश हुआ उसी के इक्ष्वाकु कुल में श्री राम का जन्म हुआ इन्हें रामचंद्र भी कहते हैं, उनकी प्रतिष्ठा मर्यादा पुरुषोत्तम के रूप में है क्योंकि उन्होंने मर्यादा के पालन के लिए राज्य, मित्र, माता-पिता तक का त्याग किया। वे भगवान विष्णु के अवतार माने जाते हैं।

'रम्' धातु में 'घञ्' प्रत्यय के योग से 'राम' शब्द निष्पन्न होता है। 'रम्' धातु का अर्थ रमण (निवास, विहार) करने से सम्बद्ध है। वे प्राणीमात्र के हृदय में 'रमण' (निवास) करते हैं, इसलिए 'राम' हैं तथा भक्तजन उनमें 'रमण' करते (ध्याननिष्ठ होते) हैं, इसलिए भी वे 'राम' हैं - "रमते कणे कणे इति रामः"। 'विष्णुसहस्रनाम' पर लिखित अपने भाष्य में आद्य शंकराचार्य ने पद्मपुराण का उदाहरण देते हुए कहा है कि नित्यानन्दस्वरूप भगवान् में योगिजन रमण करते हैं, इसलिए वे 'राम' हैं।

अयोध्या के राजा दशरथ के चार पुत्रों में सबसे बड़े पुत्र थे भगवान राम। दशरथ की तीन पत्नियां थीं - कौशल्या, सुमित्रा और कैकयी । राम के तीन भाई थे लक्ष्मण, भरत और शत्रुघ्न। राम कौशल्या के पुत्र थे। सुमित्रा के लक्ष्मण और शत्रुघ्न पुत्र थे। कैकयी के पुत्र का नाम भरत था । राम की पत्नी सीता,लक्ष्मण की पत्नी का नाम उर्मिला, शत्रुघ्न की पत्नी का नाम श्रुतकीर्ति और भरत की पत्नी का नाम मांडवी था । सीता और उर्मिला राजा जनक की पुत्रियां थीं और मांडवी और श्रुतकीर्ति कुशध्वज की पुत्रियां थीं । भगवान श्री राम का विवाह मिथिला के नरेश राजा जनक की पुत्री सीता से हुआ।

भगवान राम बचपन से ही शांत स्वभाव के वीर पुरूष थे। उन्होंने मर्यादाओं को हमेशा सर्वोच्च स्थान दिया था। इसी कारण उन्हें मर्यादा पुरूषोत्तम राम के नाम से जाना जाता है। उनका राज्य न्यायप्रिय और खुशहाल माना जाता था। इसलिए

भारत में जब भी सुराज (अच्छे राज) की बात होती है तो रामराज या रामराज्य का उदाहरण दिया जाता है। धर्म के मार्ग पर चलने वाले श्री राम ने अपने तीनों भाइयों के साथ गुरू वशिष्ठ से शिक्षा प्राप्त की। किशोरावस्था में गुरु विश्वामित्र उन्हें वन में राक्षसों द्वारा मचाए जा रहे उत्पात को समाप्त करने के लिए साथ ले गये। श्री राम के साथ उनके छोटे भाई लक्ष्मण भी इस कार्य में उनके साथ थे।

ऋषि विश्वामित्र, जो ब्रह्म ऋषि बनने से पहले राजा विश्वरथ थे, उनकी तपोभूमि बिहार का बक्सर जिला है। ब्रह्म ऋषि विश्वामित्र वेदमाता गायत्री के प्रथम उपासक हैं, वेदों का महान गायत्री मंत्र सबसे पहले ब्रह्म ऋषि विश्वामित्र के ही श्रीमुख से निकला था। कालांतर में विश्वामित्रजी की तपोभूमि राक्षसों से आक्रांत हो गई। ताड़का नामक राक्षसी विश्वामित्रजी की तपोभूमि में निवास करने लगी थी तथा अपनी राक्षसी सेना के साथ बक्सर के लोगों को कष्ट दिया करती थी। समय आने पर विश्वामित्रजी के निर्देशन प्रभु श्री राम के द्वारा वहीं पर उसका वध हुआ। राम ने उस समय ताड़का नामक राक्षसी को मारा तथा मारीच को पलायन के लिए मजबूर किया।

इस दौरान ही गुरु विश्वामित्र उन्हें ले गये। वहां के विदेह राजा जनक ने अपनी पुत्री सीता के विवाह के लिए एक स्वयंवर समारोह आयोजित किया था। जहां भगवान शिव का एक धनुष था जिसकी प्रत्यंचा चढ़ाने वाले शूरवीर से सीता जी का विवाह किया जाना था। बहुत सारे राजा महाराजा उस समारोह में पधारे थे। जब बहुत से राजा प्रयत्न करने के बाद भी धनुष पर प्रत्यंचा चढ़ाना तो दूर उसे उठा तक नहीं सके, तब विश्वामित्र जी की आज्ञा पाकर श्री राम ने धनुष उठा कर प्रत्यंचा चढ़ाने का प्रयत्न किया। उनकी प्रत्यंचा चढ़ाने के प्रयत्न में वह महान धनुष घोर ध्वनि करते हुए टूट गया। महर्षि परशुराम ने जब इस घोर ध्वनि को सुना तो वे वहां आ गये और अपने गुरू (शिव) का धनुष टूटने पर रोष व्यक्त करने लगे। लक्ष्मण जी उग्र स्वभाव के थे। उनका विवाद परशुराम जी से हुआ। तब श्री राम ने बीच-बचाव किया। इस प्रकार सीता का विवाह श्री राम से हुआ और परशुराम सहित समस्त लोगों ने आशीर्वाद दिया।

अयोध्या में राम सीता सुखपूर्वक रहने लगे। लोग श्री राम को बहुत चाहते थे। उनकी मृदुल, जनसेवायुक्त भावना और न्यायप्रियता के कारण उनकी विशेष लोकप्रियता थी। राजा दशरथ वानप्रस्थ की ओर अग्रसर हो रहे थे। अतः उन्होंने

राज्यभार श्री राम को सौंपने का सोचा। जनता में भी सुखद लहर दौड़ गई की उनके प्रिय राजा, उनके प्रिय राजकुमार को राजा नियुक्त करने वाले हैं। उस समय श्री राम के अन्य दो भाई भरत और शत्रुघ्न अपने ननिहाल गए हुए थे। कैकेयी की दासी मन्थरा ने कैकेयी को भरमाया कि राजा तुम्हारे साथ गलत कर रहें हैं। तुम राजा की प्रिय रानी हो तो तुम्हारी सन्तान को राजा बनना चाहिए पर राजा दशरथ श्री राम को राजा बनाना चाहते हैं।

श्री राम के पिता दशरथ ने उनकी सौतेली माता कैकेयी को उनकी किन्हीं दो इच्छाओं को पूरा करने का वचन (वर) दिया था। कैकेयी ने दासी मन्थरा के बहकावे में आकर इन वरों के रूप में राजा दशरथ से अपने पुत्र भरत के लिए अयोध्या का राजसिंहासन और राम के लिए चौदह वर्ष का वनवास मांगा। पिता के वचन की रक्षा के लिए श्री राम ने खुशी से चौदह वर्ष का वनवास स्वीकार किया। पत्नी सीता ने आदर्श पत्नी का उदाहरण देते हुए पति के साथ वन (वनवास) जाना उचित समझा। भाई लक्ष्मण ने भी श्री राम के साथ चौदह वर्ष वन में बिताए। भरत ने न्याय के लिए माता का आदेश ठुकराया और बड़े भाई श्री राम के पास वन जाकर उनकी चरणपादुका (खड़ाऊँ) ले आए। फिर इसे ही राजसिंहासन पर रख कर राजकाज किया।

वनवास के समय, रावण ने सीता जी का हरण किया था। रावण एक राक्षस तथा लंका का राजा था। रामायण के अनुसार, जब राम, सीता और लक्ष्मण कुटिया में थे तब एक स्वर्णिम हिरण की वाणी सुनकर, पर्णकुटी के निकट उस स्वर्ण मृग को देखकर देवी सीता व्याकुल हो गई। देवी सीता ने जैसे ही उस सुन्दर हिरण को पकड़ना चाहा वह हिरण या मृग घनघोर वन की ओर भाग गया। वास्तविकता में यह असुरों द्वारा किया जा रहा एक षडयंत्र था ताकि देवी सीता का अपहरण हो सके। वह स्वर्णमृग या सुनहरा हिरण राक्षसराज रावण का मामा मारीच था। उसने रावण के कहने पर ही सुनहरे हिरण का रूप धारण किया था ताकि वो योजना अनुसार राम - लक्ष्मण को सीता जी से दूर कर सकें और सीता जी का अपहरण हो सके। उधर षडयन्त्र से अनजान सीता जी उसे देख कर मोहित हो गईं और रामचंद्र जी से उस स्वर्ण हिरण को जीवित एवं सुरक्षित पकड़ने करने का अनुरोध किया ताकि उस अद्त सुन्दर हिरण को अयोध्या लौटने पर वहां ले जा कर पाल सकें।

श्री रामचन्द्र जी अपनी भार्या की इच्छा पूरी करने चल पड़े और लक्ष्मण जी से सीता की रक्षा करने को कहा। कपटी मारीच राम जी को बहुत दूर ले गया। श्री राम को दूर ले जाकर मारीच ने ज़ोर से "हे सीता! हे लक्ष्मण!" की आवाज़ लगानी प्रारंभ कर दी ताकि उस आवाज़ को सुन कर सीता जी चिन्तित हो जाएं और लक्ष्मण को श्री राम के पास जाने को कहें, जिससे रावण सीता जी का हरण सरलता पूर्वक कर सके । इस प्रकार छल या धोखे का अनुमान लगते ही अवसर पाकर श्री राम ने तीर चलाया और उस स्वर्णिम हिरण का रूप धरे राक्षस मारीच का वध कर दिया ।

दूसरी ओर सीता जी मारीच द्वारा लगाए अपने तथा लक्ष्मण के नाम के ध्वनियों को सुन कर अत्यंत चिन्तित हो गईं तथा किसी प्रकार के अनहोनी को समीप जानकर लक्ष्मण जी को श्री राम के पास जाने को कहने लगीं। लक्ष्मण जी राक्षसों के छल - कपट को समझते थे इसलिए लक्ष्मण जी देवी सीता को असुरक्षित अकेला छोड़कर जाना नहीं चाहते थे, पर देवी सीता द्वारा बलपूर्वक अनुरोध करने पर लक्ष्मण जी अपनी भाभी की बातों को अस्वीकार नहीं कर सके। वन में जाने से पहले सीता जी की रक्षा के लिए लक्ष्मण जी ने अपने बाण से एक रेखा खींची तथा सीता जी से निवेदन किया कि वे किसी भी परिस्थिति में इस रेखा का उल्लंघन नहीं करें, यह रेखा मंत्र के उच्चारण पूर्वक खिंची गई है इसलिए इस रेखा को लांघ कर कोई भी इसके अन्दर नहीं आ पाएगा। लक्ष्मण जी ने देवी सीता की रक्षा के लिए जो अभिमंत्रित रेखा अपने बाण के द्वारा खिंची थी वह लक्ष्मण रेखा के नाम से प्रसिद्ध है।

लक्ष्मण जी के घोर वन में प्रवेश करते ही तथा देवी सीता को अकेला पाकर पहले से षडयंत्र पूर्वक घात लगाकर बैठे रावण को सीता जी के अपहरण का सुनहरा अवसर प्राप्त हो गया। रावण शीघ्र ही राम - लक्ष्मण - सीता के निवास स्थान उस पर्णकुटी या कुटिया में जहां परिस्थिति वश देवी सीता इस समय अकेली थीं, आ गया। उसने साधु का वेष धारण कर रखा था । पहले तो उसने उस सुरक्षित कुटिया में सीधे घुसने का प्रयास किया लेकिन लक्ष्मण रेखा खींचे होने के कारण वह कुटिया के अंदर जहां देवी सीता विद्यमान थीं, नहीं घुस सका।

तब उसने दूसरा उपाय अपनाया, साधु का वेष तो उसने धारण किया हुआ ही था, सो वह कुटिया बाहरी द्वार पर खड़े होकर "भिक्षाम् देही - भिक्षाम् देही" का

उद्घोष करने लगा। इस वाणी को सुन कर देवी सीता कुटिया के बाहर निकलीं (लक्ष्मण रेखा के उल्लंघन किए बिना)। द्वार पर साधु को आया देख कर वो कुटिया के चौखट से ही (लक्ष्मण रेखा के भीतर से ही) उसे अन्न - फल आदि का दान देने लगीं। तब धूर्त रावण ने सीता जी को लक्ष्मण रेखा से बाहर लाने के लिए स्वयं के भूखे - प्यासे होने की बात बोल कर भोजन की मांग की।

आर्यावर्त की परंपरा के अनुसार द्वार पर आये भिक्षुक एवं भूखे को खाली हाथ नहीं लौटाने की बात सोच कर वो भोजन - जल आदि लेकर भूल वश लक्ष्मण रेखा के बाहर निकल गई। जैसे ही सीता जी लक्ष्मण रेखा के बाहर हुई, घात लगाए रावण ने झटपट उनका अपहरण कर लिया। रावण सीता जी को पुष्पक विमान में बल पूर्वक बैठाकर ले जाने लगा। पुष्पक विमान में अपहृत होकर जाते समय सीता जी ने अत्यन्त उच्च स्वर में श्री राम और लक्ष्मण जी को पुकारा तथा अपनी सुरक्षा की गुहार लगायी। इस ऊंची ध्वनि को सुनकर जटायु नामक एक विशाल गिद्ध पक्षी जो मनुष्यों के समान स्पष्ट वाणी में बोल सकता था तथा पूर्व काल में राजा दशरथ का परम मित्र था, वन प्रदेश को छोड़कर आकाश मार्ग में उड़ कर पहुंचा। जटायु देखता है कि अधर्मी रावण एक सुन्दर युवती को अपहरण कर लेकर जा रहा है तथा वह युवती अपनी सुरक्षा की गुहार लगा रही है।

यह अन्याय देख कर जटायु रावण को चुनौती देता है तथा उस युवती को छोड़ देने की चेतावनी देता है लेकिन अहंकारी रावण भला कहां मानने वाला था सो रावण और जटायु में आकाश मार्ग में ही युद्ध छिड़ जाता है। बलशाली रावण अपने अमोघ खड्ग से जटायु के दोनों पंख काट देता है जिससे जटायु नि:सहाय हो कर पृथ्वी पर गिर जाता है। रावण पुष्पक विमान में सीता जी को लेकर आगे बढ़ने लगता है। सीता जी ने जब देखा कि उनकी रक्षा करने के लिए आए विशाल गिद्ध पक्षी जो मनुष्यों की भांति बोल सकता था, रावण के खड्ग प्रहार करने से धराशायी हो गया है तब पुष्पक विमान में आकाशमार्ग अथवा वायुमार्ग से जाते समय सीता जी अपने आभूषण / गहने को उतार कर नीचे धरती पर फेंकने लगीं।

भगवान श्री राम, अपने भाई लक्ष्मण के साथ सीता की खोज में दर-दर भटक रहे थे। तब वे हनुमान और सुग्रीव नामक दो वानरों से मिले। हनुमान, राम के सबसे बड़े भक्त बने। रामायण में सीता के खोज में सीलोन या लंका या श्रीलंका जाने के लिए 48 किलोमीटर लम्बे 3 किलोमीटर चोड़े पत्थर के सेतु का निर्माण

करने का उल्लेख प्राप्त होता है, जिसको रामसेतु कहते हैं। सीता को को पुनः प्राप्त करने के लिए राम ने हनुमान, विभीषण और वानर सेना की सहायता से रावण के सभी बंधु-बांधवों और उसके वंशजों को पराजित किया तथा लौटते समय विभीषण को लंका का राजा बनाकर अच्छे शासक बनने के लिए मार्गदर्शन किया।

श्री राम ने रावण को युद्ध में परास्त किया और उसके छोटे भाई विभीषण को लंका का राजा बना दिया। श्री राम, सीता, लक्ष्मण और कुछ वानर जन पुष्पक विमान से अयोध्या की ओर प्रस्थान किये । वहां सबसे मिलने के बाद राम और सीता का अयोध्या में राज्याभिषेक हुआ। पूरा राज्य कुशल समय व्यतीत करने लगा।

वैदिक धर्म के कई त्योहार, जैसे दशहरा, राम नवमी और दीपावली, श्रीराम की वन-कथा से जुड़े हुए हैं। रामायण भारतीयों के मन में बसता आया है, और आज भी उनके हृदयों में इसका भाव निहित है। भारत में किसी व्यक्ति को नमस्कार करने के लिए राम राम, जय सियाराम जैसे शब्दों को प्रयोग में लिया जाता है। ये भारतीय संस्कृति के आधार हैं।। राम और कृष्ण दोनो ही विष्णु का अवतार हैं अतः ये दोनों एक ही हैं।

भगवान श्रीकृष्ण

न कोई मरता है और न ही कोई मारता है, सभी निमित्त मात्र हैं। सभी प्राणी जन्म से पहले बिना शरीर के थे, मरने के उपरांत वे बिना शरीर वाले हो जाएंगे। यह तो बीच में ही शरीर वाले देखे जाते हैं, फिर इनका शोक क्यों करते हो ।› श्रीकृष्ण की कहानी भारत और हिन्दू धर्म की संपूर्ण कहानी है । महाभारत को पढ़ना हिन्दू धर्म और भारत को पढ़ना है । हिन्दू मान्यता अनुसार विष्णु ने आठवें मनु वैवस्वत के मन्वंतर के अठाईसवें द्वापर में आठवें अवतार श्री कृष्ण के रूप में देवकी के गर्भ से मथुरा के कारागार में जन्म लिया था । उनका जन्म भाद्रपद के कृष्ण पक्ष की रात्रि के सातवां मुहूर्त निकल गए और आठवां उपस्थित हुआ तभी आधी रात के समय सबसे शुभ लग्न में हुआ। उस लग्न पर केवल शुभ ग्रहों की दृष्टि थी । रोहिणी नक्षत्र तथा अष्टमी तिथि के संयोग से जयंती नामक योग में ईसा से लगभग 3200 वर्ष पूर्व उनका जन्म हुआ। ज्योतिषियों के अनुसार उस समय शून्य काल (रात 12 बजे) था । भगवान कृष्ण के जीवन को संपूर्ण जानने के लिए महाभारत, भागवत पुराण, ब्रह्मवैवर्त पुराण आदि को पढ़ कर ही जाना जा सकता है।

श्रीकृष्ण, हिन्दू धर्म में भगवान हैं। वे विष्णु के आठवें (8) अवतार माने गए हैं। कन्हैया, माधव, श्याम, गोपाल, केशव, द्वारकेश या द्वारकाधीश, वासुदेव आदि नामों से भी उनको जाना जाता है। कृष्ण निष्काम कर्मयोगी, आदर्श दार्शनिक, स्थितप्रज्ञ एवं दैवी संपदाओं से सुसज्जित महान पुरुष थे। उनका जन्म द्वापरयुग में हुआ था। उनको इस युग के सर्वश्रेष्ठ पुरुष, युगपुरुष या युगावतार का स्थान दिया गया है। कृष्ण के समकालीन महर्षि वेदव्यास द्वारा रचित श्रीमद्भागवत और महाभारत में कृष्ण का चरित्र विस्तृत रूप से लिखा गया है। भगवद्गीता कृष्ण और अर्जुन का संवाद है जो ग्रंथ आज भी पूरे विश्व में लोकप्रिय है। इस उपदेश के लिए कृष्ण को जगतगुरु का सम्मान भी दिया जाता है।

कृष्ण वसुदेव और देवकी की आठवीं सनातन थे। देवकी कंस की बहन थी। कंस एक अत्याचारी राजा था। उसने आकाशवाणी सुनी थी कि देवकी के आठवें

पुत्र द्वारा वह मारा जाएगा। इससे बचने के लिए कंस ने देवकी और वसुदेव को मथुरा के कारागार में डाल दिया। मथुरा के कारागार में ही भादो मास के कृष्ण पक्ष की अष्टमी को उनका जन्म हुआ। कंस के डर से वसुदेव ने नवजात बालक को रात में ही यमुना पार गोकुल में यशोदा के यहाँ पहुँचा दिया। गोकुल में उनका लालन-पालन हुआ था। यशोदा और नन्द उनके पालक माता-पिता थे।

बाल्यावस्था में ही उन्होंने बड़े-बड़े कार्य किए जो किसी सामान्य मनुष्य के लिए सम्भव नहीं थे। अपने जन्म के कुछ समय बाद ही कंस द्वारा भेजी गई राक्षसी पूतना का वध किया, उसके बाद शकटासुर, तृणावर्त आदि राक्षस का वध किया। बाद में गोकुल छोड़कर नंद गाँव आ गए वहां पर भी उन्होंने कई लीलाएं की जिसमे गोचारण लीला, गोवर्धन लीला, रास लीला आदि मुख्य है। इसके बाद मथुरा में मामा कंस का वध किया। सौराष्ट्र में द्वारका नगरी की स्थापना की और वहाँ अपना राज्य बसाया। पांडवों की मदद की और विभिन्न संकटों से उनकी रक्षा की। महाभारत के युद्ध में उन्होंने अर्जुन के सारथी की भूमिका निभाई और रणक्षेत्र में ही उन्हें उपदेश दिया। उनके अवतार समाप्ति के तुरंत बाद परीक्षित के राज्य का कालखंड आता है। राजा परीक्षित, जो अभिमन्यु और उत्तरा के पुत्र तथा अर्जुन के पौत्र थे, के समय से ही कलियुग का आरंभ माना जाता है।

"कृष्ण" एक संस्कृत शब्द है, जो "काला", "अंधेरा" या "गहरा नीला" का समानार्थी है। "अंधकार" शब्द से इसका सम्बन्ध ढलते चंद्रमा के समय को कृष्ण पक्ष कहे जाने में भी स्पष्ट झलकता है। इस नाम का अनुवाद कहीं-कहीं "अति-आकर्षक" के रूप में भी किया गया है।

श्रीमदभागवत पुराण के वर्णन अनुसार कृष्ण जब बाल्यावस्था में थे तब नन्दबाबा के घर आचार्य गर्गाचार्य द्वारा उनका नामकरण संस्कार हुआ था। नाम रखते समय गर्गाचार्यने बताया कि, 'यह पुत्र प्रत्येक युग में अवतार धारण करता है। कभी इसका वर्ण श्वेत, कभी लाल, कभी पीला होता है। पूर्व के प्रत्येक युगों में शरीर धारण करते हुए इसके तीन वर्ण हो चुके हैं। इस बार कृष्णवर्ण का हुआ है, अतः इसका नाम कृष्ण होगा। वसुदेव का पुत्र होने के कारण उनको 'वासुदेव' कहा जाता है। "कृष्ण" नाम के अतिरिक्त भी उन्हें कई अन्य नामों से जाना जाता रहा है, जो उनकी कई विशेषताओं को दर्शति हैं। सबसे व्यापक नामों में मोहन, गोविन्द, माधव और गोपाल प्रमुख हैं।

कृष्ण भारतीय संस्कृति में कई विधाओं का प्रतिनिधित्व करते हैं। उनका चित्रण आमतौर पर विष्णु जैसे कृष्ण, काले या नीले रंग की त्वचा के साथ किया जाता है। हालांकि, प्राचीन और मध्ययुगीन शिलालेख ,भारत और दक्षिणपूर्व एशिया दोनों में, और पत्थर की मूर्तियों में उन्हें प्राकृतिक रंग में चित्रित किया है, जिससे वह बनी है। कुछ ग्रंथों में, उनकी त्वचा को काव्य रूप से जांबुल (जामुन, बैंगनी रंग का फल) के रंग के रूप में वर्णित किया गया है।

कृष्ण को अक्सर मोर-पंख वाले पुष्प या मुकुट पहनकर चित्रित किया जाता है, और अक्सर बांसुरी (भारतीय बांसुरी) बजाते हुए उनका चित्रण हुआ है। इस रूप में, आम तौर पर त्रिभनग मुद्रा में दूसरे के सामने एक पैर को दुसरे पैर पर डाले चित्रित है। कभी-कभी वह गाय या बछड़ा के साथ होते है, जो चरवाहे गोविंद के प्रतीक को दर्शाती है। अन्य चित्रण में, वे महाकाव्य महाभारत के युद्ध के दृश्यों का एक हिस्सा है। वहा उन्हें एक सारथी के रूप में दिखाया जाता है, विशेष रूप से जब वह पांडव राजकुमार अर्जुन को संबोधित कर रहे हैं, जो प्रतीकात्मक रूप से हिंदू धर्म का एक ग्रंथ,भगवद् गीता को सुनाते हैं। इन लोकप्रिय चित्रणों में, कृष्ण कभी पथ प्रदर्शक के रूप में सामने में प्रकट होते हैं, या तो दूरदृष्टा के रूप में, कभी रथ के चालक के रूप में ।

कृष्ण के वैकल्पिक चित्रण में उन्हें एक बालक (बाल कृष्ण) के रूप में दिखाते हैं, एक बच्चा अपने हाथों और घुटनों पर रेंगते हुए ,नृत्य करते हुए, साथी मित्र ग्वाल बाल को चुराकर मक्खन देते हुए (मक्खन चोर), लड्‌ को अपने हाथ में लेकर चलते हुए (लड्‌ गोपाल) अथवा प्रलय के समय बरगद के पत्ते पर तैरते हुए एक अलौकिक शिशु जो अपने पैर की अंगुली को चूसता प्रतीत होता है। कृष्ण की प्रतिमा में क्षेत्रीय विविधताएं उनके विभिन्न रूपों में देखी जाती हैं, जैसे ओडिशा में जगन्नाथ, महाराष्ट्र में विट्ठल या विठोबा, राजस्थान में श्रीनाथ जी, गुजरात में द्वारकाधीश और केरल में गुरुवायरुप्पन अन्य चित्रणों में उन्हें राधा के साथ दिखाया जाता है जो राधा और कृष्ण के दिव्य प्रेम का प्रतीक माना जाता है। उन्हें कुरुक्षेत्र युद्ध में विश्वरूप में भी दिखाया जाता है, जिसमें उनके कई मुख हैं और सभी लोग उनके मुख में जा रहे हैं। अपने मित्र सुदामा के साथ भी उनको दिखाया जाता है जो मित्रता का प्रतीक है।

वास्तुकला में कृष्ण चिह्नों एवं मूर्तियों के लिए दिशानिर्देशों का वर्णन मध्यकालीन युग में हिन्दू मंदिर कलाओं जैसे वैखानस अगम, विष्णु धर्मोत्तर

पुराण, बृहत संहिता और अग्नि पुराण में वर्णित है। इसी तरह, मध्यकालीन युग के शुरुआती तमिल ग्रंथों में कृष्ण और रुक्मणी की मूर्तियां भी सम्मिलित हैं। इन दिशानिर्देशों के अनुसार बनाई गई कई मूर्तियां सरकारी संग्रहालय के संग्रह में हैं।

एक व्यक्तित्व के रूप में कृष्ण का विस्तृत विवरण सबसे पहले महाकाव्य महाभारत में लिखा गया है, जिसमें कृष्ण को विष्णु के अवतार के रूप में दर्शाया गया है। महाकाव्य की मुख्य कहानियों में से कई कृष्ण केंद्रीय हैं श्री भगवत गीता का निर्माण करने वाले महाकाव्य के छठे पर्व (भीष्म पर्व) के अठारहवे अध्याय में युद्ध के मैदान में श्रीकृष्ण अर्जुन को ज्ञान देते हैं। प्राचीन संस्कृत व्याकरण पतंजलि ने अपने महाभाष्य में भारतीय ग्रंथों के देवता कृष्ण और उनके सहयोगियों के कई संदर्भों का उल्लेख किया है।

कई पुराणों में कृष्ण की जीवन कथा को बताया या कुछ इस पर प्रकाश डाला गया है । दो पुराण, भागवत पुराण और विष्णु पुराण में कृष्ण की कहानी की सबसे विस्तृत जानकारी है, लेकिन इन और अन्य ग्रंथों में कृष्ण की जीवन कथाएं अलग-अलग हैं और इसमें महत्वपूर्ण असंगतियां हैं। भागवत पुराण में बारह पुस्तकें उप-विभाजित हैं जिनमें ३३२ अध्याय, संस्करण के आधार पर १६,००० और १८,००० छंदो के बीच संचित हैं । पाठ की दसवीं पुस्तक, जिसमें लगभग ४००० छंद (~ २५ %) शामिल हैं और कृष्ण के बारे में किंवदंतियों को समर्पित है, इस पाठ का सबसे लोकप्रिय और व्यापक रूप से अध्ययन किया जाने वाला अध्याय है।

कई भारतीय ग्रंथों में कहा गया है कि पौराणिक कुरुक्षेत्र युद्ध (महाभारत के युद्ध) में गांधारी के सभी सौ पुत्रों की मृत्यु हो जाती है। दुर्योधन की मृत्यु से पहले रात को, कृष्णा ने गांधारी को उनकी संवेदना प्रेषित की थी । गांधारी कृष्ण पर आरोप लगाती है कि कृष्ण ने जानबूझ कर युद्ध को समाप्त नहीं किया, क्रोध और दुःख में उन्हें श्राप देती है कि उनके अपने "यदु राजवंश" में हर व्यक्ति उनके साथ ही नष्ट हो जाएगा। महाभारत के अनुसार, यादवों के बीच एक त्यौहार में एक लड़ाई की शुरुवात हो जाती है, जिसमे सब एक-दूसरे की हत्या करते हैं। कुछ दिनों बाद एक वृक्ष के नीचे नींद में सो रहे कृष्ण को एक हिरण समझ कर, जरा नामक शिकारी तीर मारता है जो उन्हें घातक रूप से घायल करता है कृष्णा जरा को क्षमा करते है और देह त्याग देते हैं । गुजरात में भालका की तीर्थयात्रा (तीर्थ)

स्थल उस स्थान को दर्शाता है जहां कृष्ण ने अपना अवतार समाप्त किया तथा वापस वैकुण्ठ को गए । यह देहोत्सर्ग के नाम से भी जाना जाता है। भागवत पुराण, अध्याय ३१ में कहा गया है कि उनकी मृत्यु के बाद, कृष्ण अपनी योगिक एकाग्रता की वजह से सीधे वैकुण्ठ में लौटे। ब्रह्मा और इंद्र जैसे प्रतीक्षारत देवताओं को भी कृष्ण को अपना मानव अवतार छोड़ने और वैकुण्ठ लौटने के लिए मार्ग का पता नहीं लगा ।

भागवत पुराण कृष्ण की आठ पत्नियों का वर्णन करता है, जो इस अनुक्रम में(रुक्मिणी, सत्यभामा, जामवंती, कालिंदी, मित्रवृंदा, नाग्नजिती (जिसे सत्य भी कहा जाता है),भद्रा और लक्ष्मणा (जिसे मद्रा भी कहते हैं) प्रकट होती हैं। यह एक रूपक है, आठों पत्नियां उनके अलग पहलू को दर्शाती हैं। वैष्णव ग्रंथों में कृष्ण की पत्नियों के रूप में सभी गोपियों का उल्लेख है, लेकिन यह सभी भक्ति एवं आध्यात्मिक सम्बन्ध का प्रतीक हैं। और प्रत्येक के लिए कृष्ण पूर्ण श्रद्धेय हैं। उनकी पत्नी को कभी-कभी रोहिणी, राधा, रुक्मिणी, स्वामीनिजी या अन्य कहा जाता है। कृष्ण-संबंधी हिंदू परंपराओं में, वह राधा के साथ सबसे अधिक चित्रित होते हैं। उनकी सभी पत्नियां को और उनके प्रेमिका राधा को हिंदू परंपरा में विष्णु की पत्नी देवी लक्ष्मी के अवतार के रूप में माना जाता है। गोपियों को राधा के कई रूप और अभिव्यक्तियों के रूप में माना जाता है।

महाभारत के अनुसार, कृष्ण कुरुक्षेत्र युद्ध के लिए अर्जुन के सारथी बनते हैं, लेकिन इस शर्त पर कि वह कोई भी हथियार नहीं उठाएंगे। दोनों के युद्ध के मैदान में पहुंचने के बाद और यह देखते हुए कि दुश्मन उसके अपने परिवार के सदस्य, उनके दादा, और उनके चचेरे भाई और प्रियजन हैं, अर्जुन क्षोभ में डूब जाते हैं और कहते है कि उनका हृदय उन्हें अपने परिजनों से लड़ने और मारने की अनुमति नहीं देगा। वह राज्य को त्यागने के लिए और अपने गाण्डीव (अर्जुन के धनुष) को छोड़ने के लिए तत्पर हो जाते है । कृष्ण तब उसे जीवन, नैतिकता और नश्वरता की प्रकृति के बारे में ज्ञान देते है। जब किसी को अच्छे और बुरे के बीच युद्ध का सामना करना पड़ता है तब, परिस्थिति की स्थिरता, आत्मा की स्थायीता और अच्छे बुरे का भेद ध्यान में रखते हुए, कर्तव्यों और जिम्मेदारियों को निभाते हुए, वास्तविक शांति की प्रकृति और आनंद और विभिन्न प्रकार के योगों को आनंद और भीतर की मुक्ति के लिए ऐसा योध अनिवार्य होता है । कृष्ण और

अर्जुन के बीच बातचीत को भगवद् गीता नामक एक ग्रन्थ के रूप में प्रस्तुत किया गया है ।

कुरु क्षेत्र की युद्धभूमि में श्रीकृष्ण ने अर्जुन को जो उपदेश दिया था वह श्रीमद्भगवदगीता के नाम से प्रसिद्ध है। सभी हिन्दू ग्रंथों में, श्रीमद भगवत गीता को सबसे महत्वपूर्ण माना जाता है। क्योंकि इसमें एक व्यक्ति के जीवन का सार है और इसमें महाभारत काल से द्वापर तक कृष्ण की सभी लीलाओं का वर्णन हैं। ऐसी मान्यता है की यह महर्षि वेदव्यास द्वारा रचित है हालांकि, इसमें कोई प्रमाण नहीं है लेकिन भगवद गीता एक पुस्तक है जो अर्जुन और उनके सारथी श्री कृष्ण के बीच वार्तालाप पर आधारित है। गीता में सांख्य योग, कर्म योग, भक्ति योग, राजयोग, एक ईश्वरवाद आदि पर बहुत ही सुंदर तरीके से चर्चा की गई है।

कृष्ण को दिव्य प्रेम का सार और प्रतीक के रूप में प्रस्तुत किया गया है, जिसमें मानव जीवन और दिव्य का प्रतिबिंब है। कृष्ण और गोपियों की भक्ति और प्रेमपूर्ण किंवदंतियां और संवाद ,दार्शनिक रूप से दिव्य और अर्थ के लिए मानव इच्छा के रूपकों के समतुल्य माना जाता है और सार्वभौमिक शक्ति और मानव आत्मा के बीच का समन्वय है । कृष्ण की लीला प्रेम-और आध्यात्म का एक धर्मशास्त्र है। "मुक्ति के साधन के रूप में प्रेम को प्रस्तुत नहीं किया जाता है, यह सर्वोच्च जीवन है"। मानव प्रेम भगवान का प्रेम है। हिंदू परंपराओं में अन्य ग्रंथ ,जिनमें भगवद गीता सम्मिलित है, ने कृष्ण के उपदेशों पर कई भाष्य (टिप्पणी) लिखने के लिए प्रेरित किया है।

सभी वैष्णव परंपराएं कृष्ण को विष्णु का आठवां अवतार मानती हैं; अन्य लोग विष्णु के साथ कृष्ण की पहचान करते हैं, जबकि गौदीया वैष्णववाद, वल्लभ संप्रदाय और निम्बारका संप्रदाय की परंपराओं में कृष्ण को स्वामी भगवान का मूल रूप या हिंदू धर्म में ब्राह्मण की अवधारणा के रूप में सम्मान करते हैं। जयदेव अपने गीतगोविंद में कृष्ण को सर्वोच्च प्रभु मानते हैं जबकि दस अवतार उनके रूप हैं। स्वामीनारायण संप्रदाय के संस्थापक स्वामीनारायण ने भगवान के रूप में कृष्ण की भी पूजा की। "वृहद कृष्णवाद" वैष्णववाद में, वैसुलिंक काल के वासुदेव और वैदिक काल के कृष्ण और गोपाल को प्रमुख मानते हैं । आज भारत के बाहर भी कृष्ण को मानने वाले एवं अनुसरण एवं विश्वास करने वालो की बहुत बड़ी संख्या है।

भक्ति परम्परा में आस्था का प्रयोग किसी भी देवता तक सीमित नहीं है। हालांकि, हिंदू धर्म के भीतर कृष्ण भक्ति, परंपरा का एक महत्वपूर्ण और लोकप्रिय केंद्र रहा है, विशेषकर वैष्णव संप्रदायों में । कृष्ण के भक्तों ने लीला की अवधारणा को ब्रह्मांड के केंद्रीय सिद्धांत के रूप में माना जिसका अर्थ है 'दिव्य नाटक'। यह भक्ति योग का एक रूप है, तीन प्रकार के योगों में से एक भगवान कृष्ण द्वारा भगवद गीता में चर्चा की है।

भागवत पुराण जैसे कृष्ण-संबंधी साहित्य, प्रदर्शन के लिए इसके आध्यात्मिक महत्व को मानते हैं और उन्हें धार्मिक अनुष्ठान के रूप में मानते हैं तथा प्रतिदिन जीवन को आध्यात्मिक अर्थ के साथ जोड़ते हैं। इस प्रकार एक अच्छा, ईमानदार / सत्यनिष्ठा और सुखी जीवन व्यतीत करने का पथ प्रदर्शित करते हैं। इसी तरह, कृष्ण द्वारा प्रेरित प्रदर्शन का उद्देश्य विश्वासयोग्य अभिनेताओं और श्रोताओं के हृदय को शुद्ध करना है। कृष्ण लीला के किसी भी हिस्से का गायन, नृत्य और प्रदर्शन, पाठ में धर्म को याद करने का एक कार्य है। यह पराभक्ति (सर्वोच्च भक्ति) के रूप में है। किसी भी समय और किसी भी कला में कृष्ण को याद करने के लिए, उनकी शिक्षा देते हुए, उनकी सुन्दर और दिव्य पूजा की जाती है।

विशेषकर कथक, ओडिसी, मणिपुरी ,कुचीपुड़ी और भरतनाट्यम जैसे शास्त्रीय नृत्य शैलियां उनके कृष्ण-संबंधी प्रदर्शनों के लिए जाने जाते हैं। कृष्णाट्टम (कृष्णट्टम) ने अपने मूल को कृष्ण पौराणिक कथाओं के साथ रखा है और यह कथकली नामक एक अन्य प्रमुख शास्त्रीय भारतीय नृत्य रूप से जुड़ा हुआ है। भागवत पुराण में कृष्ण कहानियों के प्रभाव का सारांश देता है, " संभवतः किसी भी अन्य पाठ की तुलना में संस्कृत साहित्य के इतिहास में ,रामायण के अपवाद के साथ ,इतने अधिक व्युत्पन्न साहित्य, कविता, नाटक, नृत्य, थियेटर और कला को प्रेरित नहीं किया। ।

कि सनातन हिन्दू धर्म में बहुत सारे धर्मग्रन्थ लिखे गए हैं जिनका प्रमाण आज भी मिलता है जो आजकी स्थिति में भी प्रासंगिक हैं। ग्रंथो की बात करे तो इसमें वेद, उपवेद, महाकाव्य(रामायण, महाभारत),पुराण, उपनिषद, वेदांग इत्यादि लिखी गयी हैं।

वेद

वेद का अर्थ है ज्ञान। वेदों में कोई कथा कहानी नहीं है । वेद में तिनके से लेकर परमेश्वर पर्यन्त वह सम्पूर्ण मूल ज्ञान विद्यमान है, जो मनुष्यों के जीवन में आवश्यक है । मैं कौन हूँ? मुझमें ऐसा क्या है, जिसमें "मैं" की भावना है? मेरे हाथ, मेरे पैर, मेरा सिर, मेरा शरीर, पर मैं कौन हूँ? मैं कहाँ से आया हूँ? मेरा तन तो यहीं रहेगा, तो मैं कहाँ जाऊंगा, परमात्मा क्या करता है? मैं यहाँ क्या करूँ? मेरा लक्ष्य क्या है? मुझे यहाँ क्यूँ भेजा गया? इन सबका उत्तर तो केवल वेदों में ही मिलेगा। रामायण, भागवत व महाभारत आदि तो ऐतिहासिक घटनाएं हैं, जिनसे हमें सीख लेनी चाहिए और इन जैसे महापुरुषों के दिखाए सन्मार्ग पर चलना चाहिए।सभी वेदों को सनातन धर्म का मूल आधार माना जाता है । वेदों से ही भारत में वैदिक संस्कृति का चलन शुरू हुया। वेदों को सृष्टि का प्रथम व मूल ग्रंथ माना जाता है ।आगे वेदों की संछिप्त रूप में व्याख्या करेंगे। मुख्य रूप से चार वेदों का उल्लेख मिलता है ।

ऋग्वेद

वेदों में सर्वप्रथम ऋग्वेद का निर्माण हुआ। यह पद्यात्मक हैं । ऋग्वेद में मण्डल 10 हैं,1028 सूक्त हैं और 11 हज़ार मन्त्र हैं। इसमें 5 शाखायें हैं – शाकल्प, वास्कल, अश्वलायन, शांखायन, मंडूकायन। ऋग्वेद के दशम मण्डल में औषधि सूक्त हैं। इसके प्रणेता अर्थशास्त्र ऋषि हैं। इसमें औषधियों की संख्या 125 के लगभग निर्दिष्ट की गई हैं जो कि 107 स्थानों पर पायी जाती हैं । औषधि में सोम का विशेष वर्णन हैं । ऋग्वेद म च्यवन ऋषि को पुनः युवा करने का कथानक भी उद्दत हैं और औषधियों से रोगों का नाश करना भी समाविष्ट हैं । इसमें जल चिकित्सा, वायु चिकित्सा, सौर चिकित्सा, मानस चिकित्सा एवं हवन द्वारा चिकित्सा का समावेश है ।

ऋग्वेद की ऋचाओं में स्तोत्र-मंत्रों के द्वारा देवताओं की स्तुतियां यज्ञ में आह्वान करने के लिये मन्त्र आदि का वर्णन है । ऋग्वेद में ही मृत्युनिवारक मृत्युंजय मन्त्र का वर्णन मिलता है । ऋग्वेद के तीसरे मंडल में विश्व प्रसिद्ध गायत्री मंत्र का वर्णन किया गया है । इसी वेद के अंतर्गत वर्तमान में लुप्त हो चुकी सरस्वती नदी का भी उल्लेख है । च्यवनप्राश के सेवन से वृद्ध च्यवनऋषि को फिर से युवा करने की कथा इसी वेद में ही वर्णित है । इसमें जल चिकित्सा, सौर चिकित्सा, वायु चिकित्सा, मानस चिकित्सा और हवन के द्वारा चिकित्सा का वर्णन मिलता है । ऋग्वेद के 10 वें मंडल के 90 सूक्त में सृष्टी की रचना से संबंधित वर्णन उपलव्ध है ।

सामवेद

सामवेद में गेय छंदों की अधिकता है जिनका गान यज्ञों के समय होता था। 1824 मन्त्रों कें इस वेद में 75 मन्त्रों को छोड़कर शेष सब मन्त्र ऋग्वेद से ही संकलित हैं। सामवेद गीतात्मक है, इस वेद को संगीत शास्त्र का मूल माना जाता है । इसमें सविता, अग्नि और इन्द्र देवताओं का प्राधान्य है । इसमें यज्ञ में गाने के लिये संगीतमय मन्त्र हैं, यह वेद मुख्यतः गन्धर्व लोगों के लिये होता है । इस वेद में अधिकांशतः यज्ञों और हवनों के नियम और विधान हैं,। अतः यह ग्रन्थ कर्मकाण्ड प्रधान है । इसमें मुख्य 3 शाखायें हैं, 75 ऋचायें हैं और विशेषकर संगीत शास्त्र का समावेश किया गया है ।

यजुर्वेद

यजुर्वेद गद्यमय हैं इसमें यज्ञ की असल प्रक्रिया के लिये गद्य मन्त्र हैं, यह वेद मुख्यतः क्षत्रियों के लिये होता है ।

यजुर्वेद के दो भाग हैं –

1. कृष्ण- वैशम्पायन ऋषि का सम्बन्ध कृष्ण से है । कृष्ण की चार शाखायें हैं ।

2. शुक्लयाज्ञवल्क्य ऋषि का सम्बन्ध शुक्ल से है । शुक्ल की दो शाखायें हैं । इसमें 40 अध्याय हैं । यजुर्वेद के एक मन्त्र में 'ब्रीहिधान्यों' का वर्णन प्राप्त होता है । इसके अलावा, दिव्य वैद्य एवं कृषि विज्ञान का भी विषय समाहित है ।

अथर्ववेद

अर्थ का मतलव काम या मोक्ष से है । इस वेद का संकलन सब वेदों के बाद माना गया है । अथर्ववेद के कुल 20 अध्यायों में 5687 मंत्र हैं । अथर्ववेद सभी संशयों के निवृति का वेद कहलाता है । इसमें तंत्र-मंत्र, काम-क्रियाओं का वर्णन, रहस्यमयी विद्याओं, जड़ी बूटियों, चमत्कार आदि का उल्लेख है ।यह वेद मुख्यतः व्यापारियों के लिये होता हैं ।अथर्ववेद में आठ खण्ड आते हैं जिनमें भेषज वेद एवं धातु वेद ये दो नाम स्पष्ट प्राप्त हैं।

उपवेद

वेदों से निकली हुई शाखाओं रूपी वेद को उपवेद के नाम से जाना जाता है । वेदो के बहुत सारे उपवेद लिखे गए हैं। कुछ का उदारहरण इस प्रकार है। इन् सबको जानने के लिए बहुत सारे विद्वानों द्वारा लिखी गयी पुस्तके हैं।जिनको पढ़ कर सनातन हिन्दू धर्म के बारे में और भी जानकारी प्राप्त की जा सकती है । कुछ उपवेद इस प्रकार हैं।

ऋग्वेद

१) कामन्दक सूत्र,

२) कौटिल्य अर्थशास्त्र,

३) चाणक्य सूत्र,

४) नीतिवाक्यमृत सूत्र,

५) बृहस्पतेय अर्थाधिकारकम्,

६) शुक्रनीति

यजुर्वेद

१) मुक्ति कल्पतरू,

२) वृद्ध शारंगधर,

३) वैशम्पायन,

४) नीति-प्रकाशिका,

५) समरांगण सूत्रधार,

६) अध्वर्यु

सामवेद

१) दत्तिलम ,

२) भरत नाट्यशास्त्र,

३) मल्लिनाथ रत्नाकर,

४) संगीत दर्पण,

५) संगीत रत्नाकर

अथर्ववेद

१) अग्निग्रहसूत्रराज,

२) अश्विनीकुमार संहिता,

३) अष्टांगहृदय,

४) इन्द्रसूत्र,

५) चरक संहिता,

६) जाबालिसूत्र,

७) दाल्भ्य सूत्र,

८) देवल सूत्र,

९) धन्वन्तरि सूत्र,

१०) धातुवेद,

११) ब्रह्मन संहिता,

१२) भेल संहिता,

१३) मानसूत्र,

१४) शब्द कौतूहल,

१५) सुश्रुत संहिता,

१६) सूप सूत्र,

१७) सौवारिसूत्र

वेदांग

सनातन धर्म में बहुत सारे धर्म ग्रन्थ ,काव्य, व्याकरण, छंद, दर्शन,संहिता, वेदांग पुराण इत्यादि लिखे गए हैं।आगेहमवेदांग, मनुसंहिता, चरकसंहिता एवँ पुराण के बारे में संछिप्त में जानेंगे।

इन् सब में पुराण का अपना अलग ही महत्व है। यहाँ से आगे वेदांग, मनुसंहिता, चरक संहिता एवं पुराण के बारे में संछिप्त में वर्णन किया गया है।

वेदों के अर्थ को अच्छी तरह समझने में वेदांग काफ़ी सहायक होते हैं। वेदांग शब्द से अभिप्राय है - ‹जिसके द्वारा किसी वस्तु के स्वरूप को समझने में सहायता मिले›। वेदांगो की कुल संख्या छः हैं, जो इस प्रकार हैं –

१) **शिक्षा** - वैदिक वाक्यों के स्पष्ट उच्चारण हेतु इसका निर्माण हुआ। वैदिक शिक्षा सम्बंधी प्राचीनतम साहित्य ‹प्रातिशाख्य› है ।

२) **कल्प** - वैदिक कर्मकाण्डों को सम्पन्न करवाने के लिए निश्चित किए गये विधि नियमों का प्रतिपादन ‹कल्पसूत्र› में किया गया है ।

३) **व्याकरण** - इसके अन्तर्गत समासों एवं सन्धि आदि के नियम, नामों एवं धातुओं की रचना, उपसर्ग एवं प्रत्यय के प्रयोग आदि के नियम बताये गये हैं। पाणिनि की अष्टाध्यायी प्रसिद्ध व्याकरण ग्रंथ है ।

४) **निरूक्त** - शब्दों की व्युत्पत्ति एवं निर्वचन बतलाने वाले शास्त्र ‘निरूक्त’ कहलातें हैं । क्लिष्ट वैदिक शब्दों के संकलन ‘निघण्टु’ की व्याख्या हेतु यास्क ने ‘निरूक्त’ की रचना की थी, जो भाषा शास्त्र का प्रथम ग्रंथ माना जाता है ।

५) **छन्द** - वैदिक साहित्य में मुख्य रूप से गायत्री, त्रिष्टप, जगती, वृहती आदि छन्दों का प्रयोग किया गया है । पिंगल का छन्दशास्त्र प्रसिद्ध है ।

६) ज्योतिष - इसमें ज्योतिष शास्त्र के विकास को दिखाया गया है । इसके प्राचीनतम आचार्य 'लगध मुनि' हैं वेद पुरुष के छःअंग माने गये हैं- कल्प, शिक्षा, छन्द, व्याकरण, निरुक्त तथा ज्योतिष। मुण्डकोपनिषद में आते हैं ।

कल्प, व्याकरण, निरुक्त, छन्द, ज्योतिष, उपनिषद, पुराण, वेदांत, दर्शन

वेदों के अलावा बहुत सारे धर्मग्रन्थ, कल्प, व्याकरण, निरुक्त, छन्द, ज्योतिष, पुराण, वेदांत,दर्शन और जीवन की उपयोगी पुस्तके लिखी गयी हैं। जिनका वृहत रूप में वर्णन करना यहाँ मुश्किल है। इसके लिए विद्वानों द्वारा लिखी गई, पुस्तकों को पढ़ कर अपने ज्ञान को बढ़ा कर जीवन को सफल बना सकतें हैं। यहाँ पर कुछ उपयोगी पुस्तकों का नाम दिया जा रहा है।

कल्प

१) गृह्यसूत्र (रीति-रिवाजों, प्रथाओं हेतु),

२) धर्मसूत्र (शासकों हेतु),

३) श्रौतसूत्र (यज्ञ हेतु)

शिक्षा गौतमी शिक्षा (सामवेद)

१) नारदीय शिक्षा,

२) पाणिनीय शिक्षा (ऋग्वेद),

३) बाह्य शिक्षा (कृष्ण यजुर्वेद),

४) माण्डुकी शिक्षा (अथर्ववेद),

५) याज्ञवल्क्य शिक्षा (शुक्ल यजुर्वेद),

६) लोमशीय शिक्षा

व्याकरण

१) कल्प व्याकरण,

२) कामधेनु व्याकरण,

३) पाणिनि व्याकरण,

४) प्रकृति प्रकाश,

५) प्रकृति व्याकरण,

६) मुग्धबोध व्याकरण,

७) शाक्टायन व्याकरण,

८) सारस्वत व्याकरण,

९) हेमचन्द्र व्याकरण

निरुक्त

१) मुक्ति कल्पतरू,

२) वृद्ध शारंगधर,

३) वैशम्पायन नीति-प्रकाशिका,

४) समरांगण सूत्रधार

छन्द

१) गार्ग्य प्रोक्त उपनिदान सूत्र,

२) छन्द मंजरी,

३) छन्दसूत्र,

४) छन्दोविचित छन्द सूत्र,

५) छन्दोऽनुक्रमणी,

६) छलापुध वृत्ति,

७) जयदेव छन्द,

८) जानाश्रमां छन्दोविचित,

९) वृत्तरत्नाकर,

१०) वेंकटमाधव छन्दोऽनुक्रमणी,

११) श्रुतवेक

ज्योतिष

१) आर्यभटीय ज्योतिष,

२) नारदीय ज्योतिष,

३) पराशर ज्योतिष,

४) ब्रह्मगुप्त ज्योतिष,

५) भास्कराचार्य ज्योतिष,

६) वराहमिहिर ज्योतिष,

७) वासिष्ठ ज्योतिष ,

८) वेदांग ज्योतिष

ऋग्वेदीय उपनिषद

१) ऐतरेय उपनिषद,

२) आत्मबोध उपनिषद,

३) कौषीतकि उपनिषद,

४) निर्वाण उपनिषद,

५) नादबिन्दपनिषद,

६) सौभाग्यलक्ष्मी उपनिषद,

७) अक्षमालिक उपनिषद,

८) भवऋचा उपनिषद,

९) मुद्गल उपनिषद,

१०) त्रिपुरा उपनिषद,

११) बहवृचोपनिषद,

१२) मृदगलोपनिषद,

१३) राधोपनिषद,

१४) कौषीतकी उपनिषद

यजुर्वेदीय उपनिषद

शुक्ल

१) अध्यात्मोपनिषद,

२) आद्यैतारकउपनिषद,

३) भिक्षुकोपनिषद,

४) बृहदारण्यकोपनिषद,

५) ईशावास्योपनिषद,

६) हंसोपनिषद,

७) जाबालोपनिषद,

८) मंडल ब्राह्मण उपनिषद,

९) मन्त्रिकोपनिषद, मुक्तिका उपनिषद,

१०) निरालम्बोपनिषद,

११) पैंगलोपनिषद,

१२) परमहंसोपनिषद,

१३) सत्यायनी उपनिषद,

१४) सुबालोपनिषद, तारासारउपनिषद,

१५) त्रिशिखि ब्राह्मणोपनिषद,

१६) तुरीयातीतोपनिषद,

१७) अद्वयतारकोपनिषद,

१८) याज्ञवल्क्योपनिषद,

१९) शाट्यायनीयोपनिषद,

२०) शिवसंकल्पोपनिषद

कृष्ण यजुर्वेदीय

१) अक्षि उपनिषद,

२) अमृतबिन्द उपनिषद,

३) अमृतनादोपनिषद,

४) अवधूत उपनिषद,

५) ब्रह्म उपनिषद,

६) ब्रह्मविद्या उपनिषद,

७) दक्षिणामूर्ति उपनिषद,

८) ध्यानबिन्द उपनिषद,

९) एकाक्षर उपनिषद,

१०) गर्भ उपनिषद,

११) कैवल्योपनिषद,

१२) कालाग्निरुद्रोपनिषद,

१३) कुर उपनिषद,

१४) कठोपनिषद,

१५) कठरुद्रोपनिषद,

१६) क्षुरिकोपनिषद,

१७) नारायणो, पंचब्रह्म,

१८) प्राणाग्निहोत्र उपनिषद,

१९) रुद्रहृदय,

२०) सरस्वतीरहस्य उपनिषद,

२१) सर्वासार उपनिषद,

२२) शारीरिकोपनिषद,

२३) स्कन्दउपनिषद,

२४) शुकरहस्योपनिषद,

२५) श्वेताश्वतरोपनिषद,

२६) तैत्तिरीयोपनिषद,

२७) तेजोबिन्दउपनिषद,

२८) वराहोपनिषद,

२९) योगकुण्डलिनी उपनिषद

३०) योगशिखाउपनिषद,

३१) योगतत्त्वउपनिषद,

३२) कलिसन्तरणोपनिषद,

३३) चाक्षुषोपनिषद

सामवेदीय उपनिषद

१) आरुणकोपनिषद,

२) दर्शनोपनिषद,

३) जाबालदर्शनोपनिषद,

४) जाबालिउपनिषद,

५) केनोपनिषद,

६) महात्संन्यासोपनिषद,

७) मैत्रेयीउपनिषद,

८) मैत्रायणीपनिषद,

९) अव्यक्तोपनिषद,

१०) छान्दोग्य उपनिषद,

११) रुद्राक्षजाबालोपनिषद,

१२) सावित्र्युपनिषद,

१३) संन्यासोपनिषद,

१४) वज्रसूचिकोपनिषद,

१५) वासुदेवोपनिषद,

१६) चूड़ामणि उपनिषद,

१७) कुण्डिकोपनिषद,

१८) जाबाल्युपनिषद,

१९) महोपनिषद,

२०) मैत्रेय्युपनिषद,

२१) योगचूडाण्युपनिषद

अथर्वेदीये उपनिषद

१) अन्नपूर्णा उपनिषद,

२) अथर्वशिर उपनिषद,

३) अथर्वशिखा उपनिषद,

४) आत्मोपनिरुषद,

५) भावनोपनिषद,

६) भस्मोपनिषद,

७) बृहज्जाबालोपनिषद,

८) देवी उपनिषद,

९) दत्तात्रेय उपनिषद,

१०) गणपति उपनिषद,

११) गरुडोपनिषद,

१२) गोपालपूर्वतापनीयोपनिषद,

१३) ह्याग्रीवउपनिषद,

१४) कृष्णउपनिषद,

१५) महानारायण उपनिषद,

१६) माण्डूक्योपनिषद,

१७) महावाक्योपनिषद,

१८) मुण्डकोपनिषद,

१९) नारदपरिव्राजकोपनिषद,

२०) नृसिंहोत्तरतापनीयोपनिषद,

२१) परब्रह्मोपनिषद,

२२) प्रश्नोपनिषद,

२३) परमहंस परिव्राजक उपनिषद,

२४) पशुपतउपनिषद,

२५) श्रीरामपूर्वतापनीयोपनिषद,

२६) शाण्डिल्योपनिषद,

२७) शरभ उपनिषद,

२८) सूर्योपनिषद,

२९) सीताउपनिषद,

३०) राम-रहस्यउपनिषद,

३१) त्रिपुरातापिन्युपनिषद

ब्राह्मण ग्रन्थ

ऋग्वेदीय ब्राह्मण ग्रन्थ

१) ऐतरेय ब्राह्मण,

२) कौषीतकि ब्राह्मण,

३) शांखायनब्राह्मण

यजुर्वेदीय ब्राह्मण ग्रन्थ

शुक्ल यजुर्वेदीय

१) शतपथब्राह्मण(काण्वब्राह्मण),

२) शतपथ(माध्यन्दिन) ब्राह्मण

कृष्ण यजुर्वेदीय

१) तैत्तिरीयब्राह्मण,

२) मध्यवर्तीब्राह्मण

सामवेदीय ब्राह्मण ग्रन्थ

१) ताण्ड्य ब्राह्मण,

२) षडर्विंश ब्राह्मण,

३) सामविधान ब्राह्मण,

४) आर्षेय ब्राह्मण,

५) मन्त्र ब्राह्मण,

६) देवताध्यानम् ब्राह्मण,

७) वंश ब्राह्मण,

८) संहितोपनिषद ब्राह्मण,

९) जैमिनीय ब्राह्मण,

१०) जैमिनीयार्षेय ब्राह्मण,

११) जैमिनीय उपनिषद ब्राह्मण

अथर्वेदीये ब्राह्मण ग्रन्थ

१) गोपथब्राह्मण

पुराण

१) अग्नि,

२) कूर्म,

३) गरुड़,

४) नारद,

५) पद्म,

६) ब्रह्म,

७) ब्रह्मवैवर्तपुराण,

८) ब्रह्मांड,

९) भविष्य,

१०) भागवत,

११) मत्स्य,

१२) मार्कण्डेय,

१३) लिंग,

१४) वराह,

१५) वामन,

१६) विष्णु

१७) शिवपुराण (वायुपुराण) स्कन्द

दर्शन

१) न्याय दर्शन,

२) पूर्व मीमांसा,

३) योग,

४) उत्तर मीमांसा,

५) वैशेषिक,

६) सांख्य

मनुसंहिता

हिन्दू धर्म का सबसे महत्त्वपूर्ण ग्रंथ है । भारत में वेदों के उपरान्त सर्वाधिक मान्यता और प्रचलन ‹मनुसंहिता› का है । इसे ‹मनुस्मृति› भी कहा जाता है । इसमें सभी धार्मिक, सामाजिक और नैतिक कर्तव्यों का विवेचन है । ‹मनुसंहिता› का रचना काल ई. पू. एक हज़ार वर्ष से लेकर ई. पू. दूसरी शताब्दी तक माना जाता हैं । इसकी रचना के संबंध में कहा गया हैं कि धर्म, वर्ण और आश्रमों के विषय में ज्ञान प्राप्ति की इच्छा से ऋषिगण स्वायंभुव मनु के समक्ष उपस्थित हुए। मनु ने उनको कुछ ज्ञान देने के बाद कहा कि मैंने यह ज्ञान ब्रह्मा से प्राप्त किया था और मरीचि आदि मुनियों को पढ़ा दिया। ये भृगु (जो वहाँ उपस्थित थे) मुझसे सब विषयों को अच्छी तरह पढ़ चुके हैं और अब ये आप लोगों को बताएंगे। इस पर भृगु ने मनु की उपस्थिति में, उनका बताया ज्ञान, उन्हीं की शब्दावली में अन्यों को दिया। यही ज्ञान गुरु-शिष्य परंपरा में ‹मनुस्मृति› या ‹मनुसंहिता› के नाम से प्रचलित हुआ।

चरक संहिता

चरकसंहिता आयुर्वेद का एक प्रसिद्ध ग्रन्थ है । यह संस्कृत भाषा में है । इसके उपदेशक अत्रिपुत्र पुनर्वसु, ग्रंथकर्ता अग्निवेश और प्रतिसंस्कारक चरक हैं। चरकसंहिता और सुश्रुतसंहिता आयुर्वेद के दो प्राचीनतम आधारभूत ग्रन्थ हैं जो काल के गाल में समाने से बचे रह गए हैं। भारतीय चिकित्साविज्ञान के तीन बड़े नाम हैं - चरक, सुश्रुत और वाग्भट। चरक संहिता, सुश्रुतसंहिता तथा वाग्भट का अष्टांगसंग्रह आज भी भारतीय चिकित्सा विज्ञान (आयुर्वेद) के मानक ग्रन्थ हैं।

चरकसंहिता की रचना दूसरी शताब्दी से भी पूर्व हुई थी। यह आठ भागों में विभक्त है जिन्हें 'स्थान' नाम दिया गया है (जैसे, निदानस्थान)। प्रत्येक 'स्थान' में कई अध्याय हैं जिनकी कुल संख्या १२० हैं । इसमें मानव शरीर से सम्बन्धित (तत्कालीन) सिद्धान्त, हेतुविज्ञान, अनेकानेक रोगों के लक्षण तथा चिकित्सा वर्णित है । चरकसंहिता में भोजन, स्वच्छता, रोगों से बचने के उपाय, चिकित्सा-शिक्षा, वैद्य, धाय और रोगी के विषय में विशद चर्चा की गयी है ।

प्राचीन वाङ्मय के परिशीलन से ज्ञात होता है कि उन दिनों ग्रन्थ या तंत्र की रचना शाखा के नाम से होती थी, जैसे कठ शाखा म कठोपनिषद् बनी। शाखाएँ या चरण उन दिनों के विद्यापीठ थे, जहाँ अनेक विषयों का अध्ययन होता था। अत: संभव है, चरकसंहिता का प्रतिसंस्कार चरक शाखा में हुआ हो। चिकित्सा विज्ञान जब शैशवावस्था में ही था उस समय चरकसंहिता में प्रतिपादित आयुर्वेदीय सिद्धान्त अत्यन्त श्रेष्ठ तथा गंभीर थे। आचार्य चरक और आयुर्वेद का इतना घनिष्ठ सम्बन्ध है कि एक का स्मरण होने पर दूसरे का अपने आप स्मरण हो जाता है । आचार्य चरक केवल आयुर्वेद के ज्ञाता ही नहीं थे परन्तु सभी शास्त्रों के ज्ञाता थे। उनका दर्शन एवं विचार सांख्य दर्शन एवं वैशेषिक दर्शन का प्रतिनिधित्व करता है । आचार्य चरक ने शरीर को वेदना, व्याधि का आश्रय माना है, और आयुर्वेद शास्त्र को मुक्तिदाता कहा है । आरोग्यता को महान् सुख की संज्ञा दी है, कहा है कि आरोग्यता से बल, आयु, सुख, अर्थ, धर्म, काम, मोक्ष की प्राप्ति होती है ।

आचार्य चरक, संहिता निर्माण के साथ-साथ वन-वन, स्थान-स्थान घूम-घूमकर रोगी व्यक्ति की, चिकित्सा सेवा किया करते थे तथा इसी कल्याणकारी कार्य तथा विचरण क्रिया के कारण उनका नाम ‹चरक› प्रसिद्ध हुआ।

चरकसंहिता का आयुर्वेद को मौलिक योगदान

चरकसंहिता का आयुर्वेद के क्षेत्र में अनेक मौलिक योगदान है जिनमें से मुख्य हैं-

- रोगों के कारण तथा उनकी चिकित्सा का युक्तिसंगत दृष्टिकोण

- चिकित्सकीय परीक्षण की वस्तुनिष्ठ विधियों का उल्लेख

- चरकसंहिता, आज हमें जिस रूप में उपलब्ध है, संभवतया उसकी रचना मूलतः आत्रेय के एक प्रतिभावान शिष्य अग्निवेश ने ईसापूर्व ७वीं अथवा ८वीं शताब्दी में की थी। इसमें आत्रेय की शिक्षाओं का समावेश है । अग्निवेश का ग्रन्थ ११वीं शताब्दी ईं तक उपलब्ध रहा ।

- समय के साथ-साथ आयुर्वेदिक चिकित्सा शास्त्र के नये सिद्धान्त बनते गये, नये-नये उपचार आदि की खोज होती रही। तब यह आवश्यक समझ गया कि अग्निवेश तंत्र का संशोधन किया जाये और यह कार्य चरक ने किया जो सम्भवतया ईसापूर्व १७५ में रहे होंगे। इसी संशोधित संस्करण को ‘चरक संहिता› के नाम से जाना गया। इसे नवीं शताब्दी । में एक कश्मीरी पंडित व द्रधबल ने पुन: संशोधित एवं सम्पादित किया और यही संस्करण अब हमें उपलब्ध है ।

- ‘चरक संहिता’ एक विशाल ग्रन्थ है जिसमें आयुर्वेदिक चिकित्साशास्त्र के विभिन्न पहलुओं का वर्णन किया गया है । इस ग्रन्थ से हमें उस प्राचीन काल में चिकित्सा-शास्त्र की पूरी जानकारी मिलती है ।

चरक संहिता निर्माण में निम्न रचनाकारों का योगदान है -

- **आचार्य अग्निवेश**- चरक संहिता के मुख्य रचनाकार अग्निवेश ही हैं, जिनकी रचना का प्रतिसंस्कार करके चरकसंहिता का निर्माण किया गया।

- **आचार्य चरक**- आचार्य चरक के द्वारा ही चरक संहिता प्रतिसंस्कृत हुई। चरक पंजाब देश में कपिल स्थल नामक ग्राम के निवासी थे। काय

चिकित्सा के विशेषज्ञों को ‹चरकाः› या ‹चरक› कहा जाता हैं । आचार्य चरक को वैशम्पायन मुनि का शिष्य माना गया है । चरक का काल पहली सदी मानी गई है ।

- **दृढ़बल**- चरकसंहिता के कुछ भागों की रचना आचार्य दृढ़बल के द्वारा की गई है । चरकसंहिता के चिकित्सास्थान के 17 अध्याय से लेकर कल्पस्थान तक की पूर्ति इनके द्वारा ही की गई हैं ।

चरक संहिता विषयों के अनुसार आठ भागों (जिनको ‹स्थान› कहा गया है) में विभाजित हैं और इसमें 120 अध्याय हैं। ये आठ स्थान हैं-

१) **सूत्रस्थानम्** - 30 अध्याय,

२) **निदानस्थानम्** - 8 अध्याय,

३) **विमानस्थानम्** - 8 अध्याय,

४) **शारीरस्थानम्** - 8 अध्याय,

५) **इन्द्रियस्थानम्** - 12 अध्याय,

६) **चिकित्सास्थानम्** - 30 अध्याय,

७) **कल्पस्थानम्** - 12 अध्याय, और

८) **सिद्धिस्थानम्** - 12 अध्याय।

चरकसंहिता आत्रेय सम्प्रदाय का प्रमुख ग्रन्थ मानी जाती हैं जिसम काय चिकित्सा प्रमुखता के साथ प्रतिपादित है ।

सूत्रस्थान

चरक संहिता ‹सूत्रस्थान› से आरम्भ होती है जिसमें आयुर्वेद के मूलभूत सिद्धान्तों का वर्णन है । सूत्रस्थान सम्पूर्ण संहिता का दर्शन है । सूत्र स्थान के अध्ययन से ही सम्पूर्ण संहिता की रचना एवं प्रयोजन स्पष्ट रूप से समझ में आता है । सूत्र स्थान में ३० अध्याय हैं। सूत्रस्थान में समस्त विषयों को चार-चार अध्याय में विभक्त करके सात विषयों का प्रतिपादित किया गया है । सूत्रस्थान सभी आयुर्वेदीय ग्रन्थों का दर्पण है एवं इनमें वर्णित विषयों को ही अन्य ग्रन्थकारों ने अपने शब्दों में प्रकाशित किया है ।

प्रथम चार अध्याय **भैषज्य चतुष्क** के रूप में वर्णित है, जिसमें आयुर्वेद पठन- पाठन की विशेषता, रोग का कारण, दोष, धातु, मलों कि व्याख्या, पंच कर्म परिचय, भैषज्य कल्पना एवं आयुर्वेदीय वनस्पति द्रव्यों का वर्गीकरण आदि विषयों का विस्तृत वर्णन है । चार अध्याय **कल्पना चतुष्क** के रूप में वर्णित है। इसम वैद्य एवं चिकित्सा के चारो पादों का वर्णन, ऐषणाएं सम्बन्धी विचार तथा अन्य विविध विषयों का वर्णन दिया गया है ।वात कलाकलिय अध्याय से लेकर उपकल्पनीय अध्याय तक वात आदि दोषों के प्रकोप एवं शमन के बारे में, स्नेहन, स्वेदन कर्म एवं उससे सम्बन्धित द्रव्य, तथा पंचकर्म योजना को सुन्दर रूप से प्रतिपादन की गई है ।आगे के चार अध्यायों में चिकित्सा प्रवृत्ति अध्याय से लेकर महारोग अध्याय तक दोष, धातु से उत्पन्न समस्त रोगों का वर्णन किया गया है ।

अष्टनिन्दनीय अध्याय से लेकर, यज्ञपुरूष अध्याय तक निन्दित पुरूषों का वर्णन, उनके निन्दनीय होने का कारण, अपतर्पण एवं सन्तर्पण चिकित्सा की विशेषता, सन्यास, मूच्छर्रा आदि मानसिक रोगों का कारण एवं राशि पुरूष की उत्पत्ति का सम्पूर्ण मोहक वर्णन प्राप्त है । आगे के चार अध्यायों में मधुर, अम्ल आदि छः रसों का वर्णन, द्रव्यों के गुण, विपाक, वीर्य आदि प्रभावी विवेचना, अन्नपान विषयक सम्पूर्ण उपायों का सुन्दर एवं व्यवस्थित वर्णन प्राप्त है । सूत्रस्थान का अन्तिम अध्याय में आयुर्वेद के प्रवर्धन एवं अंगों के विषयों को प्रकाशित करते हुए, सम्पूर्ण चिकित्सा शास्त्र की महत्ता को प्रतिपादित किया हैं ।

निदानस्थान

नैदानिक दृष्टि से निदानस्थान अत्यन्त महत्वपूर्ण है । इनके आठों अध्यायों में रोगों के हेतु तथा वातादि भेदों का विस्तृत वर्णन प्राप्त है जिसके अध्ययन से रोग निदान की सम्पूर्ण जानकारी प्राप्त होती है ।

सभी रोगों के निदानपंचक में हेतु आदि पांचों विषयों का विस्तृत वर्णन प्राप्त है । ज्वर, रक्तपित्त, गुल्म, प्रमेह, कुष्ठ, आदि रोगों की संख्या, भेद, कारण, लक्षण, साध्य-असाध्यता तथा चिकित्सा सूत्र का सरल एवं सुबोध भाषा में वर्णन प्राप्त होता है । सभी रोगों का कारण, सम्प्राप्ति, भेद, साध्य-असाध्य, चिकित्सा सूत्र एवं निदान विषयक अन्य विषयों के सामान्य सिद्धान्तों का वर्णन मिलता है ।

विमानस्थान

चिकित्सा जगत में प्रवीण होने के लिए विमानस्थान का समुचित ज्ञान बहुत आवश्यक है । विमानस्थान में आयुर्वेद के महत्वपूर्ण विषयों की व्यापक व्याख्या की गई हैं ।इस स्थान में आठ अध्याय हैं, जिसकी विशेषता निम्न है -

१) **रस विमान अध्याय** - मधुर-अम्लादि रसों के गुणधर्म, वातादि दोषों के भेद, उनके क्षय, वृद्धि में रसों का प्रभाव, तेल, घृत, मधु आदि द्रव्यों का शरीर पर प्रभाव तथा अष्टआहार विधि विशेष आयतन के अनुसार आहार विधि विधान का व्यापक वर्णन है ।

२) **त्रिविध कुक्षीय विमान अध्याय**- कुक्षि का अर्थ उदर से है । आहार सेवन में मात्रा, अमात्रा, आम दोष से उत्पन्न, विसुचिका, अलसक आदि रोगों का कारण, लक्षण, चिकित्सा का वर्णन प्राप्त है ।

३) **जनपदोध्वस्रीय विमान अध्याय**- जन समुदाय में व्याप्त होने वाले महामारी के कारण, लक्षण, एवं चिकित्सा सम्बन्धी विषयों को जनपदोंध्वंस कहते हैं । इसके निवारण की सम्पूर्ण व्याख्या इस अध्याय में वर्णित है ।

४) **त्रिविध रोग विशेष विज्ञानी विमान अध्याय** - इसमें प्रत्यक्ष, अनुमान तथा आप्त उपदेश आदि परीक्ष्य विषयों के द्वारा रोग परीक्षण, पंच इन्द्रियों द्वारा रोगी परीक्षण की विधि का वर्णन है ।

५) **स्त्रोतों विमान अध्याय**- सभी धातु, दोष एवं शरीरगत द्रव्यों को वहन करने वाले स्रोत एवं उनके भेदों, स्त्रोतो दुष्टि का कारण, लक्षण एवं चिकित्सासुत्र का उल्लेख इस अध्याय में सुगमता से किया गया है ।

६) **रोगानिक विमान अध्याय**- रोग भेद, शारीरिक एवं मानस दोष, चतुर्विध अग्नि, प्रकृति आदि का व्यापक वर्णन है ।

७) **व्याधित रूपीय विमान अध्याय**- इस अध्याय में गुरू, लघु, व्याधित पुरूषों के लक्षण, कृमि रोग निदान एवं चिकित्सा का वर्णन है ।

८) **रोग भिषग्यि जातिय विमान अध्याय** - रोग निदान हेतु आचार्य परीक्षा, संभाषा का आयोजन, दसविध आतुर परीक्षा का सरल सुबोध ज्ञान इस अध्याय में मिलता है ।

शारीरस्थान

चरकसंहिता शारीरस्थान ज्ञान का अभ्यास ही उत्तम वैद्य का लक्षण है । शरीर-रचना के ज्ञान के बिना कोई भी चिकित्सा सफल नहीं होती। इस स्थान में आठ अध्याय हैं। शरीर स्थान के द्वारा मानव के शरीर की रचना का ज्ञापक ज्ञान होता है । इस स्थान की जानकारी के बिना चिकित्सा क्षेत्र में कार्य करना असम्भव है । इस अध्याय में शरीर की उत्पत्ति, स्थिति एवं क्रमशः वृद्धि तथा चिकित्सीय पुरूष की परिभाषा का ज्ञान होता है। बिना चिकित्सीय पुरूष की चिकित्सा असम्भव है ।

सृष्टि में मानव के प्रादुर्भव का अनुभव होना इस अध्याय का महत्वपूर्ण विषय है । पंचमहाभूत, पंच भूतात्मक शरीर एवं मन का सूक्ष्म विवेचना है । इसी तरह गर्भोत्पत्ति की प्रक्रिया, प्रारम्भ से ही गर्भ शरीर का वर्णन, स्त्री एवं पुरूष गर्भ के लक्षण तथा इन गर्भों की उत्पत्ति में हेतु का ज्ञान एक अद्त विज्ञान है । इसके अध्ययन से मनुष्य गर्भ के आदि एवं जीवन के अन्त का ज्ञान प्राप्त कर लेता है । मानस प्रकृति के 16 भेद, गर्भ में प्रकृति ज्ञान, दोष, धातु, मलों की विवेचना, शरीर के विभिन्न अंगों एवं अवयव की संख्या, आकार, प्रकार, शरीर में उसकी स्थिति, प्रसूति या प्रसव की क्रियाओं को एक सूत्र में पिरोया गया है । साथ ही बच्चों में होने वाले रोग, बालक संस्कार, पोषण विधि एवं बाल रोगों की चिकित्सा का ज्ञान इस अध्याय की विशेषता है । सम्पूर्ण मानव सृष्टि एवं शरीर रचना वर्णन इस अध्याय का वह नगीना है, जिसके अभाव में चिकित्सा रूपी आभूषण पूर्ण नहीं होता।

इन्द्रियस्थान

इन्द्रियस्थान में 12 अध्याय हैं, प्रत्येक अध्याय की अपनी विशिष्टता है । आरिष्ट या मृत्युसूचक एवं अशुभ लक्षणों का चिकित्सा विज्ञान में अपना महत्त्व है । सम्पूर्ण इन्द्रिय स्थान में रोगों के अरिष्ट लक्षणों का वर्णन है । चिकित्सा जगत में अरिष्ट स्थान प्राग्ज्ञान की दृष्टि से सर्वविदित है ।

इन्द्रिय स्थान में वर्ण, स्वर, गंध, रस, स्पर्श चक्षु, स्रोत, घ्राण, रसना, मन, अग्नि, शौच, शीलता, आचरण, स्मरणशक्ति, विकृति धारणा शक्ति, बल, शरीर आकृति, रूक्षता, स्निग्धता, गौरव एवं आहार पाचन तथा आहार परिणाम संबंधी विभिन्न प्रकार के अशुभ लक्षणों का वर्णन सुन्दर वाटीका में सुसज्जित पुष्पों के समान किया गया है ।

व्याधि का मूल रूप, वेदना, उपदेश, छाया, प्रतिच्छाया, स्वप्र, भूताधिकार, मार्ग में आरिष्ट जनक वस्तु को देखना, इन्द्रिय एवं इन्द्रिय विषय से सम्बधित शुभ-अशुभ लक्षणों को जानना एवं रोग के साध्य, असाध्यता एवं रोगी के जीवन मृत्यु के निर्णय में इन अरिष्ट लक्षणों का योगदान इन विषयों का इन्द्रिय स्थान में बुद्धिगम्य शब्दों में सुन्दर वर्णन प्राप्त होता है ।

चिकित्सास्थान

चरक संहिता मुख्यतः काय चिकित्सा का प्रधान ग्रन्थ है । चिकित्सा स्थान में रोगों की चिकित्सा से लेकर औषध कल्पना तक का सम्पूर्ण विधान वर्णित है । चिकित्सा स्थान में मुख्य 30 अध्याय हैं।

रसायन अध्याय

रसायन अध्याय के नाम से प्राप्त इस अध्याय में रसायन औषधि द्रव्यों का नाम, रसायन सेवन के सम्पूर्ण विधान का उल्लेख मिलता है । विविध रसायन प्रकरण, कुटि प्रवेश विधि हरितकी (हरण), आमलकी आदि रसायन द्रव्यों के गुण, कार्य औषधि निर्माण विधि एवं सेवन विधि का विस्तृत वर्णन, साथ ही आत्म शुद्धि के अंतरगत आचार्य रसायन जैसे महत्वपूर्ण अध्यायों का विवरण प्राप्त है ।

बाजीकरण अध्याय

बाजीकरण अध्याय के अन्तर्गत पुरूषों में नपुंषकता व संतानोत्पत्ति के कारण, प्रकार आदि की विस्तृत जानकारी है । बाजीकरण औषधियों का प्रयोग व विभिन्न बाजीकरण औषधियों की सेवन विधि एवं संतानोत्पत्ति में बाधक होने वाले कारणों का निदान एवं चिकित्सा का विस्तृत वर्ण प्राप्त है ।

ज्वर चिकित्सा अध्याय

ज्वर चिकित्सा अध्याय से लेकर अन्तिम अध्याय तक विभिन्न व्याधियाँ जैसे ज्वर, रक्तपित्त, गुल्म, प्रमेह, दोषगत व्याधियाँ, मानसिक रोग, मदात्य व्याधियाँ, विषजन्य व्याधियां का व्यापक निदान, लक्षण, भेद, चिकित्सा संबंधित औषधी योग का विस्तृत वर्णन प्राप्त है। चरक संहिता में चिकित्सा अध्याय के अध्ययन मात्र से उत्तम वैद्य के गुण प्राप्त हो सकते हैं।

कल्पस्थान

कल्पस्थान में १२ अध्याय हैं। सम्पूर्ण स्थान, वमन, विरेचन आदि पंचकर्मों के लिए द्रव्यों की कल्पना एवं पंचकर्म भेदों, पंचकर्म की क्रियाविधि आदि के सम्पूर्ण योजना का वर्णन है । मदनफल, जीमुतक, धार्मागव, कृतवेधन, त्रिवृत, आरग्वध, बिल्व, सप्तला, दन्ति, द्रवन्ति आदि सभी पंचकर्मों द्रव्यों की कल्पना, निर्माणविधि, भेद एवं गुणों का विस्तृत वर्णन प्राप्त है । वमन आदि पंचकर्मों के प्रत्येक चरण की प्रतिक्रिया, उत्तम परिणाम के लक्षण आदि विषयों का व्यापक वर्णन है ।

यह सर्वविदित है कि शोधित पुरूषों में व्याधि के आने की सम्भावना नहीं होती, अतः कल्पस्थान चिकित्सा की दृष्टि से मुख्य शल्यकर्म के बराबर स्थान रखता है ।इसमें १२ अध्याय हैं। इस स्थान के सम्पूर्ण अध्यायों में भी पंचकर्मार्थिद्रव्यों की कल्पना, पंचकर्म क्रम, अतियोग और अयोग और सम्यक् योग के लक्षण का व्यापक वर्णन प्राप्त होता हैं । रोग निवृत्ति, निदान के लिए पंचकर्म का सम्यक अध्ययन तथा उसमें उत्पन्न उपद्रवों की जानकारी एवं चिकित्सा आवश्यक होती है। पंचकर्मों की 3 अवस्था - पूर्वकर्म, प्रधानकर्म, पश्चात् कर्म की क्रमबद्ध व्याख्या प्राप्त है। पंचकर्मार्थ योग्य, अयोग्य व्यक्तियों का चयन एवं पंचकर्मों में प्रयुक्त उपकरण, तथा पंचकर्मों में अयोग्य व्यक्तियों में भी शोधन के विधि की प्रस्तुति अपने आप में स्वर्णिम है ।

पुराण

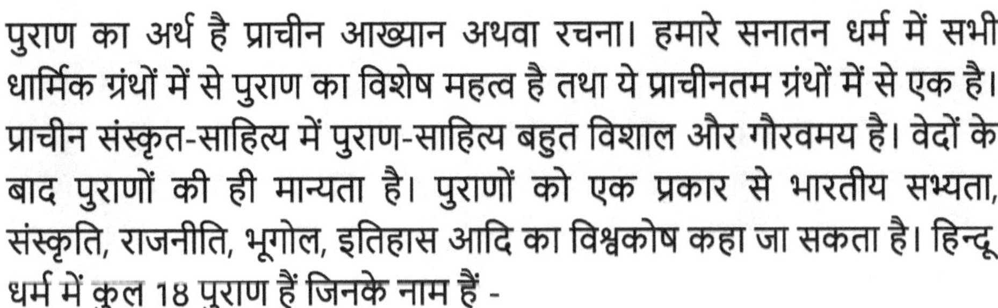

पुराण का अर्थ है प्राचीन आख्यान अथवा रचना। हमारे सनातन धर्म में सभी धार्मिक ग्रंथों में से पुराण का विशेष महत्व है तथा ये प्राचीनतम ग्रंथों में से एक है। प्राचीन संस्कृत-साहित्य में पुराण-साहित्य बहुत विशाल और गौरवमय है। वेदों के बाद पुराणों की ही मान्यता है। पुराणों को एक प्रकार से भारतीय सभ्यता, संस्कृति, राजनीति, भूगोल, इतिहास आदि का विश्वकोष कहा जा सकता है। हिन्दू धर्म में कुल 18 पुराण हैं जिनके नाम हैं -

१) ब्रह्म पुराण,

२) पद्म पुराण,

३) विष्णु पुराण,

४) वायु पुराण,

५) भागवत पुराण,

६) नारद पुराण,

७) मार्कण्डेय पुराण,

८) अग्नि पुराण,

९) भविष्य पुराण,

१०) ब्रह्म वैवर्त पुराण,

११) लिङ्ग पुराण,

१२) वाराह पुराण,

१३) स्कन्द पुराण,

१४) वामन पुराण,

१५) कूर्म पुराण,

१६) मत्स्य पुराण,

१७) गरुड़ पुराण,

१८) ब्रह्माण्ड पुराण।

इन सभी पुराणों में देवी देवताओं पर आधारित कई गाथाएँ कही गई हैं जिसमें पाप – पुण्य और धर्म – अधर्म के युद्ध के बारे में भी बताया गया है। कुछ पुराणों में इस दिव्य सृष्टि की रचना से लेकर उसके अंत तक का विवरण है। पुराण में व्यक्ति के जन्म से लेकर उसकी मृत्यु के बाद स्वर्ग या नरक तक की यात्रा का भी विवरण है।

ब्रह्म पुराण

ब्रह्म पुराण हिंदू धर्म के 18 पुराणों में से एक प्रमुख पुराण है । इसे पुराणों में महापुराण भी कहा जाता है । पुराणों की दी गयी सूची में इस पुराण को प्रथम स्थान पर रखा जाता है । कुछ लोग इसे पहला पुराण भी मानते हैं। इसमें विस्तार से सृष्टि जन्म, जल की उत्पत्ति, ब्रह्म का आविर्भाव तथा देव-दानव जन्मों के विषय में बताया गया है । इसमें सूर्य और चन्द्र वंशों के विषय में भी वर्णन किया गया है । इसम ययाति या पुरु के वंश–वर्णन से मानव-विकास के विषय में बताकर राम-कृष्ण-कथा भी वर्णित है । इसम राम और कृष्ण के कथा के माध्यम स अवतार के सम्बन्ध में वर्णन करते हुए अवतारवाद की प्रतिष्ठा की गई है ।

इस पुराण में सृष्टि की उत्पत्ति, पृथु का पावन चरित्र, सूर्य एवं चन्द्रवंश का वर्णन, श्री कृष्ण-चरित्र, कल्पान्त जीवी मार्कण्डेय मुनि का चरित्र, तीर्थों का माहात्म्य एवं अनेक भक्ति परक आख्यानों की सुन्दर चर्चा की गयी है । भगवान् श्रीकृष्ण की ब्रह्मरूप में विस्तृत व्याख्या होने के कारण यह ब्रह्मपुराण के नाम से प्रसिद्ध है । इस पुराण में साकार ब्रह्म की उपासना का विधान है । इसमें 'ब्रह्म' को सर्वोपरि माना गया है । इसीलिए इस पुराण को प्रथम स्थान दिया गया है । पुराणों की परम्परा के अनुसार 'ब्रह्म पुराण' में सृष्टि के समस्त लोकों और भारतवर्ष का भी वर्णन किया गया है । कलियुग का वर्णन भी इस पुराण में विस्तार से उपलब्ध है ।

ब्रह्म के आदि होने के कारण इस पुराण को 'आदिपुराण' भी कहा जाता है । व्यास मुनि ने इसे सर्वप्रथम लिखा है । इसमें दस सहस्र श्लोक हैं। प्राचीन पवित्र भूमि नैमिष अरण्य में व्यास शिष्य सूत मुनि ने यह पुराण समाहित ऋषि वृन्द में सुनाया था। इसमें सृष्टि, मनुवंश, देव देवता, प्राणि, पृथ्वी, भूगोल, नरक, स्वर्ग, मंदिर, तीर्थ आदि का निरूपण है । शिव-पार्वती विवाह, कृष्ण लीला, विष्णु अवतार, विष्णु पूजन, वर्णाश्रम, श्राद्धकर्म, आदि का विचार है । सम्पूर्ण 'ब्रह्म पुराण' में २४६ अध्याय हैं। इसकी श्लोक संख्या लगभग १०,००० हैं । इस पुराण की कथा लोमहर्षण सूत जी एवं शौनक ऋषियों के संवाद के माध्यम से वर्णित है । यही कथा प्राचीन काल म ब्रह्मा न दक्ष प्रजापति को सुनायी थी।

ब्रह्मपुराण का आरंभ इस कथा के साथ होता है कि- प्राचीन काल की बात है कि नैमिषारण्य में मुनियों का आगमन हुआ। सभी ऋषि-मुनि वहां ज्ञानार्जन के लिए एकत्रित हुए। कुछ समय बाद वहां पर सूतजी का भी आगमन हुआ तो मुनियों ने सूतजी का आदर-सत्कार किया और कहा, हे भगवन्! आप अत्यन्त ज्ञानी-ध्यानी हैं। आप हमें ज्ञान-भक्तिवर्धक पुराणों की कथा सुनाइए। यह सुनकर सूतजी बोले, आप मुनियों की जिज्ञासा अति उत्तम है और इस समय मैं आपको ब्रह्म पुराण सुनाऊंगा।

यह पुराण सब पुराणों में प्रथम और धर्म अर्थ काम और मोक्ष को प्रदान करने वाला है, इसके अन्दर नाना प्रकार के आख्यान हैं, देवता दानव और प्रजापतियों की उत्पत्ति इसी पुराण में बतायी गई है । लोकेश्वर भगवान सूर्य के पुण्यमय वंश का वर्णन किया गया है, जो महापातकों के नाश को करने वाला है । इसमें ही भगवान रामचन्द्र के अवतार की कथा है, सूर्यवंश के साथ चन्द्रवंश का वर्णन किया गया है, श्रीकृष्ण भगवान की कथा का विस्तार इसी में है, पाताल और स्वर्ग लोक का वर्णन नरकों का विवरण सूर्यदेव की स्तुति कथा और पार्वती जी के जन्म की कथा का उल्लेख लिखा गया है । दक्ष प्रजाप्ति की कथा और एकाम्रक क्षेत्र का वर्णन है ।

पुरुषोत्तम क्षेत्र का वर्णन विस्तार के साथ किया गया है, इसी में श्रीकृष्ण चरित्र का विस्तारपूर्वक लिखा गया हैं, यमलोक का विवरण पितरों का श्राद्ध और उसका विवरण भी इसी पुराण में बताया गया है, वर्णों और आश्रमों का विवेचन भी कहा गया है, योगों का निरूपण सांख्य सिद्धान्तों का प्रतिपादन ब्रह्मवाद का दिग्दर्शन

और पुराण की प्रशंसा की गयी है । इस पुराण के दो भाग है और पढने सुनने से यह दीर्घता की ओर बढाने वाला है । सूतजी ने मुनियों के आग्रह को स्वीकार करते हुए कहा, सर्वप्रथम मैं इस ब्रह्म को नमस्कार करता हूं जिसके द्वारा माया से परिपूर्ण यह समस्त संसार रचा गया है और जो प्रत्येक कल्प में लीन होकर फिर से उत्पन्न होता है । जिसका स्मरण करक ऋषि, मुनि, देव, मनुष्य, मोक्ष प्राप्त करते हैं।

वह विष्णु, अविकारी, शुद्ध परमात्म, शाश्वत, सर्वव्यापक, अजन्मा, हिरण्यगर्भ हरि, शंकर और वासुदेव-अनेक नामों से जाना जाता है । इसी ईश्वर ने सृष्टि की रचना की है । सृष्टि रचना के रूप में वह तेजस्वी ब्रह्म है जिसके द्वारा पहले महत् तत्त्व उत्पन्न हुआ। उससे अहंकार, फिर अहंकार से पंच महाभूतों की उत्पत्ति हुई। पंच महाभूतों से अनेक भेदा -भेद पैदा हुए। भगवान् स्वयंभू ने सृष्टि की उत्पत्ति के लिए सबसे पहले 'नार' जल की उत्पत्ति की। फिर उसमें बीज डाला गया। उससे परम पुरुष की नाभि में एक अंडा निकला। यह अंडा और कुछ नहीं था ब्रह्म का ज्ञानकोश ही था। इस अंडे से ब्रह्म की उत्पत्ति हुई। इस अंडे को भगवान नारायण द्वारा स्वर्ग और पृथ्वी में विभक्त कर दिया गया। इसके बीच आकाश बना और भगवान के द्वारा ही दस दिशाओं को धारण किया गया।

दसों दिशाओं के बाद काल, मन, वाणी और काम, क्रोध तथा रति की रचना हुई। फिर प्रजापतियों की रचना हुई। इसमें-मरीचि, अत्रि, अंगिरा, पुलस्त्य पुलह कृतु और वसिष्ठ के नाम हैं। ये ऋषि मानस सृष्टि के रूप में उत्पन्न किये गए। मानसपुत्रों की सृष्टि के बाद सनत्कुमार उत्पन्न हुए। इस सात ऋषियों से ही शेष प्रजा का विकास हुआ। इनमें रुद्रगण भी सम्मिलित हैं। फिर बिजली, वज्र, मेघ, धनुष खड्ग पर्जन्य आदि का निर्माण हुआ। यज्ञों के सम्पादन के लिए वेदों की ऋचाओं की सृष्टि हुई। साध्य देवों की उत्पत्ति के बाद भूतों का जन्म हुआ। किन्तु ऋषिभाव के कारण सृष्टि का विकास नहीं हुआ, इसलिए ब्रह्मा ने मैथुनी सृष्टि करने का विचार किया और स्वयं के दो भाग किये। दक्षिणी वाम भाग से पुरुष और स्त्री की सृष्टि हुई। इनके प्रारम्भिक नाम मनु और शतरूपा रखे थे। इस मनु ने ही मैथुनी सृष्टि का विकास किया। इसी मनु के नाम पर मन्वन्तरों का रूप स्वीकार किया गया।

मनु और शतरूपा से वीर नाम का पुत्र उत्पन्न हुआ। वीर की पत्नी कुर्दम-पुत्री काम्या से प्रियव्रत और उत्तानपाद उत्पन्न हुए। इनके साथ सम्राट कुक्षि, प्रभु और

विराट-पुट पैदा हुए। पूर्व प्रजापति अत्रि ने उत्तानपाद को गोद ले लिया। इसकी पत्नी सुनृता थी। उससे चार पुत्र हुए, इनमें एक ध्रुवनामधारी हुआ। ध्रुव ने पांच वर्ष की अवस्था में ही तप करके अनेक देवताओं को प्रसन्न किया और पत्नी से श्लिष्ट तथा भव्य नाम के दो पुत्र पैदा हुए। श्लिष्ट ने सुच्छाया से रिपु, रिपुंजय, वीर, वृकल, वृकतेजा पुत्र उत्पन्न किए। इसके बाद वंश विकास के लिए रिपु ने चक्षुष को जन्म दिया, चक्षुष से चाक्षुष मनु हुए और मनु ने वैराज और वैराज की कन्या से-कुत्सु, पुरु, शतद्युम्न, तपस्वी, सत्यवाक्, कवि, अग्निष्टत, अतिराम, सुद्युम्न, अभिमन्यु-ये दस पुत्र हुए। फिर इसकी परम्परा में अंग और सुनीथा से वेन नाम के पुत्र की उत्पत्ति हुई। वेन के दुष्ट व्यवहार के कारण ऋषियों ने उसे मार डाला। किन्तु उसकी मृत्यु से शासन की समस्या उठ खड़ी हुई।

राज्य को सुव्यवस्थित रूप से चलाने के लिए प्रजा को आतताइयों के निरंकुश हो जाने की आशंका को देखते हुए मुनियों ने वेन के दाहिने हाथ का मंथन किया। इससे धनुष और कवच-कुंडल सहित पृथु नामक पुत्र उत्पन्न हुआ। इस तेजस्वी यशस्वी और प्रजा के कष्टों को हरने वाले पृथु ने अपने राज्यकाल में सर्वत्र अपनी कीर्ति फैला दी। राजसूय यज्ञ करके चक्रवर्ती सम्राट का पद पाया। परम ज्ञानी और निपुण सूत और मागध इस पृथु की ही सन्तान हुए। राजा पृथु ने पृथ्वी को अपने परिश्रम से अन्नदायिनी और उर्वरा बनाया। इसके इस परिश्रम और प्रजाहित भाव के कारण ही उसे लोग साक्षात् विष्णु मानने लगे।

राजा पृथु के दो पुत्र उत्पन्न हुए, अन्तर्धी और पाती। ये बड़े धर्मात्मा थे। इसमें अन्तर्धी का विवाह सिखण्डिनी के साथ हुआ जिससे हविर्धान और इनसे धिष्णा के साथ छः पुत्र उत्पन्न हुए। इनमें प्राचीन बर्हि प्रजापति हुए जिन्होंने समुद्र-तनया से विवाह करके दस प्राचेतस उत्पन्न किए। इनकी तपस्या से वृक्ष आरक्षित हो गए। तप, तेज न सह पाने के कारण प्रजा निश्तेज हो गई। समाधि टूटने पर जब मुनियों ने स्वयं को चारों दिशाओं में असीमित बेलों और झाड़ियों से घिरा पाया तो रुष्ट होकर समूची वनस्पतियों को अपनी क्रोधाग्नि से दग्ध करना शुरू कर दिया। इस विनाश को देखकर सोम ने अपनी मारिषा नाम की पुत्री को प्रचेताओं के समक्ष भार्या रूप में प्रस्तुत करने का प्रस्ताव किया। फलस्वरूप मुनियों का क्रोध शान्त हो गया।

प्रजापति दक्ष प्रचेताओं व मारिषा से उत्पन्न पुत्र थे। जिन्होंने इस समूची चल-अचल, मनुष्य पक्षी, पशु आदि की सृष्टि की और कन्याओं को जन्म दिया। इस

कन्याओं में ही 10 धर्म के साथ, 13 कश्यप के साथ और 27 सोम के साथ ब्याही गईं। समस्त दैत्य, गन्धर्व, अप्सराएं, पक्षी, पशु सब सृष्टि इन्हीं कन्याओं से उत्पन्न हुई। मुनियों की जिज्ञासा को देखते हुए सूतजी ने प्रजापति दक्ष और उनकी पत्नी की उत्पत्ति ब्रह्माजी के दाहिने और वाम अंगुष्ट से बताते हुए कहा, वस्तुतः यह समूचा कर्म है, इसमें दक्ष और अन्य अनेक राजा उत्पन्न होते रहते हैं और विलीन होते रहते हैं। पूर्वकाल में ज्येष्ठता का आधार तप को माना जाता था और इसी के प्रभाव से ऋषि मुनि प्रतिष्ठा और उच्च स्थान पाते थे। महर्षि हो जाते थे।

ब्रह्माजी ने जब मानवी सृष्टि से प्रजा-वृद्धि में अभीष्ट फल होते न देखा तो मैथुनी सृष्टि प्रारम्भ की। इस क्रम में ब्रह्माजी के पुत्र नारद ने कश्यप मुनि परिणीता दक्ष-पुत्री के उदर से जन्म लिया। ये हर्यश्व कहलाए और सृष्टि रचना के लिए सम्पूर्ण पृथ्वी की जानकारी पाने के लिए अन्य अनेक दिशाओं में चले गये। इनके नष्ट होने पर दक्ष प्रजापति ने पुनः अन्य पुत्रों को जन्म दिया। इनका भी पूर्व पुत्रों की भांति अन्त हुआ। अपने पुत्रों को फिर नष्ट होता देखकर दक्ष ने वैरिणी के गर्भ से 60 कन्याओं को जन्म दिया, जिनको ऋषियों को सौंप दिया गया। इनसे आगे सृष्टि का पूरा विकास, रेखांकित होता है ।

धर्म के साथ दक्ष की दस पुत्रियों का विवाह हुआ जिनके नाम थे अरुन्धती वशु, यामी, लम्बा, भानु, मरुत्वती, संकल्पा मुहूर्ता, साध्या तथा विश्वा। विश्वा से विश्वदेव और साध्या से साध्यदेव उत्पन्न हुए। इसी प्रकार मरुत्वान वसुगण, भानुगण, घोष, नागवीथी, मुहूर्चन तथा पृथ्वी के सभी विषयों और संकल्पों से विश्वात्मा संकल्प उत्पन्न हुए। सोम के साथ नक्षत्र नाम की पत्नियों से वंश क्रम में आपस्तंभ मुनि, धुव से काल, धुव से हुतद्रव्य, अनिल से मनोजव और अनल से कार्तिकेय, प्रत्यूष से क्षमावान तथा प्रभात से विश्वकर्मा का जन्म हुआ। कश्यपजी द्वारा सुरभि से एकादश रुद्र उत्पन्न हुए। कश्यप मुनि की अदिति, दिति, दनु, अरिष्टा, सुरसा, खसा, सुरभि, विनता, ताम्रा, कोचवषा इला, कद्रू और मुनि पत्नियां हुई। इनमें अदिति के द्वारा 12 पुत्र उत्पन्न हुए और दिति के गर्भ से हिरण्यकशिपु और हिरण्याक्ष दो पुत्र तथा सिंहिका नाम की पुत्री उत्पन्न हुई। इस कन्या ने विप्रचित के वीर्य से रौहिकेय को जन्म दिया।

हिरण्यकशिपु के यहां ह्राद अनुह्राद प्रहलाद और संह्राद चार पुत्र उत्पन्न हुए। इनमें प्रह्लाद अपनी देव-प्रवृत्तियों के कारण अधिक प्रसिद्ध हुआ। इसके पुत्र

विरोचन के बलि आदि क्रम में बाण, धृतराष्ट्र, सूर्य, चन्द्रमा, कुंभ, गर्दभाक्ष और कुक्षि आदि एक सौ पुत्र उत्पन्न हुए। बाण बलशाली और शिवभक्त था, उसने प्रथम कल्प में शिवजी को प्रसन्न करके उनके पक्षि भाग में विचरण करने का वरदान मांगा। हिरण्याक्ष के भी अत्यन्त बलशाली और तपस्वी सौ पुत्र हुए। अनुह्लाद के मुक और तुहुण्ड पुत्र हुए। संह्लाद के तीन करोड़ पुत्र हुए। इस तरह दिति के वंश ने विकास किया। महर्षि कश्यप की पत्नी दनु के गर्भ से दानव, केतु आदि उत्पन्न हुए। इनमें विप्रचित प्रमुख था। ये सभी दानव बहुत बलशाली हुए और उन्होंने अपने वंश का असीमित विस्तार किया। कश्यपजी ने सृष्टि रचना करते हुए ताम्रा से छः, क्रोचवशा से बाज, सारस, गृध्र तथा रुचि आदि पक्षी जलचर और पशु उत्पन्न किए। विनता से गरुड़ और अरुण, सुरसा से एक हजार सर्प कद्रू से काद्रवेय, सुरभि से गायें, इला से वृक्ष, लता आदि, खसा से यक्षों और राक्षसों तथा मुनि ने अप्सराओं और अरिष्टा ने गन्धर्वों को उत्पन्न किया। यह सृष्टि अपनी अनेक योनियों में फैलती हुई आगे बढ़ती रही।

देवताओं और दानवों में संघर्ष होने लगा और प्रतिस्पर्द्धा इतनी बढ़ी कि दानव नष्ट होने लगे। दिति ने अपने वंश को इस प्रकार नष्ट होते देख कश्यपजी को प्रसन्न कर इन्द्र आदि देवों को दंडित करने वाले की याचना से गर्भ धारण किया। ईर्ष्यालु इन्द्र दिति के इस मनोरथ को खंडित करने के भाव से किसी न किसी प्रकार दिति के व्रत को तोड़ना चाहता था क्योंकि कश्यपजी ने यह वरदान दिया था कि गर्भवती दिति यत्नपूर्ण पवित्रता से नियम पालन करते हुए आचरण करेगी तो उसका मनोरथ अवश्य पूरा होगा। अवसर ही खोज में लगे इन्द्र ने एक बार संयम के बिना हाथ धोए ही सोई दिति की कोख में प्रवेश कर लिया। वह उसके गर्भ के सात टुकड़े कर दिये। इससे भी संतोष न मिलने पर दिति के गर्भ को पूर्ण विनष्ट करने के लिए प्रत्येक टुकड़े के सात सात खंड कर दिये। उन खंडों ने जब इन्द्र से उनके प्रति किसी प्रकार की शत्रुता न रखने का अनुरोध किया तो इन्द्र ने उन्हें छोड़ दिया। वे खंड ही मरुद्गण नाम के देव कहलाए और इन्द्र के सहायक हुए। कश्यपजी ने दाक्षायणी से विवस्वान नाम पुत्र को जन्म दिया। त्वष्टा की पुत्री संज्ञा से विवस्वान का विवाह हुआ जिसमें श्रद्धादेव और यम नामक दो पुत्रों और यमुना नाम की पुत्री को जन्म दिया। संज्ञा विवस्वान के तेज को न सह सकी और अपनी सखी छाया को प्रतिमूर्ति बनाकर और अपनी संतानें उसे सौंपकर अपने पिता के पास चली गयी।

पिता ने उसके इस प्रकार आगमन को अनुचित कहते हुए उसे वापस लौटा दिया। वापस लौटने पर अश्वी का रूप धारण कर संज्ञा वन में विचरने लगी। विवस्वान ने छाया पत्नी से सावर्णि मनि और शनैश्वर नाम के दो पुत्र उत्पन्न किए। वह अपने इन नवजात पुत्रों को इतना प्रेम करती थी कि संज्ञा से उत्पन्न यम आदि इसे सौतेला व्यवहार अनुभव करने लगे और प्रतिक्रिया स्वरूप यम ने छाया को लंगड़ी हो जाने का शाप दिया। विवस्वान ने जब यह जाना तो माता के प्रति ऐसा व्यवहार न करने का आदेश दिया। दूसरी और जब संज्ञा रूपी छाया से इस पक्षपात का कारण पूछा तो उन्हें स्थिति का ज्ञान हो गया। संज्ञा की खोज में जब विवस्वान त्वष्टा मुनि के आश्रम में गया तो वहां उसे संज्ञा का अश्वी के रूप में उसी आश्रम में निवास का पता चला।

अपने तेज को शांत कर यौगिक क्रिया द्वारा रूप प्राप्त करके उसने अश्व का रूप धारण कर संज्ञा से मैथुन की चेष्टा की। संज्ञा पतिव्रता थी, वह पर पुरुष के साथ समागम कैसे कर सकती थी? किन्तु जब उसे सत्य का पता चला तो विवस्वान द्वारा स्खलित वीर्य को उसने नासिका में ग्रहण कर लिया। जिसके फलस्वरूप नासत्य और दस्त्र नाम के दो अश्वनीकुमार जन्मे। छाया के त्याग से प्रसन्न होकर विवस्वान ने सावर्णि को लोकपाल मनु का और शनैश्वर को ग्रह का पद प्रदान किया। यह सावर्णि ही आगे चलकर सूर्य-वंश का स्वामी बना। सावर्णि के वंश में इक्ष्वाकु, नाभाग आदि नौ पुत्र हुए जिनके, जन्म पर मित्रावरुणों का पूजन किया गया। फलस्वरूप उत्पन्न इला नाम की कन्या से मनु ने अपनी अनुगमन करने को कहा। मित्रावरुण द्वारा प्रसन्न होकर प्राप्त वर के फलस्वरूप मनु से इला द्वारा सुद्म्न नामक पुत्र उत्पन्न हुआ। इला से मार्ग में लौटते हुए बुध ने रति की कामना की जिसके वीर्य से पुरुरवा का जन्म हुआ। इसने ही सुद्म्न का रूप धारण किया। जिसके आगे उत्कल, गय और विनिताक्ष्व पुत्र हुए। इन्होंने उत्कला, गया और पश्चिमा को क्रमशः अपनी राजधानी बनाया।

मनु ने अपने श्रेष्ठ पुत्र इक्ष्वाकु को पृथ्वी के दस भागों में मध्य भाग सौंप दिया। इस प्रकार मनुपुत्रों का विकास और प्रसार हुआ। ब्रह्मलोक का प्रभाव इतना अद्‌त होता है कि वहां रुग्णता, व्याधि, चिन्ता, जरा, शोक, क्षुधा अथवा प्यास आदि के लिए कोई स्थान नहीं। यहां ऋतुएं भी किसी प्रकार का परिवर्तन नहीं पैदा करतीं। मनु के पुत्र प्रांश के वंश में रैवत बड़े कुशल और बलशाली हुए हैं। इनके बारे में यह कहा जाता है कि इनके स्वर्ग सिधारने पर राक्षसों ने उत्पात

करना शुरू कर दिया था और इनके राज्य पर अधिकार कर लिया था। इनके भाई बन्धु इनके आतंक से घबराकर इधर-उधर बिखर गये थे। इन्हीं से शर्याति क्षत्रियों की वंश परम्परा आगे बढ़ी। इनमें रिष्ट के दो पुत्रों ने पहले वणिक धर्म अपनाया बाद में ब्राह्मणत्व को प्राप्त किया। पृषध्र ने अनजाने में गौहत्या के अपराध से शूद्रत्व प्राप्त किया।

पद्म पुराण

महर्षि वेद व्यास द्वारा रचित संस्कृत भाषा में रचे गए अठारह पुराणों में से एक पुराण ग्रंथ है । सभी अठारह पुराणों की गणना के क्रम में 'पद्म पुराण' को द्वितीय स्थान प्राप्त है । श्लोक संख्या की दृष्टि से भी यह द्वितीय स्थान पर है । पहला स्थान स्कन्द पुराण को प्राप्त है । पद्म का अर्थ हैं -'कमल का पुष्प'। चूँकि सृष्टि-रचयिता ब्रह्माजी ने भगवान् नारायण के नाभि-कमल से उत्पन्न होकर सृष्टि-रचना संबंधी ज्ञान का विस्तार किया था, इसलिए इस पुराण को पद्म पुराण की संज्ञा दी गयी हैं । इस पुराण में भगवान् विष्णु की विस्तृत महिमा के साथ भगवान् श्रीराम तथा श्रीकृष्ण के चरित्र, विभिन्न तीर्थों का माहात्म्य शालग्राम का स्वरूप, तुलसी-महिमा तथा विभिन्न व्रतों का सुन्दर वर्णन हैं ।पद्मपुराण में कथित रूप से 55000 श्लोक माने गये हैं।

पद्मपुराण के छह खण्ड प्रसिद्ध हैं:

1. सृष्टि खण्ड

2. भूमि खण्ड

3. स्वर्ग खण्ड

4. ब्रह्म खण्ड

5. पाताल खण्ड

6. उत्तर खण्ड

इन खण्डों के क्रम एवं नाम में अंतर भी मिलता है । ‹स्वर्ग खंड› का नाम ‹आदि खंड› भी प्रचलित है । नारद पुराण की अनुक्रमणिका में ‹ब्रह्म खंड› को ‹स्वर्ग खंड› में ही अंतर्भूत कर दिया गया हैं और स्वयं पद्मपुराण के एक उल्लेख के अनुसार

उपर्युक्त छह खंडों के अतिरिक्त 'क्रिया खंड' (क्रियायोगसार खंड) को भी सातवें खंड के रूप में गिना गया है । हालाँकि इस पाठ से भिन्न पाठ भी उपलब्ध होते हैं जहाँ 6 खंडों का ही उल्लेख है तथा 'क्रिया खंड' को 'सृष्टि खंड' का ही नामांतर मानकर 'क्रियायोगसार खंड' को 'उत्तर खंड' में ही समाहित माना गया है ।

यह पुराण सर्ग, प्रतिसर्ग, वंश, मन्वंतर और वंशानुचरित –इन पाँच महत्त्वपूर्ण लक्षणों से युक्त है । भगवान् विष्णु के स्वरूप और पूजा उपासना का प्रतिपादन करने के कारण इस पुराण को वैष्णव पुराण भी कहा गया है । इस पुराण में विभिन्न पौराणिक आख्यानों और उपाख्यानों का वर्णन किया गया है, जिसके माध्यम से भगवान् विष्णु से संबंधित भक्तिपूर्ण कथानकों को अन्य पुराणों की अपेक्षा अधिक विस्तृत ढंग से प्रस्तुत किया है । पद्म-पुराण सृष्टि की उत्पत्ति अर्थात् ब्रह्मा द्वारा सृष्टि की रचना और अनेक प्रकार के अन्य ज्ञानों से परिपूर्ण है तथा अनेक विषयों के गम्भीर रहस्यों का इसमें उद्घाटन किया गया है । इसमें सृष्टि खंड, भूमि खंड और उसके बाद स्वर्ग खण्ड महत्त्वपूर्ण अध्याय है । फिर ब्रह्म खण्ड और उत्तर खण्ड के साथ क्रिया योग सार भी दिया गया है । इसमें अनेक बातें ऐसी हैं जो अन्य पुराणों में भी किसी-न-किसी रूप में मिल जाती हैं। किन्तु पद्म पुराण में विष्णु के महत्त्व के साथ शंकर की अनेक कथाओं को भी लिया गया है । शंकर का विवाह और उसके उपरान्त अन्य ऋषि-मुनियों के कथानक तत्व विवेचन के लिए महत्त्वपूर्ण है ।

पद्मपुराण के कुल छह खण्डों का संक्षिप्त परिचय इस प्रकार है -

1. **सृष्टि खण्ड**: इस खण्ड में भीष्म ने सृष्टि की उत्पत्ति के विषय में पुलस्त्य से पूछा। पुलस्त्य और भीष्म के संवाद में ब्रह्मा के द्वारा रचित सृष्टि के विषय में बताते हुए शंकर के विवाह आदि की भी चर्चा की।

2. **भूमि खण्ड**: इस खण्ड में भीष्म और पुलस्त्य के संवाद में कश्यप और अदिति की सनातन, परम्परा सृष्टि, सृष्टि के प्रकार तथा अन्य कुछ कथाएं संकलित हैं ।

3. **स्वर्ग खण्ड**: स्वर्ग खण्ड में स्वर्ग की चर्चा है । मनुष्य के ज्ञान और भारत के तीर्थों का उल्लेख करते हुए तत्वज्ञान की शिक्षा दी गई है ।

4. **ब्रह्म खण्ड**: इस खण्ड में पुरुषों के कल्याण का सुलभ उपाय धर्म आदि की विवेचन तथा निषिद्ध तत्वों का उल्लेख किया गया है । पाताल खण्ड में राम

के प्रसंग का कथानक आया है । इससे यह पता चलता हैं कि भक्ति के प्रवाह में विष्णु और राम में कोई भेद नहीं है । उत्तर खण्ड में भक्ति के स्वरूप को समझाते हुए योग और भक्ति की बात की गई हैं । साकार की उपासना पर बल देते हुए जलंधर के कथानक को विस्तार से लिया गया है ।

5. **पाताल खण्ड:** इस खण्ड में राम के प्रसंग का कथानक आया है ।इससे यह पता चलता हैं कि भक्ति के प्रवाह में विष्णु और राम में कोई भेद नहीं हैं ।

6. **उत्तर खण्ड:** इस खण्ड में भक्ति के स्वरूप को समझाते हुए योग और भक्ति की बात की गई है । साकार की उपासना पर बल देते हुए जलंधर के कथानक को विस्तार से लिया गया है ।

विष्णु पुराण

विष्णु पुराण का अठारह पुराणों में आकार सबसे छोटा है, विष्णु पुराण में भगवान विष्णु के चरित्र का विस्तृत वर्णन है। विष्णु पुराण के रचयिता ब्यास जी के पिता पराशर जी हैं। विष्णु पुराण में वर्णन आता है कि जब पाराशर के पिता शक्ति को राक्षसों ने मार डाला तब क्रोध में आकर पाराशर मुनि ने राक्षसों के विनाश के लिये ''रक्षोघ्न यज्ञ'' प्रारम्भ किया। उसमें हजारों राक्षस गिर-गिर कर स्वाहा होने लगे। इस पर राक्षसों के पिता पुलस्त्य ऋषि और पाराशर के पितामह वशिष्ठ जी ने पाराशर को समझाया और वह यज्ञ बन्द किया। इससे पुलस्त्य ऋषि बड़े प्रसन्न हुए और पाराशर जी को विष्णु पुराण के रचयिता होने का आर्शीवाद दिया। इस पुराण में भूमण्डल का स्वरूप, ज्योतिष, राजवंशों का इतिहास, कृष्ण चरित्र आदि विषयों को बड़े तार्किक ढंग से प्रस्तुत किया गया है। खण्डन-मण्डन की प्रवृत्ति से यह पुराण मुक्त है। हिन्दू आध्यात्मिकता का सरल और सुबोध शैली में वर्णन किया गया है।

इस पुराण में सात हज़ार श्लोक उपलब्ध हैं। वैसे कई ग्रन्थों में इसकी श्लोक संख्या तेईस हज़ार बताई जाती है। यह पुराण छह भागों में विभक्त है। पहले भाग में सर्ग अथवा सृष्टि की उत्पत्ति, काल का स्वरूप और ध्रुव, पृथु तथा प्रह्लाद की कथाएं दी गई हैं।दूसरे भाग में लोकों के स्वरूप, पृथ्वी के नौ खण्डों, ग्रह-नक्षत्र, ज्योतिष आदि का वर्णन है। तीसरे भाग में मन्वन्तर, वेद की शाखाओं का विस्तार, गृहस्थ धर्म और श्राद्ध-विधि आदि का उल्लेख है। चौथे भाग में सूर्य वंश और चन्द्र

वंश के राजागण तथा उनकी वंशावलियों का वर्णन है। पांचवें भाग में भगवान श्री कृष्ण का चरित्र और उनकी लीलाओं का वर्णन है जबकि छठे भाग में प्रलय तथा मोक्ष का उल्लेख है।

'विष्णु पुराण' में पुराणों के पांचों लक्षणों अथवा वर्ण्य-विषयों-सर्ग, प्रतिसर्ग, वंश, मन्वन्तर और वंशानुचरित का वर्णन है। सभी विषयों का सानुपातिक उल्लेख किया गया है। बीच-बीच में अध्यात्म-विवेचन, कलिकर्म और सदाचार आदि पर भी प्रकाश डाला गया है। 'विष्णु पुराण' के रचनाकार पराशर ऋषि थे। ये महर्षि वसिष्ठ के पौत्र थे। इस पुराण में पृथु, ध्रुव और प्रह्लाद के प्रसंग अत्यन्त रोचक हैं। 'पृथु' के वर्णन में धरती को समतल करके कृषि कर्म करने की प्रेरणा दी गई है। कृषि-व्यवस्था को चुस्त-दुरूस्त करने पर ज़ोर दिया गया है। घर-परिवार, ग्राम, नगर, दुर्ग आदि की नींव डालकर परिवारों को सुरक्षा प्रदान करने की बात कही गई है। इसी कारण धरती को 'पृथ्वी' नाम दिया गया । 'ध्रुव' के आख्यान में सांसारिक सुख, ऐश्वर्य, धन-सम्पत्ति आदि को क्षण भंगुर अर्थात् नाशवान समझकर आत्मिक उत्कर्ष की प्रेरणा दी गई है। प्रह्लाद के प्रकरण में परोपकार तथा संकट के समय भी सिद्धांतों और आदर्शों को न त्यागने की बात कही गई है।

विष्णु पुराण' में मुख्य रूप से कृष्ण चरित्र का वर्णन है, यद्यपि संक्षेप में राम कथा का उल्लेख भी प्राप्त होता है। इस पुराण में कृष्ण के समाज सेवी, प्रजा प्रेमी, लोक रंजक तथा लोक हिताय स्वरूप को प्रकट करते हुए उन्हें महामानव की संज्ञा दी गई है। श्रीकृष्ण ने प्रजा को संगठन-शक्ति का महत्त्व समझाया और अन्याय का प्रतिकार करने की प्रेरणा दी। अधर्म के विरुद्ध धर्म-शक्ति का परचम लहराया। 'महाभारत' में कौरवों का विनाश और 'कालिया दहन' में नागों का संहार उनकी लोकोपकारी छवि को प्रस्तुत करता है।

कृष्ण के जीवन की लोकोपयोगी घटनाओं को अलौकिक रूप देना उस महामानव के प्रति भक्ति-भावना की प्रतीक है। 'विष्णु पुराण' में कृष्ण चरित्र के साथ-साथ भक्ति और वेदान्त के उत्तम सिद्धान्तों का भी प्रतिपादन हुआ है। यहाँ आत्मा को जन्म-मृत्यु से रहित, निर्गुण और अनन्त बताया गया है। समस्त प्राणियों में उसी आत्मा का निवास है। ईश्वर का भक्त वही होता है जिसका चित्त शत्रु और मित्र और मित्र में समभाव रखता है, दूसरों को कष्ट नहीं देता, कभी व्यर्थ का गर्व

नहीं करता और सभी में ईश्वर का वास समझता है। वह सदैव सत्य का पालन करता है और कभी असत्य नहीं बोलता।

विष्णु पुराण में राजवंशों का वृत्तान्त

'विष्णु पुराण' में प्राचीन काल के राजवंशों का वृत्तान्त लिखते हुए कलियुगी राजाओं को चेतावनी दी गई है कि सदाचार से ही प्रजा का मन जीता जा सकता है, पापमय आचरण से नहीं। जो सदा सत्य का पालन करता है, सबके प्रति मैत्री भाव रखता है और दुख-सुख में सहायक होता है; वही राजा श्रेष्ठ होता है। राजा का धर्म प्रजा का हित संधान और रक्षा करना होता है। जो राजा अपने स्वार्थ में डूबकर प्रजा की उपेक्षा करता है और सदा भोग-विलास में डूबा रहता है, उसका विनाश समय से पूर्व ही हो जाता है।

विष्णु पुराण में कर्तव्यों का पालन

'विष्णु पुराण' में स्त्रियों, साधुओं और शूद्रों को श्रेष्ठ माना गया है। जो स्त्री अपने तन-मन से पति की सेवा तथा सुख की कामना करती है, उसे कोई अन्य कर्मकाण्ड किए बिना ही सद्गति प्राप्त हो जाती है। इसी प्रकार शूद्र भी अपने कर्त्तव्यों का पालन करते हुए वह सब प्राप्त कर लेते हैं, जो ब्राह्मणों को विभिन्न प्रकार के कर्मकाण्ड और तप आदि से प्राप्त होता है। कहा गया है-

शूद्रोश्च द्विजशुश्रुषातत्परैर्द्विजसत्तमाः। तथा द्विस्त्रीभिरनायासात्पतिशुश्रुयैव हि॥

अर्थात शूद्र ब्राह्मणों की सेवा से और स्त्रियां पति की सेवा से ही धर्म की प्राप्ति कर लेती हैं।

विष्णु पुराण में आध्यात्मिक चर्चा

'विष्णु पुराण' के अन्तिम तीन अध्यायों में आध्यात्मिक चर्चा करते हुए त्रिविध ताप, परमार्थ और ब्रह्मयोग का ज्ञान कराया गया है। मानव-जीवन को सर्वश्रेष्ठ माना गया है। इसके लिए देवता भी लालायित रहते हैं। जो मनुष्य माया-मोह के जाल से मुक्त होकर कर्त्तव्य पालन करता है, उसे ही इस जीवन का लाभ प्राप्त होता है। 'निष्काम कर्म' और 'ज्ञान मार्ग' का उपदेश भी इस पुराण में दिया गया है। लौकिक कर्म करते हुए भी धर्म पालन किया जा सकता है। 'कर्म मार्ग' और 'धर्म

मार्ग'- दोनों को ही श्रेष्ठ माना गया है। कर्त्तव्य करते हुए व्यक्ति चाहे घर में रहे या वन में, वह ईश्वर को अवश्य प्राप्त कर लेता है।

भारतवर्ष को कर्मभूमि कहकर उसकी महिमा का सुंदर बखान करते हुए पुराणकार कहता है-

इतः स्वर्गश्च मोक्षश्च मध्यं चान्तश्च गम्यते।

न खल्वन्यत्र मर्त्यानां कर्मभूमौ विधीयते॥

अर्थात यहीं से स्वर्ग, मोक्ष, अन्तरिक्ष अथवा पाताल लोक पाया जा सकता है। इस देश के अतिरिक्त किसी अन्य भूमि पर मनुष्यों पर मनुष्यों के लिए कर्म का कोई विधान नहीं है।

इस कर्मभूमि की भौगोलिक रचना के विषय में कहा गया है-

उत्तरं यत्समुद्रस्य हिमाद्रेश्चैव दक्षिणम्।

वर्षं तद्द्वारतं नाम भारती यत्र संतति॥

अर्थात समुद्र के उत्तर में और हिमालय के दक्षिण में जो पवित्र भूभाग स्थित है, उसका नाम भारतवर्ष है। उसकी संतति 'भारतीय' कहलाती है। इस भारत भूमि की वन्दना के लिए विष्णु पुराण का यह पद विख्यात है-

गायन्ति देवाः किल गीतकानि धन्यास्तु ते भारत भूमिभागे।

स्वर्गापवर्गास्पदमार्गभूते भवन्ति भूयः पुरुषाः सुरत्वात्।

कर्माण्ड संकल्पित तवत्फलानि संन्यस्य विष्णौ परमात्मभूते।

अवाप्य तां कर्ममहीमनन्ते तस्मिंल्लयं ये त्वमलाः प्रयान्ति॥

अर्थात देवगण निरन्तर यही गान करते हैं कि जिन्होंने स्वर्ग और मोक्ष के मार्ग् पर चलने के लिए भारतभूमि में जन्म लिया है, वे मनुष्य हम देवताओं की अपेक्षा अधिक धन्य तथा भाग्यशाली हैं। जो लोग इस कर्मभूमि में जन्म लेकर समस्त आकांक्षाओं से मुक्त अपने कर्म परमात्मा स्वरूप भगवान विष्णु को अर्पण कर देते हैं, वे पाप रहित होकर निर्मल हृदय से उस अनन्त परमात्म शक्ति में लीन हो जाते हैं। ऐसे लोग धन्य होते हैं।

पुराणसंहिताकर्ता भवान् वत्स भविष्यति। (विष्णु पुराण)

आर्शीवाद के फलस्वरूप पाराशर जी को विष्णु पुराण का स्मरण हो गया। तब पाराशर मुनि ने मैत्रेय जी को सम्पूर्ण विष्णु पुराण सुनाई । पाराशर जी एवं मैत्रेय जी का यही संवाद विष्णु पुराण में है। विष्णु पुराण में वर्णन आया है कि देवता लोग कहते हैं कि वे लोग बड़े धन्य हैं जिन्हें मानव योनि मिली है और उसमें भी भारतवर्ष में जन्म मिला है। वे मनुष्य हम देवताओं से भी अधिक भाग्यशाली हैं जो इस कर्मभूमि में जन्म लेकर भगवान विष्णु के निर्मल यश का गान करते रहते हैं।

गायन्ति देवाः किलगीतकानि धन्यास्तुते भारतभूमि भागे।

स्वर्गापवर्गास्पदमार्गभूते भवन्ति भूयः पुरूषाः सुरत्वात्।।

वे मनुष्य बड़े बड़भागी हैं जो मनुष्य योनि पाकर भारत भूमि में जन्म लेते हैं। क्योंकि यहीं से शुभ कर्म करके मनुष्य स्वर्गादि लोकों को प्राप्त करता है।

शिव पुराण

शिवपुराण सभी पुराणों में सर्वाधिक महत्त्वपूर्ण व सबसे ज्यादा पढ़ी जाने वाली पुराणों में से एक हैं । भगवान शिव के विविध रूपों, अवतारों, ज्योतिर्लिंगों, भक्तों और भक्ति का विशेष वर्णन किया गया है ।इसमें शिव के कल्याणकारी स्वरूप का तात्त्विक विवेचन, रहस्य, महिमा और उपासना का विस्तृत वर्णन है । । शिव पुराण में शिव को पंचदेवों में प्रधान अनादि सिद्ध परमेश्वर के रूप में स्वीकार किया गया है । शिव-महिमा, लीला-कथाओं के अतिरिक्त इसमें पूजा-पद्धति, अनेक ज्ञानप्रद आख्यान और शिक्षाप्रद कथाओं का सुन्दर संयोजन हैं । इसमें भगवान शिव के भव्यतम व्यक्तित्व का गुणगान किया गया है । शिव- जो स्वयंभू हैं, शाश्वत हैं, सर्वोच्च सत्ता हैं, विश्व चेतना हैं और ब्रह्माण्डीय अस्तित्व के आधार हैं।

'शिव पुराण' का सम्बन्ध शैव मत से है । इस पुराण में प्रमुख रूप स शिव-भक्ति और शिव-महिमा का प्रचार-प्रसार किया गया है । प्रायः सभी पुराणों में शिव को त्याग, तपस्या, वात्सल्य तथा करुणा की मूर्ति बताया गया है । कहा गया है कि शिव सहज ही प्रसन्न हो जाने वाले एवं मनोवांछित फल देने वाले हैं। किन्तु ‹शिव पुराण› में शिव के जीवन चरित्र पर प्रकाश डालते हुए उनके रहन-सहन, विवाह और उनके पुत्रों की उत्पत्ति के विषय में विशेष रूप से बताया गया है ।

इस पुराण में २४,००० श्लोक हैं तथा इसके क्रमशः छह खण्ड हैं -

1. विद्येश्वर संहिता

2. रुद्र संहिता

3. कोटिरुद्र संहिता

4. कैलास संहिता

5. वायु संहिता

'शिवपुराण' एक प्रमुख तथा सुप्रसिद्ध पुराण हैं, जिसमें परात्मपर परब्रह्म परमेश्वर के 'शिव' (कल्याणकारी) स्वरूप का तात्त्विक विवेचन, रहस्य, महिमा एवं उपासना का सुविस्तृत वर्णन है । भगवान शिवमात्र पौराणिक देवता ही नहीं, अपितु वे पंचदेवों में प्रधान, अनादि सिद्ध परमेश्वर हैं एवं निगमागम आदि सभी शास्त्रों में महिमामण्डित महादेव हैं। वेदों ने इस परमतत्त्व को अव्यक्त, अजन्मा, सबका कारण, विश्वपंच का स्रष्टा, पालक एवं संहारक कहकर उनका गुणगान किया है । श्रुतियों ने सदा शिव को स्वयम्भू, शान्त, प्रपंचातीत, परात्पर, परमतत्त्व, ईश्वरों के भी परम महेश्वर कहकर स्तुति की है ।

'शिव' का अर्थ ही हैं - 'कल्याणस्वरूप' और 'कल्याणप्रदाता'। परमब्रह्म के इस कल्याण रूप की उपासना उटच्च कोटि के सिद्धों, आत्मकल्याणकामी साधकों एवं सर्वसाधारण आस्तिक जनों-सभी के लिये परम मंगलमय, परम कल्याणकारी, सर्वसिद्धिदायक और सर्वश्रेयस्कर हैं । शास्त्रों में उल्लेख मिलता हैं कि देव, दनुज, ऋषि, महर्षि, योगीन्द्र, मुनीन्द्र, सिद्ध, गन्धर्व ही नहीं, अपितु ब्रह्मा-विष्णु तक इन महादेव की उपासना करते हैं। इस पुराण के अनुसार यह पुराण परम उत्तम शास्त्र है । इसे इस भूतल पर भगवान शिव का वाङ्मय स्वरूप समझना चाहिये और सब प्रकार से इसका सेवन करना चाहिये। इसका पठन और श्रवण सर्व साधन रूप है । इससे शिव भक्ति पाकर श्रेष्ठतम स्थिति में पहुँचा हुआ मनुष्य शीघ्र ही शिवपद को प्राप्त कर लेता है । इसलिये सम्पूर्ण यत्न करके मनुष्यों ने इस पुराण को पढ़ने की इच्छा की है - अथवा इसके अध्ययन को अभीष्ट साधन माना है । इसी तरह इसका प्रेमपूर्वक श्रवण भी सम्पूर्ण मनोवंछित फलों के देनेवाला है । भगवान शिव के इस पुराण को सुनने से मनुष्य सब पापों से मुक्त हो जाता हैं तथा इस जीवन में बड़े-बड़े उत्कृष्ट भोगों का उपभोग करके

अन्त में शिवलोक को प्राप्त कर लेता हैं । यह शिवपुराण नामक ग्रन्थ चौबीस हजार श्लोकों से युक्त है । सात संहिताओं से युक्त यह दिव्य शिवपुराण परब्रह्म परमात्मा के समान विराजमान है और सबसे उत्कृष्ट गति प्रदान करने वाला है ।

भागवत पुराण

भागवत पुराण हिन्दुओं क अट्ठारह पुराणों में से एक है । इस श्रीमद्भागवतम् या केवल भागवतम् भी कहते हैं। इसका मुख्य विषय भक्ति योग है, जिसम कृष्ण को सभी देवों का देव या स्वयं भगवान के रूप में चित्रित किया गया है । इसके अतिरिक्त इस पुराण में रस भाव की भक्ति का निरुपण भी किया गया है । परंपरागत तौर पर इस पुराण के रचयिता वेद व्यास को माना जाता है ।

भागवत में 18 हजार श्लोक, 335 अध्याय तथा 12 स्कन्ध हैं। इसके विभिन्न स्कंधों म विष्णु क लीलावतारों का वर्णन बड़ी सुकुमार भाषा में किया गया है । परंतु भगवान् कृष्ण की ललित लीलाओं का विशद विवरण प्रस्तुत करनेवाला दशम स्कंध भागवत का हृदय है । अन्य पुराणों में, जैस विष्णुपुराण (पंचम अंश), ब्रह्मवैवर्त (कृष्णजन्म खंड) आदि में भी कृष्ण का चरित निबद्ध है, परंतु दशम स्कंध में लीला पुरुषोत्तम का चरित जितनी मधुर भाषा, कोमल पद विन्यास तथा भक्तिरस से आप्लुत होकर वर्णित है वह अद्वितीय है । रासपंचाध्यायी अध्यात्म तथा साहित्य उभय दृष्टियों से काव्यजगत में एक अनूठी वस्तु है । वेणुगीत, गोपीगीत, युगलगीत, भ्रमरगीत ने भागवत को काव्य के उदात्त स्तर पर पहुँचा दिया है ।

श्रीमद्भागवत भारतीय वाङ्मय का मुकुटमणि है । भगवान शुकदेव द्वारा महाराज परीक्षित को सुनाया गया भक्तिमार्ग तो मानो सोपान ही है । इसके प्रत्येक श्लोक म श्रीकृष्ण-प्रेम की सुगन्धि है । इसमें साधन-ज्ञान, सिद्धज्ञान, साधन-भक्ति, सिद्धा-भक्ति, मर्यादा-मार्ग, अनुग्रह-मार्ग, द्वैत, अद्वैत समन्वय के साथ प्रेरणादायी विविध उपाख्यानों का अद्त संग्रह है । अष्टादश पुराणों में भागवत नितान्त महत्वपूर्ण तथा प्रख्यात पुराण है । पुराणों की गणना में भागवत अष्टम पुराण के रूप में परिगृहीत किया जाता है । भागवत पुराण में महर्षि सूत जी उनके समक्ष प्रस्तुत साधुओं को एक कथा सुनाते हैं। साधु लोग उनस विष्णु के विभिन्न अवतारों के बारे में प्रश्न पूछते हैं । सूत जी कहते हैं कि यह कथा उन्होंने

एक दूसरे ऋषि शुकदेव से सुनी थी। इसमें कुल बारह स्कन्ध हैं। प्रथम स्कन्ध में सभी अवतारों का सारांश रूप में वर्णन किया गया है।

इस युग में ‹भागवत› आख्या धारण करनेवाले दो पुराण उपलब्ध होते हैं:

(क) देवीभागवत तथा

(ख) श्रीमद्भागवत

अत: इन दोनों में पुराण कोटि में किसकी गणना अपेक्षित है? इस प्रश्न का समाधान आवश्यक है।

विविध प्रकार से समीक्षा करने पर अन्तत: यही प्रतीत होता है कि श्रीमद्भागवत को ही पुराण मानना चाहिए तथा देवीभागवत को उपपुराण की कोटि में रखना उचित हैं। श्रीमद्भागवत देवीभागवत के स्वरूपनिर्देश के विषय में मौन हैं। परंतु देवीभागवत ‹भागवत› की गणना उपपुराणों के अंतर्गत करता है तथा अपने आपको पुराणों के अंतर्गत। देवीभागपंचम स्कंध में वर्णित भुवनकोश श्रीमद्भागवत के पंचम स्कंध में प्रस्तुत इस विषय का अक्षरश: अनुकरण करता है। श्रीभागवत में भारतवर्ष की महिमा के प्रतिपादक आठों श्लोक देवी भागवत में अक्षरश: उसी क्रम में उद्‌धृत हैं। दोनों के वर्णनों में अंतर इतना ही है कि श्रीमद्भागवत जहाँ वैज्ञानिक विषय के विवरण के निमित्त गद्य का नैसर्गिक माध्यम पकड़ता है, वहाँ विशिष्टता के प्रदर्शनार्थ देवीभागवत पद्य के कृत्रिम माध्यम का प्रयोग करता है।

श्रीमद्भागवत भक्तिरस तथा अध्यात्मज्ञान का समन्वय उपस्थित करता है। भागवत निगमकल्पतरु का स्वयंफल माना जाता है जिसे नैष्ठिक ब्रह्मचारी तथा ब्रह्मज्ञानी महर्षि शुक ने अपनी मधुर वाणी से संयुक्त कर अमृतमय बना डाला है। स्वयं भागवत में कहा गया है -

सर्ववेदान्तसारं हि श्रीभागवतमिष्यते।

तद्रसामृततृप्तस्य नान्यत्र स्याद्रतिः क्वचित् ॥

श्रीमद्भागवत सर्व वेदान्त का सार है। उस रसामृत के पान से जो तृप्त हो गया है, उसे किसी अन्य जगह पर कोई रति नहीं हो सकती। (अर्थात उसे किसी अन्य वस्तु में आनन्द नहीं आ सकता।

नारद पुराण

नारद पुराण या 'नारदीय पुराण' अट्ठारह महापुराणों में से एक पुराण है । यह स्वयं महर्षि नारद के मुख से कहा गया एक वैष्णव पुराण है । महर्षि व्यास द्वारा लिपिबद्ध किए गए १८ पुराणों में से एक है । नारद पुराण में शिक्षा, कल्प, व्याकरण, ज्योतिष तथा गणित, और छन्द-शास्त्रों का विशद वर्णन तथा भगवान की उपासना का विस्तृत वर्णन है । यह पुराण इस दृष्टि से काफी महत्त्वपूर्ण है कि इसमें अठारह पुराणों की अनुक्रमणिका दी गई है । इस पुराण के विषय में कहा जाता है कि इसका श्रवण करने से पापी व्यक्ति भी पापमुक्त हो जाते हैं। पापियों का उल्लेख करते हुए कहा गया है कि जो व्यक्ति ब्रह्महत्या का दोषी है, मदिरापान करता है, मांस भक्षण करता है, वेश्यागमन करता है, तामसिक भोजन खाता है तथा चोरी करता है; वह पापी है । इस पुराण का प्रतिपाद्य विषय विष्णुभक्ति है ।

प्रारंभ में यह २५,००० श्लोकों का संग्रह था लेकिन वर्तमान में उपलब्ध संस्करण में केवल २२,००० श्लोक ही उपलब्ध हैं । नारद पुराण दो भागों में विभक्त है - पूर्व भाग और उत्तर भाग। पहले भाग में चार अध्याय हैं जिसमें सुत और शौनक का संवाद हैं, ब्रह्मांड की उत्पत्ति, विलय, शुकदेव का जन्म, मंत्रोच्चार की शिक्षा, पूजा के कर्मकांड, विभिन्न मासों में पड़ने वाले विभिन्न व्रतों के अनुष्ठानों की विधि और फल दिए गए हैं। दूसरे भाग में भगवान विष्णु के अनेक अवतारों की कथाएँ हैं।

पूर्व भाग

पूर्व भाग में १२५ अध्याय हैं। इस भाग में ज्ञान के विविध सोपानों का सांगोपांग वर्णन प्राप्त होता है । ऐतिहासिक गाथाएं, गोपनीय धार्मिक अनुष्ठान, धर्म का स्वरूप, भक्ति का महत्त्व दर्शाने वाली विचित्र और विलक्षण कथाएं, व्याकरण, निरूक्त, ज्योतिष, मन्त्र विज्ञान, बारह महीनों की व्रत-तिथियों के साथ जुड़ी कथाएं, एकादशी व्रत माहात्म्य, गंगा माहात्म्य तथा ब्रह्मा के मानस पुत्रों-सनक, सनन्दन, सनातन, सनत्कुमार आदि का नारद से संवाद का विस्तृत, अलौकिक और महत्त्वपूर्ण आख्यान इसमें प्राप्त होता है । अठारह पुराणों की सूची और उनके मन्त्रों की संख्या का उल्लेख भी इस भाग में संकलित है ।

उत्तर भाग

उत्तर भाग में बयासी अध्याय सम्मिलित हैं। इस भाग में महर्षि वसिष्ठ और ऋषि मान्धाता की व्याख्या प्राप्त होती है । यहां वेदों के छह अंगों का विश्लेषण है । ये अंग हैं- शिक्षा, कल्प, व्याकरण, निरूक्त, छंद और ज्योतिष।

शिक्षा

शिक्षा के अंतर्गत मुख्य रूप से स्वर, वर्ण आदि के उच्चारण की विधि का विवेचन है । मन्त्रों की तान, राग, स्वर, ग्राम और मूर्च्छता आदि के लक्षण, मन्त्रों के ऋषि, छंद एवं देवताओं का परिचय तथा गणेश पूजा का विधान इसमें बताया जाता है ।

कल्प

कल्प में हवन एवं यज्ञादि अनुष्ठानों के सम्बंध में चर्चा की गई है । इसके अतिरिक्त चौदह मन्वन्तर का एक काल या ४ लाख ३२ हजार वर्ष होते हैं। यह ब्रह्मा का एक दिन कहलाता है । अर्थात् काल गणना का उल्लेख तथा विवेचन भी किया जाता है ।

व्याकरण

व्याकरण में शब्दों के रूप तथा उनकी सिद्धि आदि का पूरा विवेचन किया गया है ।

निरुक्त

इसमें शब्दों के निर्वाचन पर विचार किया जाता है । शब्दों के रूढ़ यौगिक और योगारूढ़ स्वरूप को इसमें समझाया गया है ।

ज्योतिष

ज्योतिष के अन्तर्गत गणित अर्थात् सिद्धान्त भाग, जातक अर्थात् होरा स्कंध अथवा ग्रह-नक्षत्रों का फल, ग्रहों की गति, सूर्य संक्रमण आदि विषयों का ज्ञान आता है ।

छंद

छंद के अन्तर्गत वैदिक और लौकिक छंदों के लक्षणों आदि का वर्णन किया जाता है । इन छन्दों को वेदों का चरण कहा गया है, क्योंकि इनके बिना वेदों

की गति नहीं है । छंदों के बिना वेदों की ऋचाओं का सस्वर पाठ नहीं हो सकता। इसीलिए वेदों को ‹छान्दस› भी कहा जाता है । वैदिक छन्दों म गायत्री, शाम्बरी और अतिशाम्बरी आदि भेद होते हैं, जबकि लौकिक छन्दों में 'मात्रिक' और 'वार्णिक' भेद हैं। भारतीय गुरुकुलों अथवा आश्रमों में शिष्यों को चौदह विद्याएं सिखाई जाती थीं- चार वेद, छह वेदांग, पुराण, इतिहास, न्याय और धर्म शास्त्र।

अतिथि को देवता के समान माना गया है । अतिथि का स्वागत देवार्चन समझकर ही करना चाहिए। वर्णों और आश्रमों का महत्त्व प्रतिपादित करते हुए यह पुराण ब्राह्मण को चारों वर्णों में सर्वश्रेष्ठ मानता है । उनसे भेंट होने पर सदैव उनका नमन करना चाहिए। क्षत्रिय का कार्य ब्राह्मणों की रक्षा करना है तथा वैश्य का कार्य ब्राह्मणों का भरण-पोषण और उनकी इच्छाओं की पूर्ति करना हैं । दण्ड-विधान, विवाह तथा अन्य सभी कर्मकाण्डों में ब्राह्मणों को छूट और शूद्रों को कठोर दण्ड देने की बात कही गई है । आश्रम व्यवस्था के अंतर्गत ब्रह्मचर्य का कठोरता से पालन करने तथा गृहस्थाश्रम में प्रवेश करने वालों को अन्य तीनों आश्रमों (ब्रह्मचर्य, वानप्रस्थ और सन्यास) में विचरण करने वालों का ध्यान रखने की बात कही गई है ।

इस पुराण म गंगावतरण का प्रसंग और गंगा के किनारे स्थित तीर्थों का महत्त्व विस्तार से वर्णित किया गया हैं । सूर्यवंशी राजा बाहु का पुत्र सगर था। विमाता द्वारा विष दिए जाने पर ही उसका नाम ‹सगर› पड़ा था। सगर द्वारा शक और यवन जातियों से युद्ध का वर्णन भी इस पुराण में मिलता है । सगर वंश में ही भगीरथ हुए थे। उनके प्रयास से गंगा स्वर्ग से पृथ्वी पर आई थीं। इसीलिए गंगा को ‹भागीरथी› भी कहते हैं। पुराण म विष्णु की पूजा के साथ-साथ राम की पूजा का भी विधान प्राप्त होता है । हनुमान और कृष्णोपासना की विधियां भी बताई गई हैं।[3] काली और शिव की पूजा के मन्त्र भी दिए गए हैं। किन्तु प्रमुख रूप से यह वैष्णव पुराण ही है । इस पुराण के अन्त में गोहत्या और देव निन्दा को जघन्य पाप मानते हुए कहा गया है ।

नारद पुराण में छः वेदांगों को इस प्रकार प्रस्तुत किया गया है -

1. शिक्षा – अध्याय ५०

2. कल्प – अध्याय ५१

3. व्याकरण – अध्याय ५२

4. निरुक्त – अध्याय ५३

5. ज्योतिष – अध्याय ५४, ५५, ५६

6. छन्द – अध्याय ५७

मार्कंडेय पुराण

महान ऋषि मृकंदु ऋषि और उनकी पत्नी मरुदमती ने शिव की पूजा की और उनसे पुत्र प्राप्त करने का वरदान मांगा। नतीजतन, उन्हें या तो एक धर्मी पुत्र का विकल्प दिया गया, लेकिन पृथ्वी पर एक छोटा जीवन या कम बुद्धि का बच्चा लेकिन लंबे जीवन के साथ। मृकंदु ऋषि ने पूर्व को चुना, और मार्कंडेय को एक अनुकरणीय पुत्र का आशीर्वाद मिला, जिसकी मृत्यु 16 वर्ष की आयु में हुई थी।

मार्कंडेय बड़े होकर शिव के बहुत बड़े भक्त बन गए और अपनी नियत मृत्यु के दिन उन्होंने शिवलिंग के अपने निराकार रूप में शिव की पूजा जारी रखी। यम के दूत, मृत्यु के देवता, उनकी महान भक्ति और शिव की निरंतर पूजा के कारण उनके जीवन को लेने में असमर्थ थे। यम तब मार्कंडेय के जीवन को लेने के लिए व्यक्तिगत रूप से आए, और युवा ऋषि के गले में अपना फंदा डाल दिया। दुर्घटना या भाग्य से गलती से शिवलिंगम के चारों ओर फंदा लग गया, और उसमें से, शिव अपने सभी क्रोध में यम पर आक्रमण के कार्य के लिए हमला करते हुए उभरे। युद्ध में यम को मृत्यु की हद तक हराने के बाद, शिव ने उन्हें इस शर्त के तहत पुनर्जीवित किया कि धर्मपरायण युवा हमेशा के लिए जीवित रहेंगे। इस अधिनियम के लिए, शिव को उसके बाद कलंतका («मृत्यु का अंत») के रूप में भी जाना जाता था।

ऐसा कहा जाता है कि यह घटना कैथी, वाराणसी में गोमती नदी के तट पर हुई थी। इस स्थल पर एक प्राचीन मंदिर मार्कंडेय महादेव मंदिर बना हुआ है । यह वह स्थान है जहाँ गंगा और गोमती नदी का संगम होता है इसलिए संगम क्षेत्र होने के कारण इसकी पवित्रता बढ़ जाती है । वैकल्पिक रूप से, एक अन्य कहानी में कहा गया है कि यह घटना केरल में त्रिप्रंगोड शिव मंदिर के स्थान पर हुई थी, जहां मार्कंडेय यम से बचने के लिए मंदिर में शिव लिंग तक पहुंचे थे।

मार्कंडेय पुराण के एक गुप्त भाग सती पुराण से प्राप्त होने के कारण, देवी पार्वती ने भी उन्हें वीरा चरित्र (बहादुर चरित्र) पर एक पाठ लिखने का वरदान दिया था, पाठ को दुर्गा सप्तशती के रूप में जाना जाता है, जो मार्कंडेय पुराण में एक मूल्यवान भाग हैं । इस स्थान को यमकेश्वर के नाम से जाना जाता है ।

अग्नि पुराण

आधुनिक उपलब्ध अग्निपुराण के कई संस्करणों में ११,४७५ श्लोक हैं एवं ३८३ अध्याय हैं, परन्तु नारदपुराण के अनुसार इसमें १५ हजार श्लोकों तथा मत्स्यपुराण के अनुसार १६ हजार श्लोकों का संग्रह बतलाया गया है । अग्निपुराण में पुराणों के पांचों लक्षणों अथवा वर्ण्य-विषयों-सर्ग, प्रतिसर्ग, वंश, मन्वन्तर और वंशानुचरित का वर्णन है । सभी विषयों का सानुपातिक उल्लेख किया गया है । अग्नि पुराण के अनुसार इसमें सभी विधाओं का वर्णन है । यह अग्निदेव के स्वयं के श्रीमुख से वर्णित है, इसलिए यह प्रसिद्ध और महत्त्वपूर्ण पुराण है । यह पुराण अग्निदेव ने महर्षि वशिष्ठ को सुनाया था। यह पुराण दो भागों में हैं पहले भाग में पुराण ब्रह्म विद्या का सार है । इसके आरंभ में भगवान विष्णु के दशावतारों का वर्णन है । इस पुराण में ११ रुद्रों, ८ वसुओं तथा १२ आदित्यों के बारे में बताया गया है ।

विष्णु तथा शिव की पूजा के विधान, सूर्य की पूजा का विधान, नृसिंह मंत्र आदि की जानकारी भी इस पुराण में दी गयी है । इसके अतिरिक्त प्रासाद एवं देवालय निर्माण, मूर्ति प्रतिष्ठा आदि की विधियाँ भी बतायी गयी है । इसमें भूगोल, ज्योतिः शास्त्र तथा वैद्यक के विवरण के बाद राजनीति का भी विस्तृत वर्णन किया गया है जिसमें अभिषेक, साहाय्य, संपत्ति, सेवक, दुर्ग, राजधर्म आदि आवश्यक विषय निर्णीत हैं । धनुर्वेद का भी बड़ा ही ज्ञानवर्धक विवरण दिया गया है जिसमें प्राचीन अस्त्र-शस्त्रों तथा सैनिक शिक्षा पद्धति का विवेचन विशेष उपादेय तथा प्रामाणिक है । इस पुराण के अंतिम भाग में आयुर्वेद का विशिष्ट वर्णन अनेक अध्यायों में मिलता है, इसके अतिरिक्त छंदःशास्त्र, अलंकार शास्त्र, व्याकरण तथा कोश विषयक विवरण भी दिये गए हैं ।

पुराण साहित्य में अग्निपुराण अपनी व्यापक दृष्टि तथा विशाल ज्ञान भंडार के कारण विशिष्ट स्थान रखता है । साधारण रीति से पुराण को ‹पंचलक्षण› कहते हैं, क्योंकि इसमें सर्ग (सृष्टि), प्रतिसर्ग (संहार), वंश, मन्वंतर तथा वंशानुचरित का

वर्णन अवश्यमेव रहता है, चाहे परिमाण में थोड़ा न्यून ही क्यों न हो। परंतु अग्निपुराण इसका अपवाद है । प्राचीन भारत की परा और अपरा विद्याओं का तथा नाना भौतिकशास्त्रों का इतना व्यवस्थित वर्णन यहाँ किया गया है कि इसे वर्तमान दृष्टि से हम एक विशाल विश्वकोश कह सकते हैं।

आग्नेय हि पुराणेऽस्मिन् सर्वा विद्याः प्रदर्शिताः

यह अग्नि पुराण का कथन है जिसके अनुसार अग्नि पुराण में सभी विधाओं का वर्णन है । यह अग्निदेव के स्वयं के श्रीमुख से वर्णित है इसलिए यह प्रसिद्ध और महत्त्वपूर्ण पुराण है । यह पुराण उन्होंने महर्षि वशिष्ठ को सुनाया था। यह पुराण दो भागों में है पहले भाग में ब्रह्म विद्या का सार है । इसको सुनने से देवगण ही नहीं समस्त प्राणी जगत् सुख प्राप्त करता है । विष्णु भगवान के अवतारों का वर्णन है । वेग के हाथ के मंथन से उत्पन्न पृथु का आख्यान है । दिव्य शक्तिमयी मरिषा की कथा है । कश्यप ने अपनी अनेक पत्नियों द्वारा परिवार विस्तार किया उसका वर्णन भी किया गया है ।

भगवान् अग्निदेव ने देवालय निर्माण के फल के विषय में आख्यान दिए हैं और चौसठ योगनियों का सविस्तार वर्णन भी है । शिव पूजा का विधान भी बताया गया है । इसम काल गणना के महत्त्व पर भी प्रकाश डाला गया है । साथ ही इसम गणित के महत्त्व के साथ विशिष्ट राहू का वर्णन भी है । प्रतिपदा व्रत, शिखिव्रत आदि व्रतों के महत्त्व को भी दर्शाया गया है । दशमी व्रत, एकादशी व्रत आदि के महत्त्व को भी बताया गया हैं । अग्नि पुराण में पहले पुराण विषय के प्रश्न है फ़िर अवतारों की कथा कही गयी है, फ़िर सृष्टि का विवरण और विष्णुपूजा का वृतांत है । इसके बाद अग्निकार्य, मन्त्र, मुद्रादि लक्षण, सर्वदीक्षा विधा और अभिषेक निरूपण है । इसके बाद मंडल का लक्षण, कुशामापार्जन, पवित्रारोपण विधि, देवालय विधि, शालग्राम की पूजा और मूर्तियों का अलग अलग विवरण है । फ़िर न्यास आदि का विधान प्रतिष्ठा पूर्तकर्म, विनायक आदि का पूजन, नाना प्रकार की दीक्षाओं की विधि, सर्वदेव प्रतिष्ठा, ब्रहमाण्ड का वर्णन, गंगादि तीर्थों का माहात्म्य, द्वीप और वर्ष का वर्णन, ऊपर और नीचे के लोकों की रचना, ज्योतिश्चक्र का निरूपण, ज्योतिष शास्त्र, युद्धजयार्णव, षटकर्म मंत्र, यन्त्र, औषधि समूह, कुब्जिका आदि की पूजा, छ: प्रकार की न्यास विधि, कोटि होम विधि, मनवन्तर निरूपण ब्रह्माचर्यादि आश्रमों के धर्म, श्राद्धकल्प विधि, ग्रह यज्ञ,

श्रौतस्मार्त कर्म, प्रायश्चित वर्णन, तिथि व्रत आदि का वर्णन, वार व्रत का कथन, नक्षत्र व्रत विधि का प्रतिपादन, मासिक व्रत का निर्देश, उत्तम दीपदान विधि, नवव्यूहपूजन, नरक निरूपण, व्रतों और दानों की विधि, नाडी चक्र का संक्षिप्त विवरण, संध्या की उत्तम विधि, गायत्री के अर्थ का निर्देश, लिंगस्तोत्र, राज्याभिषेक के मंत्र, राजाओं के धार्मिक कृत्य, स्वप्न सम्बन्धी विचार का अध्याय, शकुन आदि का निरूपण, मंडल आदि का निर्देश, रत्न दीक्षा विधि, रामोक्त नीति का वर्णन, रत्नों के लक्षण, धनुर्विद्या, व्यवहार दर्शन, देवासुर संग्राम की कथा, आयुर्वेद निरूपण, गज आदि की चिकित्सा, उनके रोगों की शान्ति, गो चिकित्सा, मनुष्यादि की चिकित्सा, नाना प्रकार की पूजा पद्धति, विविध प्रकार की शान्ति, छन्द शास्त्र, साहित्य, एकाक्षर, आदि कोष, प्रलय का लक्षण, शारीरिक वेदान्त का निरूपण, नरक वर्णन, योगशास्त्र, ब्रह्मज्ञान तथा पुराण श्रवण का फ़ल बताया गया है ।

अग्निपुराण के विषय में ज्ञातव्य है कि यह लोकशिक्षण के लिए उपयोगी विद्याओं का संग्रह प्रस्तुत करने वाला ग्रन्थ है जिसे ‹पौराणिक कोष› भी कह सकते है। अग्निपुराण के समय को निर्धारित करना कठिन कार्य हैं । भारतीय परम्परा के अनुसार अग्निपुराण म काव्यशास्त्र से सम्बन्धित सिद्धान्त सबसे पहले लिखे गये थे। महेश्वर ने काव्यप्रकाशार्थ में लिखा है - भरत ने अलङ्कार शास्त्र की सामग्री को अग्निपुराण से लिया था और इसको संक्षिप्त कारिकाओं में निबद्ध किया था।

भविष्य पुराण

भविष्य पुराण १८ प्रमुख पुराणों में से एक है । विषय-वस्तु एवं वर्णन-शैली की दृष्टि से यह एक विशेष ग्रंथ है । इसमें धर्म, सदाचार, नीति, उपदेश,अनेकों आख्यान, व्रत, तीर्थ, दान, ज्योतिष एवं आयुर्वेद के विषयों का संग्रह है । वेताल-विक्रम-संवाद के रूप में इसमें रमणीय कथा-प्रबन्ध है । इसके अतिरिक्त इसमें नित्यकर्म, संस्कार, सामुद्रिक लक्षण, शान्ति तथा पौष्टिक कर्म आराधना और अनेक व्रतों का भी विस्तृत वर्णन है । भविष्य पुराण में भविष्य में होने वाली घटनाओं का वर्णन है । इस पुराण में भारतवर्ष के वर्तमान समस्त आधुनिक इतिहास का वर्णन है । इसके प्रतिसर्गपर्व के तृतीय तथा चतुर्थ खण्ड में इतिहास की महत्त्वपूर्ण सामग्री विद्यमान है । इसके मध्यमपर्व में समस्त कर्मकाण्ड का

निरूपण है । इसमें वर्णित व्रत और दान से सम्बद्ध विषय भी महत्त्वपूर्ण है। इतने विस्तार से व्रतों का वर्णन न किसी अन्य पुराण, धर्मशास्त्र में मिलता है और न किसी स्वतन्त्र व्रत-संग्रह के ग्रन्थ में। हेमाद्रि, व्रतकल्पद्रुम, व्रतरत्नाकर, व्रतराज आदि परवर्ती व्रत-साहित्य में मुख्यरूप से भविष्यपुराण का ही आश्रय लिया गया है ।

भविष्य पुराण के अनुसार, इसके श्लोकों की संख्या पचास हजार के लगभग होनी चाहिए। परन्तु वर्तमान में कुल १४,००० श्लोक ही उपलब्ध हैं। विषय-वस्तु, वर्णनशैली तथा काव्य-रचना की दृष्टि से भविष्यपुराण महत्वपूर्ण ग्रन्थ है । इसकी कथाएँ रोचक तथा प्रभावोत्पादक हैं।भविष्य पुराण में भगवान सूर्य नारायण की महिमा, उनके स्वरूप, पूजा उपासना विधि का विस्तार से उल्लेख किया गया है । इसीलिए इसे 'सौर-पुराण' या 'सौर ग्रन्थ' भी कहा गया है ।

यह पुराण ब्रह्म पर्व, मध्यम पर्व, प्रतिसर्ग पर्व तथा उत्तर पर्व - इन चार पर्वों में विभक्त है । मध्यमपर्व तीन तथा प्रतिसर्गपर्व चार अवान्तर खण्डों में विभक्त है । पर्वों के अन्तर्गत अध्याय है, जिनकी कुल संख्या ४८५ हैं । प्रतिसर्गपर्व के द्वितीय खण्ड के २३ अध्यायों में वेताल-विक्रम-सम्वाद के रूप में कथा-प्रबन्ध है, वह अत्यन्त रमणीय तथा मोहक है, रोचकता के कारण ही यह कथा-प्रबन्ध गुणाढ्य की 'बृहत्कथा', क्षेमेन्द्र की 'बृहत्कथा-मंजरी, सोमदेव के 'कथासरित्सागर' आदि में वेतालपंचविंशति के रूप में संगृहीत हुआ है । भविष्य पुराण की इन्हीं कथाओं का नाम 'वेतालपंचविंशति' या 'वेतालपंचविंशतिका' है । इसी प्रकार प्रतिसर्गपर्व के द्वितीय खण्डके २४ से २९ अध्यायों तक उपनिबद्ध 'श्री सत्यनारायण व्रत कथा' उत्तम कथा-साहित्य है । उत्तरपर्व में वर्णित व्रतोत्सव तथा दान-माहात्म्य से सम्बद्ध कथाएँ भी एक से बढ़कर एक हैं। ब्राह्मपर्व तथा मध्यमपर्व की सूर्य-सम्बन्धी कथाएँ भी कम रोचक नहीं हैं। आल्हा-ऊदल के इतिहास का प्रसिद्ध आख्यान इसी पुराण के आधार पर प्रचलित है ।

ब्रह्म पर्व

इसमें कुल २१५ अध्याय हैं। भविष्य की घटनाओं से संबंधित इस पन्द्रह सहस्र श्लोकों के महापुराण में धर्म, आचार, नागपंचमी व्रत, सूर्यपूजा, स्त्री प्रकरण आदि हैं। इसके इस पर्व के आरम्भ में महर्षि सुमन्तु एवं राजा शतानीक का संवाद है । इस पर्व में मुख्यत: व्रत-उपवास पूजा विधि, सूर्योपासना का माहात्म्य

और उनसे जुड़ी कथाओं का विवरण प्राप्त होता है । इसम सूर्य से सम्बन्धित १६९ अध्याय हैं ।

मध्यम पर्व

मध्यमपर्व में समस्त कर्मकाण्ड का निरूपण है । इसमें वर्णित व्रत और दान से सम्बद्ध विषय भी अत्यन्त महत्त्वपूर्ण है। इतने विस्तार से व्रतों का वर्णन न किसी पुराण, धर्मशास्त्रमें मिलता है और न किसी स्वतन्त्र व्रत-संग्रह के ग्रन्थ में। हेमाद्रि, व्रतकल्पद्रुम, व्रतरत्नाकर, व्रतराज आदि परवर्ती व्रत-साहित्य में मुख्यरूप से भविष्यपुराण का ही आश्रय लिया गया है । इस पर्व में मुख्य रूप से श्राद्धकर्म, पितृकर्म, विवाह-संस्कार, यज्ञ, व्रत, स्नान, प्रायश्चित्त, अन्नप्राशन, मन्त्रोपासना, राज कर देना, यज्ञ के दिनों की गणना के बारे में विवरण दिया गया है ।

प्रतिसर्ग पर्व

इसके प्रति सर्ग पर्व के तृतीय तथा चतुर्थ खण्ड में इतिहास की महत्त्वपूर्ण सामग्री विद्यमान है । इतिहास लेखकों ने प्रायः इसी का आधार लिया है । इसमें मध्यकालीन हर्षवर्धन, महावीर बप्पा रावल, महाराज पृथ्वीराज चौहान,आल्हा- ऊदल,पेशवा माधवराव, आदि हिन्दू राजाओं और अलाउद्दीन, मुहम्मद तुगलक, तैमूरलंग, बाबर तथा अकबर, आदि का प्रामाणिक इतिहास निरूपित है । इसमें जगद्गुरु श्री आदिशंकराचार्य, श्रीरामानुजाचार्य,मीराबाई, श्रीचैतन्य महाप्रभु,गुरु नानक देवजी,तुलसीदासजी,सूरदासजी, कबीरदास जी,चंद बरदाई के बारे में दिया है तथा ईसा मसीह के जन्म एवं उनकी भारत यात्रा, हजरत मुहम्मद का आविर्भाव, द्वापर युग के चन्द्रवंशी राजाओं का वर्णन, कलि युग में होने वाले राजाओं जैसे बौद्ध,शिशुनाग,नंद, मौर्य, राजाओं तथा परमार, चौहान, गुर्जर-प्रतिहार, चालुक्य (गुजरात) वंशी के राजाओं तक का वर्णन इसमें प्राप्त होता है ।

उत्तर पर्व

इस पर्व में भगवान विष्णु की माया स नारद जी के मोहित होने का वर्णन है। इसके बाद स्त्रियों को सौभाग्य प्रदान करने वाले अन्य कई व्रतों का वर्णन भी विस्तारपूर्वक किया गया है । उत्तर पर्व इस पर्व में २०८ अध्याय हैं। यद्यपि यह भविष्य पुराण का अंग है, किन्तु इसे एक स्वतन्त्र पुराण (भविष्योत्तरपुराण) माना जाता है ।

ब्रह्मवैवर्त पुराण

इस पुराण में चार खण्ड हैं। ब्रह्मखण्ड, प्रकृतिखण्ड, श्रीकृष्णजन्मखण्ड और गणेशखण्ड। इन चारों खण्डों से युक्त यह पुराण अठारह हजार श्लोकों का बताया गया है । यह वैष्णव पुराण है । इस पुराण म श्रीकृष्ण को ही प्रमुख इष्ट मानकर उन्हें सृष्टि का कारण बताया गया है । 'ब्रह्मवैवर्त' शब्द का अर्थ है - ब्रह्म का विवर्त अर्थात् ब्रह्म की रूपान्तर राशि। ब्रह्म की रूपान्तर राशि 'प्रकृति' है । प्रकृति के विविध परिणामों का प्रतिपादन ही इस 'ब्रह्मवैवर्त पुराण' में प्राप्त होता है । कहने का तात्पर्य है प्रकृति के भिन्न-भिन्न परिणामों का जहां प्रतिपादन हो वही पुराण ब्रह्मवैवर्त कहलाता है । विष्णु के अवतार कृष्ण का उल्लेख यद्यपि कई पुराणों में मिलता है, किन्तु इस पुराण में यह विषय भिन्नता लिए हुए है । 'ब्रह्मवैवर्त पुराण' में कृष्ण को ही 'परब्रह्म' माना गया है, जिनकी इच्छा से सृष्टि का जन्म होता है । 'ब्रह्मवैवर्त पुराण' में श्रीकृष्ण लीला का वर्णन 'भागवत पुराण' से काफी भिन्न है । 'भागवत पुराण' का वर्णन साहित्यिक और सात्विक है जबकि 'ब्रह्मवैवर्त पुराण' का वर्णन श्रृंगार रस से परिपूर्ण है । इस पुराण में सृष्टि का मूल श्रीकृष्ण को बताया गया है ।

यह पुराण कहता हैं कि इस विश्व में असंख्य ब्रह्माण्ड विद्यमान हैं। प्रत्येक ब्रह्माण्ड के अपने-अपने विष्णु, ब्रह्मा और महेश हैं। इन सभी ब्रह्माण्डों से भी ऊपर स्थित गोलोक में भगवान श्रीकृष्ण निवास करते हैं। सृष्टि निर्माण के उपरान्त सर्वप्रथम उनके अर्द्ध वाम अंग से अर्द्धनारीश्वर स्वरूप म राधा प्रकट हुईं। कृष्ण से ही ब्रह्मा, विष्णु, नारायण, धर्म, काल, महेश और प्रकृति की उत्पत्ति बतायी गयी है, फिर नारायण का प्राकाट्य कृष्ण के दाये अंग से और पंचमुखी शिव का प्राकाट्य कृष्ण के वाम पार्श्व से हुआ। नाभि स ब्रह्मा, वक्षस्थल से धर्म, वाम पार्श्व से पुनः लक्ष्मी, मुख स सरस्वती और विभिन्न अंगों स दुर्गा, सावित्री, कामदेव, रति, अग्नि, वरुण, वायु आदि देवी-देवताओं का आविर्भाव हुआ।

व्यासजी ने ब्रह्मवैवर्त पुराण के चार भाग किये हैं ब्रह्म खण्ड, प्रकृति खण्ड, गणेश खण्ड और श्रीकृष्ण खण्ड। इन चारों में दो सौ अठारह अध्याय हैं। इन चारों खण्डों से युक्त यह पुराण अठारह हजार श्लोकों का बताया गया है ।

इस पुराण के चार खण्ड हैं- ब्रह्म खण्ड, प्रकृति खण्ड, गणपति खण्ड और श्रीकृष्ण जन्म खण्ड निम्नलिखित हैं -

१) ब्रह्म खण्ड

ब्रह्म खण्ड में कृष्ण चरित्र की विविध लीलाओं और सृष्टि क्रम का वर्णन प्राप्त होता है । कृष्ण के शरीर से ही समस्त देवी-देवताओं को आविर्भाव माना गया है । इस खण्ड में भगवान सूर्य द्वारा संकलित एक स्वतन्त्र 'आयुर्वेद संहिता' का भी उल्लेख मिलता है । आयुर्वेद समस्त रोगों का परिज्ञान करके उनके प्रभाव को नष्ट करने की सामर्थ्य रखता है । इसी खण्ड में श्रीकृष्ण के अर्द्धनारीश्वर स्वरूप में राधा का आविर्भाव उनके वाम अंग से दिखाया गया है ।

२) प्रकृति खण्ड

प्रकृति खण्ड में विभिन्न देवियों के आविर्भाव और उनकी शक्तियों तथा चरित्रों का सुन्दर विवरण प्राप्त होता है । इस खण्ड का प्रारम्भ 'पंचदेवीरूपा प्रकृति' के वर्णन से होता है । ये पांच रूप – यशदुर्गा, महालक्ष्मी, सरस्वती, गायत्री और सावित्री के हैं, जो अपने भक्तों का उद्धार करने के लिए रूप धारण करती है इनके अतिरिक्त सर्वोपरि रासेश्वरी रूप राधा का है । **राधा-कृष्ण** चरित्र और राधा जी की पूजा-अर्चना का संक्षिप्त परिचय इस खण्ड में प्राप्त होता है । इन देवियों के विभिन्न नामों का उल्लेख भी प्रकृति खण्ड में है ।

३) गणपति खण्ड

गणपति खण्ड में गणेश जी के जन्म की कथा और पुण्यक व्रत की महिमा का वर्णन किया गया है गणेश जी के चरित्र और लीलाओं का वर्णन भी इस खण्ड में है । बालक गणेश को जब शनि देव देख लेते हैं तो उनके दृष्टिपात से गणेश जी का सिर कटकर गिर जाता है । तब पार्वती की प्रार्थना पर विष्णुजी हाथी का सिर काटकर गणेश के धड़ पर लगाकर उन्हें जीवित कर देते है। गणेश जी के आठ विघ्ननाशक नामों की सूची इस खण्ड में इस प्रकार दी गई हैं - विघ्नेश, गणेश, हेरम्ब, गजानन, लंबोदर, एकदंत, शूर्पकर्ण और विनायक।

इसी खण्ड में 'सूर्य कवच' तथा 'सूर्य स्तोत्र' का भी वर्णन है । अन्त में यह कहा गया है कि गणेश जी की पूजा में तुलसी दल कभी नहीं अर्पित करना चाहिए। और

राज सुचन्द्र के वध के प्रसंग में 'दशाक्षरी विद्या', 'काली कवच' और 'दुर्गा कवच' का वर्णन भी इसी खण्ड में मिलता है ।

४) श्री कृष्ण जन्म खण्ड

श्रीकृष्ण जन्म खण्ड एक सौ एक अध्यायों में फैला सबसे बड़ा खण्ड है । इसमें श्रीकृष्ण की लीलाओं का विस्तार से वर्णन किया गया है । 'श्रीमद्भागवत' में भी इसी प्रकार श्रीकृष्ण की लीलाओं का वर्णन उपलब्ध होता है । इस खण्ड में योगनिद्रा द्वारा वर्णित 'श्रीकृष्ण कवच' का उल्लेख है जिसके पाठ से दैहिक, दैविक तथा भौतिक भयों का समूल नाश हो जाता है । श्रीकृष्ण के तेंतीस नामों की सूची भी इस खण्ड में दी गई हैं ।

बलराम के नौ नामों और राधा के सोलह नामों का वर्णन भी श्रीकृष्ण जन्म खण्ड में प्राप्त होता है । इसी खण्ड में सौ के लगभग उन वस्तुओं, द्रव्यों और अनुष्ठानों की सूची भी दी गई है जिनके मात्र से सौभाग्य की प्राप्ति होती है । इसी खण्ड में तिथि विशेष में विभिन्न तीर्थों में स्नान करने और पुण्य लाभ पाने का उल्लेख किया गया है । 'कार्तिक पूर्णिमा' में राधा जी की पूजा-अर्चना करने पर बल दिया गया है, जो विशेष फलदायी है ।

इसी खण्ड में कहा गया है कि 'अन्नदान' से बढ़कर कोई दूसरा दान नहीं है । भगवान के ग्यारह नामों- राम, नारायण, अनंत, मुकुंद, मधुसूदन, कृष्ण, केशव, कंसरि, हरे, वैकुण्ठ और वामन को अत्यन्त पुण्यदायक तथा सहस्त्र कोटि जन्मों का पाप नष्ट करने वाला बताया गया है ।

'ब्रह्मवैवर्त पुराण' में रासलीला का वर्णन भागवत पुराण के रास पंचाध्यायी से काफ़ी भिन्न है । 'भागवत पुराण' का वर्णन साहित्यिक और सात्विक है जबकि 'ब्रह्मवैवर्त पुराण' का वर्णन अत्यन्त श्रृंगारिक तथा कहीं-कहीं अश्लील भी हैं । इस पुराण में सृष्टि का मूल श्रीकृष्ण को बताया गया है । परन्तु ब्रह्म निरूपण के दार्शनिक विवेचन में वेदान्त-विद्धान्त को ही स्वीकार किया गया है ।

इस पुराण में पूतना, कुब्जा, जाम्बवती तथा कृष्ण की मृत्यु के प्रसंग अन्य पुराणों से भिन्न हैं। गणेश जन्म में भी विचित्रता है । इस पुराण के अन्य विषयों में पर्वत, नदी, वृक्ष, ग्राम, नगर आदि की उत्पत्ति, मनु-शतरूपा की कथा, ब्रह्मा की पीठ से दरिद्रा का जन्म, मालावती एवं कालपुरुष संवाद, दिनचर्या, श्रीकृष्ण, शिव

और ब्रह्माण्ड कवचों का वर्णन, गंगा वर्णन तथा शिव स्तोत्र आदि का उल्लेख भी शामिल है ।

श्रीमहादेवजी कहते हैं- पार्वती! एक समय की बात है, श्रीकृष्ण विरजा नामवाली सखी के यहाँ उसके पास थें इससे श्रीराधाजी को क्षोभ हुआ। इस कारण विरजा वहाँ नदीरूप होकर प्रवाहित हो गयी। विरजा की सखियाँ भी छोटी-छोटी नदियाँ बनीं। पृथ्वी की बहुत-सी नदियाँ और सातों समुद्र विरजा से ही उत्पन्न हैं। राधा ने प्रणयकोप से श्रीकृष्ण के पास जाकर उनसे कुछ कठोर शब्द कहे। सुदामा ने इसका विरोध किया। इस पर लीलामयी श्रीराधाने उसे असुर होने का शाप दे दिया। सुदामा ने भी लीलाक्रम से ही श्रीराधा को मानवीरूप में प्रकट होने की बात कह दी।

सुदामा माता राधा तथा पिता श्रीहरि को प्रणाम करके जब जाने को उद्यत हुआ तब श्रीराधा पुत्रविरह से कातर हो आँसू बहाने लगीं। श्रीकृष्ण ने उन्हें समझा-बुझाकर शान्त किया और शीघ्र उसके लौट आने का विश्वास दिलाया। सुदामा ही तुलसी का स्वामी शंखचूड़ नामक असुर हुआ था, जो मेरे शूल से विदीर्ण एवं शापमुक्त हो पुन: गोलोक चला गया। सती राधा इसी वाराहकल्प में गोकुल में अवतीर्ण हुई थीं। वे व्रज में वृषभानु वैश्य की कन्या हुईं वे देवी अयोनिजा थीं, माता के पेट से नहीं पैदा हुई थीं। उनकी माता कलावती ने अपने गर्भ में 'वायु' को धारण कर रखा था।

उसने योगमाया की प्रेरणा से वायु को ही जन्म दिया; परंतु वहाँ स्वेच्छा से श्रीराधा प्रकट हो गयीं। बारह वर्ष बीतने पर उन्हें नूतन यौवन में प्रवेश करती देख माता-पिता ने 'रायाण' वैश्यके साथ उसका सम्बन्ध निश्चित कर दिया। उस समय श्रीराधा घर में अपनी छाया को स्थापित करके स्वयं अन्तर्धान हो गयीं। उस छाया के साथ ही उक्त रायाण का विवाह हुआ।

'जगत्पति श्रीकृष्ण कंस के भय से रक्षा के बहाने शैशवावस्था में ही गोकुल पहुँचा दिये गये थे। वहाँ श्रीकृष्ण की माता जो यशोदा थीं, उनका सहोदर भाई 'रायाण' था। गोलोक में तो वह श्रीकृष्ण का अंशभूत गोप था, पर इस अवतार के समय भूतल पर वह श्रीकृष्ण का मामा लगता था। जगत्स्त्रष्टा विधाता ने पुण्यमय वृन्दावन में श्रीकृष्ण के साथ साक्षात् श्रीराधा का विधि पूर्वक विवाह कर्म सम्पन्न कराया था। गोपगण स्वप्न में भी श्रीराधा के चरणारविन्दका दर्शन नहीं कर पाते

थे। साक्षात् राधा श्रीकृष्ण के वक्ष: स्थल में वास करती थीं और छाया राधा नारायण के घर में। ब्रह्माजी ने पूर्वकाल में श्रीराधा के चरणारविन्द का दर्शन पाने के लिये पुष्कर में साठ हज़ार वर्षों तक तपस्या की थी; उसी तपस्या के फलस्वरूप इस समय उन्हें श्री राधा चरणों का दर्शन प्राप्त हुआ था।

गोकुलनाथ श्री कृष्ण कुछ काल तक वृन्दावन में श्री राधा के साथ आमोद-प्रमोद करते रहे। तदनन्तर सुदामा के शाप से उनका श्री राधाके साथ वियोग हो गया। इसी बीच में श्री कृष्ण ने पृथ्वी का भार उतारा। सौ वर्ष पूर्ण हो जाने पर तीर्थ यात्रा के प्रसंग से श्रीराधा ने श्री कृष्ण का और श्री कृष्ण ने श्रीराधा का दर्शन प्राप्त किया। तदनन्तर तत्त्वज्ञ श्री कृष्ण श्री राधा के साथ गोलोक धाम पधारे। कलावती (कीर्तिदा) और यशोदा भी श्रीराधा के साथ ही गोलोक चली गयीं। प्रजापति द्रोण नन्द हुए। उनकी पत्नी धरा यशोदा हुईं। उन दोनों ने पहले की हुई तपस्या के प्रभाव से परमात्मा भगवान् श्री कृष्ण को पुत्ररूप में प्राप्त किया था। महर्षि कश्यप वसुदेव हुए थे। उनकी पत्नी सती साध्वी अदिति अंशत: देवकी के रूप में अवतीर्ण हुई थीं। प्रत्येक कल्प में जब भगवान् अवतार लेते हैं, देवमाता अदिति तथा देवपिता कश्यप उनके माता-पिता का स्थान ग्रहण करते हैं। श्री राधा की माता कलावती (कीर्तिदा) पितरों की मानसी कन्या थी।

गोलोक से वसुदाम गोप ही वृषभानु होकर इस भूतलपर आये थे। इस प्रकार मैंने श्री राधा का उत्तम उपाख्यान सुनाया। यह सम्पत्ति प्रदान करनेवाला, पापहारी तथा पुत्र और पौत्रों की वृद्धि करने वाला है । श्री कृष्ण दो रूपों में प्रकट हैं-द्विभुज और चतुर्भुज। चतुर्भुजरूप से वे वैकुण्ठधाम में निवास करते हैं और स्वयं द्विभुज श्री कृष्ण गोलोकधाम में। चतुर्भुजकी पत्नी महालक्ष्मी, सरस्वती, गंगा और तुलसी हैं। ये चारों देवियाँ चतुर्भुज नारायणदेव की प्रिया हैं।

श्री कृष्ण की पत्नी श्री राधा हैं, जो उनके अर्धांग से प्रकट हुई हैं। वे तेज, अवस्था, रूप तथा गुण सभी दृष्टियों से उनके अनुरूप हैं। विद्वान् पुरुष को पहले 'राधा' नाम का उच्चारण करके पश्चात 'कृष्ण' नाम का उच्चारण करना चाहिये। इस क्रम से उलट-फेर करने पर वह पाप का भागी होता है, इसमें संशय नहीं है । कार्तिक की पूर्णिमाकों गोलोक के रासमण्डल में श्री कृष्ण ने श्री राधा का पूजन किया और तत्सम्बन्धी महोत्सव रचाया। उत्तम रत्नों की गुटिका में राधाकवच रखकर गोपोंसहित श्री हरि ने उसे अपने कण्ठ और दाहिनी बाँह में धारण किया।

भक्तिभाव से उनका ध्यान करके स्तवन किया। फिर मधुसूदन ने राधा के चबाये हुए ताम्बूल को लेकर स्वयं खाया। राधा श्री कृष्ण की पूजनीया हैं और भगवान् श्रीकृष् राधा के पूजनीय हैं। वे दोनों एक-दूसरे के इष्ट देवता हैं। उनमें भेदभाव करने वाला पुरुष नरक में पड़ता है।

श्री कृष्ण के बाद धर्म ने, ब्रह्माजी ने, मैंने, अनन्त ने, वासुकिने तथा सूर्य और चन्द्रमाने श्री राधा का पूजन किया। तत्पश्चात देवराज इन्द्र, रुद्रगण, मनु, मनुपुत्र, देवेन्द्रगण, मुनीन्द्रगण तथा सम्पूर्ण विस्व के लोगों ने श्री राधा की पूजा की। ये सब द्वितीय आवरण के पूजक हैं। तृतीय आवरण में सातों द्वीपों के सम्राट् सुयज्ञ ने तथा उनके पुत्र-पौत्रों एवं मित्रों ने भारतवर्ष में प्रसन्नतापूर्वक श्री राधिका का पूजन किया। उन महाराज को दैववश किसी ब्राह्मण ने शाप दे दिया था, जिससे उनका हाथ रोगग्रस्त हो गया था। इस कारण वे मन-ही-मन बहुत दुःखी रहते थे। उनकी राज्यलक्ष्मी छिन गयी थी; परंतु श्री राधा के वर से उन्होंने अपना राज्य प्राप्त कर लिया। ब्रह्माजी के दिये हुए स्तोत्र से परमेश्वरी श्रीराधा की स्तुति करके राजा ने उनके अभेद्य कवच को कण्ठ और बाँह में धारण किया तथा पुष्करतीर्थ में सौ वर्षों तक ध्यानपूर्वक उनकी पूजा की। अन्त में वे महाराज रत्नमय विमानपर सवार होकर गोलोकधाम में चले गये।

लिंग पुराण

लिंग पुराण अट्ठारह महापुराणों में से एक है जिसमें भगवान शिव के ज्योर्तिलिंगों की कथा, ईशान कल्प के वृत्तान्त सर्वविसर्ग आदि दशा लक्षणों सहित वर्णित हैं। लिंग पुराण में ११,००० श्लोकों में भगवान शिव की महिमा का बखान किया गया है। यह समस्त पुराणों में श्रेष्ठ है। वेदव्यास कृत इस पुराण में पहले योग फिर कल्प के विषय में बताया गया है।

लिंग शब्द के प्रति आधुनिक समाज में बड़ी भ्रान्ति पाई जाती है। लिंग शब्द का शाब्दिक अर्थ चिन्ह अथवा प्रतीक हैं - जैसा कि कणाद मुनि कृत वैशेषिक दर्शन ग्रंथ में पाया जाता है। भगवान महेश्वर आदिपुरुष हैं। यह शिवलिंग उन्हीं भगवान शंकर की ज्योतिरूपा चिन्मय शक्ति का चिन्ह है। इसके उद्भव के विषय में सृष्टि के कल्याण के लिए ज्योर्ति लिंग द्वारा प्रकट होकर ब्रह्मा तथा विष्णु जैसे अनादि शक्तियों को भी आश्चर्य में डाल देने वाला घटना का वर्णन, इस

पुराण के वर्ण्य विषय का एक प्रधान अंग है । फिर मुक्ति प्रदान करने वाले व्रत-योग शिवार्चन यज्ञ हवनादि का विस्तृत विवेचन प्राप्त है । यह शिव पुराण का पूरक ग्रन्थ है ।

एक समय शिव के विविध क्षेत्रों का भ्रमण करते हुए देवर्षि नारद नैमिषारण्य में जा पहुँचे वहाँ पर ऋषियों ने उनका स्वागत अभिनन्दन करने के उपरान्त लिंगपुराण के विषय में जाननेहित जिज्ञासा व्यक्त की। नारद जी ने उन्हें अनेक अद्भुत कथायें सुनायी। उसी समय वहाँ पर सूत जी आ गये। उन्होंने नारद सहित समस्त ऋषियों को प्रणाम किया। ऋषियों ने भी उनकी पूजा करके उनसे लिंग पुराण के विषय में चर्चा करने की जिज्ञासा की। उनके विशेष आग्रह पर सूत जी बोले कि शब्द ही ब्रह्म का शरीर है और उसका प्रकाशन भी वही है । एकाध रूप में ओम् ही ब्रह्म का स्थूल, सूक्ष्म व परात्पर स्वरूप है । ऋग साम तथा यजुर्वेद तथा अर्थववेद उनमें क्रमशः मुख जीभ ग्रीवा तथा हृदय हैं। वही सत रज तम के आश्रय में आकर विष्णु, ब्रह्म तथा महेश के रूप में व्यक्त हैं, महेश्वर उसका निर्गुण रूप है । ब्रह्मा जी ने ईशान कल्प में लिंग पुराण की रचना की। मूलतः सौ करोड़ श्लोकों के ग्रन्थ को व्यास जी ने संक्षिप्त कर के चार लाख श्लोकों में कहा। आगे चलकर उसे अट्ठारह पुराणों में बाँटा गया जिसमें लिंग पुराण का ग्यारहवाँ स्थान है । अब मैं आप लोगों के समक्ष वही वर्णन कर रहा हूँ जिसे आप लोग ध्यानपूर्वक श्रवण करें।

अदृश्य शिव दृष्य प्रपंच (लिंग) का मूल कारण है जिस अव्यक्त पुरुष को शिव तथा अव्यक्त प्रकृति को लिंग कहा जाता है वहाँ इस गन्धवर्ण तथा शब्द स्पर्श रूप आदि से रहित रहते हुए भी निर्गुण ध्रुव तथा अक्षय कहा गया है । उसी अलिंग शिव से पंच ज्ञानेद्रियाँ, पंचकर्मेन्द्रियाँ, पंच महाभूत, मन, स्थूल सूक्ष्म जगत उत्पन्न होता है और उसी की माया से व्याप्त रहता है । वह शिव ही त्रिदेव के रूप में सृष्टि का उद्भव पालन तथा संहार करता है वही अलिंग शिव योनी तथा वीज में आत्मा रूप में अवस्थित रहता है । उस शिव की शैवी प्रकृति रचना प्रारम्भ में सतोगुण से संयुक्त रहती है । अव्यक्त से लेकर व्यक्त तक में उसी का स्वरूप कहा गया है । विश्व को धारण करने वाली प्रकृति ही शिव की माया है जो सत-रज- तम तीनों गुणों के योग से सृष्टि का कार्य करती है ।

वही परमात्मा सर्जन की इच्छा से अव्यक्त में प्रविष्ट होकर महत् तत्व की रचना करता है । उससे त्रिगुण अहं रजोगुण प्रधान उत्पन्न होता हैं । अहंकार से

शब्द, स्पर्श, रूप, रस, गन्ध यह पाँच तन्मात्रयें उत्पन्न हुईं। सर्व प्रथम शब्द से आकाश, आकाश से स्पर्श, स्पर्श से वायु, वायु से रूप, रूप से अग्नि, अग्नि से रस, रस से गन्ध, गन्ध से पृथ्वी उत्पन्न हुई। आकाश में एक गुण, वायु में दो गुण, अग्नि में तीन गुण, जल में चार गुण और पृथ्वी में शब्द स्पर्शादि पाँचों गुण मिलते हैं। अतः तन्मात्रा पंच भूतों की जननी हुई। सतोगुणी अहं से ज्ञानेन्द्रियाँ, कर्मेन्द्रियाँ तथा उभयात्मक मन इन ग्यारह की उत्पत्ति हुई। महत से पृथ्वी तक सारे तत्वों का अण्ड बना जो दस गुन जल से घिरा है । इस प्रकार जल को दस गुणा वायु ने, वायु को दस गुणा आकाश ने घेर रक्खा है । इसकी आत्मा ब्रह्मा है । कोटि-कोटि ब्रह्माण्डों में कोटि त्रिदेव पृथक-पृथक होते हैं। वहीं शिव विष्णु रूप है।

ब्रह्मा का एक दिन और एक रात प्राथमिक रचना का समय है दिन में सृष्टि करता है और रात में प्रलय। दिन में विश्वेदेवा, समस्त प्रजापति, ऋषिगण, स्थिर रहने और रात्रि में सभी प्रलय में समा जाते हैं। प्रातः पुनः उत्पन्न होते हैं। ब्रह्म का एक दिन कल्प है और उसी प्रकार रात्रि भी। हजार बार चतुयुग बीतने पर चौदह मनु होते है। उत्तरायण सूर्य के रहने पर देवताओं का दिन और दक्षिणायन सूर्य रहने तक उसकी रात होती है ।

तीस वर्ष का एक दिव्य वर्ष कहा गया है । देवों के तीन माह मनुष्यों के सौ माह के बराबर होते हैं। इस प्रकार तीन सौ साठ मानव वर्षों का देवताओं का एक वर्ष होता है तीन हजार सौ मानव वर्षों का सप्तर्षियों का एक वर्ष होता है । सतयुग चालीस हजार दिव्य वर्षों का, त्रेता अस्सी हजार दिव्य वर्षों का, द्वापर बीस हजार दिव्य वर्षों का और कलियुग साठ हजार दिव्य वर्षों का कहा गया है । इस प्रकार हजार चतुर्युगों का एककल्प कहा जाता है । कलपान्त में प्रलय के समय महर्लोक के जन लोक में चले जाते हैं। ब्रह्मा के आठ हजार वर्ष का ब्रह्म युग होता है । सहस्त्र दिन का युग होता है जिसमें देवताओं की उत्पत्ति होती हैं । अन्त में समस्त विकार कारण में लीन हो जाते हैं। फिर शिव की आज्ञा से समस्त विकारों का संहार होता है । गुणों की समानता में प्रलय तथा विषमता में सृष्टि होती है । शिव एक ही रहता है । ब्रह्मा और विष्णु अनेक उत्पन्न हो जाते हैं। ब्रह्मा के द्वितीय परार्द्ध में दिन में सृष्टि रहती है और रात्रि में प्रलय होती है । भूः भुवः तथा महः ऊपर के लोक हैं। जड़ चेतन के लय होने पर ब्रह्मा नार (जल) में शयन करने के कारण नारायण कहते है। प्रातः उठने पर जल ही जल देखकर उस शून्य में सृष्टि

की इच्छा करते हैं। वाराह रूप से पृथ्वी का उद्धार करके नदी नद सागर पूर्ववत स्थिर करते हैं। पृथ्वी को सम बनाकर पर्वतों को अवस्थित करते हैं। पुनः भूः आदि लोकों की सृष्टि की इच्छा उनमें जाग्रत होती है ।

वराह पुराण

वराह पुराण में भगवान श्रीहरि के वराह अवतार की मुख्य कथा के साथ अनेक तीर्थ, व्रत, यज्ञ, दान आदि का विस्तृत वर्णन किया गया है । इसमें भगवान नारायणका पूजन-विधान, शिव-पार्वती की कथाएँ, वराह क्षेत्रवर्ती आदित्य तीर्थों की महिमा, मोक्षदायिनी नदियों की उत्पत्ति और माहात्म्य एवं त्रिदेवों की महिमा आदि पर भी विशेष प्रकाश डाला गया है ।

यह पुराण दो भागों से युक्त है और सनातन भगवान विष्णु के माहात्मय का सूचक हैं । वाराह पुराण की श्लोक संख्या चौबीस हजार है, इसे सर्वप्रथम प्राचीन काल में वेदव्यास जी ने लिपिबद्ध किया था। इसमें भगवान श्रीहरिके वराह अवतार की मुख्य कथा के साथ अनेक तीर्थ, व्रत, यज्ञ-यजन, श्राद्ध-तर्पण, दान और अनुष्ठान आदि का शिक्षाप्रद और आत्मकल्याणकारी वर्णन है । भगवान श्रीहरि की महिमा, पूजन-विधान, हिमालय की पुत्री के रूप में गौरी की उत्पत्ति का वर्णन और भगवान शंकर के साथ उनके विवाह की रोचक कथा इसमें विस्तार से वर्णित है । इसके अतिरिक्त इसमें वराह-क्षेत्रवर्ती आदित्य-तीर्थों का वर्णन, भगवान श्रीकृष्ण और उनकी लीलाओं के प्रभाव से मथुरामण्डल और व्रज के समस्त तीर्थों की महिमा और उनके प्रभाव का विशद तथा रोचक वर्णन है ।

वाराह पुराण में सबसे पहले पृथ्वी और वाराह भगवान का शुभ संवाद है, तदनन्तर आदि सत्ययुग के वृतांत में रैम्य का चरित्र है, फ़िर दुर्जेय के चरित्र और श्राद्ध कल्प का वर्णन हैं, तत्पश्चात महातपा का आख्यान, गौरी की उत्पत्ति, विनायक, नागगण सेनानी (कार्तिकेय) आदित्यगण देवी धनद तथा वृष का आख्यान है । उसके बाद सत्यतपा के व्रत की कथा दी गयी है, तदनन्तर अगस्त्य गीता तथा रुद्रगीता कही गयी हैं, महिषासुर के विध्वंस में ब्रह्मा विष्णु रुद्र तीनों की शक्तियों का माहात्म्य प्रकट किया गया है, तत्पश्चात पर्वध्याय श्वेतोपाख्यान गोप्रदानिक इत्यादि सत्ययुग वृतान्त प्रथम भाग में दिखाया गया है, फ़िर भगवर्द्ध में व्रत और तीर्थों की कथायें हैं, बत्तीस अपराधों का शारीरिक प्रायश्चित बताया गया

है, प्राय: सभी तीर्थों के पृथक पृथक माहात्मय का वर्णन है, मथुरा की महिमा विशेषरूप से दी गयी है, उसके बाद श्राद्ध आदि की विधि है, तदनन्तर ऋषि पुत्र के प्रसंग से यमलोक का वर्णन है, कर्मविपाक एवं विष्णुव्रत का निरूपण है, गोकर्ण के पापनाशक माहात्मय का भी वर्णन किया गया है, इस प्रकार वाराहपुराण का यह पूर्वभाग कहा गया है, उत्तर भाग में पुलस्त्य और पुरुराज के सम्वाद में विस्तार के साथ सब तीर्थों के माहात्मय का पृथक पृथक वर्णन है । फ़िर सम्पूर्ण धर्मों की व्याख्या और पुष्कर नामक पुण्य पर्व का भी वर्णन है ।

स्कन्दपुराण

विभिन्न विषयों के विस्तृत विवेचन की दृष्टि से स्कन्दपुराण सबसे बड़ा पुराण है । भगवान स्कन्द (कार्तिकेय) के द्वारा कथित होने के कारण इसका नाम 'स्कन्दपुराण' है । इसमें बद्रिकाश्रम, अयोध्या, जगन्नाथपुरी, रामेश्वर, कन्याकुमारी, प्रभास, द्वारका, काशी, शाकम्भरी, कांची आदितीर्थों की महिमा; गंगा, नर्मदा, यमुना, सरस्वती आदि नदियों के उद्गम की मनोरथ कथाएँ; रामायण, भागवतादि ग्रन्थों का माहात्म्य, विभिन्न महीनों के व्रत-पर्व का माहात्म्य तथा शिवरात्रि, सत्यनारायण आदि व्रत-कथाएँ अत्यन्त रोचक शैली में प्रस्तुत की गयी हैं। विचित्र कथाओं के माध्यम से भौगोलिक ज्ञान तथा प्राचीन इतिहास की ललित प्रस्तुति इस पुराण की अपनी विशेषता है । आज भी इसमें वर्णित विभिन्न व्रत-त्योहारों के दर्शन भारत के घर-घर में किये जा सकते हैं।

इसमें लौकिक और पारलौकिक ज्ञान के अनन्त उपदेश भरे हैं। इसमें धर्म, सदाचार, योग, ज्ञान तथा भक्ति के सुन्दर विवेचन के साथ अनेकों साधु-महात्माओं के सुन्दर चरित्र पिरोये गये हैं। आज भी इसमें वर्णित आचारों, पद्धतियों के दर्शन हिन्दू समाज के घर-घर में किये जा सकते हैं। इसके अतिरिक्त इसमें भगवान शिव की महिमा, सती-चरित्र, शिव-पार्वती-विवाह, कार्तिकेय-जन्म, तारकासुर-वध आदि का मनोहर वर्णन है ।

इस पुराण के माहेश्वरखण्ड के कौमारिकाखण्ड के अध्याय २३ में एक कन्या को दस पुत्रों के बराबर कहा गया है -

दशपुत्रसमा कन्या दशपुत्रान्प्रवर्द्धयन्।

यत्फलं लभते मर्त्यस्तल्लभ्यं कन्ययैकया॥ २३.४६ ॥

एक पुत्री दस पुत्रों के समान है । कोई व्यक्ति दस पुत्रों के लालन-पालन से जो फल प्राप्त करता हैं वही फल केवल एक कन्या के पालन-पोषण से प्राप्त हो जाता है ।

यह खण्डात्मक और संहितात्मक दो स्वरूपों में उपलब्ध है । दोनों स्वरूपों में ८१-८१ हजार श्लोक परम्परागत रूप से माने गये हैं । खण्डात्मक स्कन्द पुराण में क्रमशः माहेश्वर, वैष्णव, ब्राह्म, काशी, अवन्ती (ताप्ती और रेवाखण्ड) नागर तथा प्रभास – ये सात खण्ड हैं। संहितात्मक स्कन्दपुराण में सनत्कुमारसंहिता, शंकरसंहिता, ब्राह्मसंहिता, सौरसंहिता, वैष्णवसंहिता और सूतसंहिता – छः संहिताएँ हैं।

स्कन्द पुराण कथित रूप में एक शतकोटि पुराण है, जिसमें शिव की महिमा का वर्णन किया गया है । उसके सारभूत अर्थ का व्यासजी ने स्कन्दपुराण में वर्णन किया है । स्कन्द पुराण इक्यासी हजार श्लोकों से युक्त है एवं इसमें सात खण्ड हैं। पहले खण्ड का नाम माहेश्वर खण्ड है, इसमें बारह हजार से कुछ कम श्लोक हैं। दूसरा वैष्णवखण्ड है, तीसरा ब्रह्मखण्ड है । चौथा काशीखण्ड एवं पाँचवाँ अवन्तीखण्ड है; फिर क्रमश: नागर खण्ड एवं प्रभास खण्ड है ।

स्कन्द पुराण में विभिन्न उपखण्डों को समाहित करते हुए सम्मिलित रूप में कुल सात खण्ड हैं, पाँच खंड का विवरण इस प्रकार है -

१) माहेश्वरखण्ड

पहले खण्ड का नाम माहेश्वर खण्ड है, यह परम पवित्र तथा विशाल कथाओं से परिपूर्ण है, इसमें सैकडों उत्तम चरित्र हैं । माहेश्वर खण्ड के भीतर केदार माहात्मय में पुराण आरम्भ हुआ है, उसमें पहले दक्ष यज्ञ की कथा है, इसके बाद शिवलिंग पूजन का फल बताया गया है, इसके बाद समुद्र मन्थन की कथा और देवराज इन्द्र के चरित्र का वर्णन है, फ़िर पार्वती का उपाख्यान और उनके विवाह का प्रसंग है, तत्पश्चात कुमार स्कन्द की उत्पत्ति और तारकासुर के साथ उनके युद्ध का वर्णन है, फ़िर पाशुपत का उपाख्यान और चण्ड की कथा है, फ़िर दूत की नियुक्ति का कथन और नारदजी के साथ समागम का वृतान्त है, इसके बाद कुमार माहात्य के प्रसंग में पंचतीर्थ की कथा है, धर्मवर्मा राजा की कथा तथा नदियों और समुद्रों का वर्ण है, तदनन्तर इन्द्रद्युम्न और नाडीजंग की कथा है, फ़िर महीनदी के प्रादुर्भव और दमन की कथा है, तत्पश्चात माही साकर संगम और कुमारेश का वृतान्त है, इसके बाद नाना प्रकार के उपाख्यानों सहित तारक युद्ध और तारकासुर के वध का वर्णन है, फ़िर पंचलिंग स्थापन की कथा आयी है,

तदनन्तर द्वीपों का पुण्यमयी वर्णन ऊपर के लोकों की स्थिति ब्रह्माण्ड की स्थिति और उसका मान तथा वर्करेशकी कथा है, फ़िर वासुदेव का मात्स्य और कोटितीर्थ का वर्णन है । तदनन्तर गुप्तक्षेत्र में नाना तीर्थों का आख्यान कहा गया है, पाण्डवों की पुण्यमयी कथा और बर्बरीक की सहायता से महाविद्या के साधन का प्रसंग है, तत्पश्चात तीर्थयात्रा की समाप्ति है, तदनन्तर अरुणाचल का माहात्मय है तथा सनक और ब्रह्माजी का संवाद हैं । गौरी की तपस्या का वर्णन तथा वहां के भिन्न भिन्न तीर्थों का वर्णन है, महिषासुर की कथा और उसके वध का परम अद्त प्रसंग कहा गया है ।

२) वैष्णव-खण्ड

दूसरा वैष्णवखण्ड है, इसमें पहले भूमि और वाराह भगवान के संवाद का वर्णन है, फ़िर कमला की पवित्र कथा और श्रीनिवास की स्थिति का वर्णन है, तदनन्तर कुम्हार की कथा तथा सुवर्णमुखरी नदी के माहात्मय का वर्णन है, फ़िर अनेक उपाख्यानों से युक्त भरद्वाज की अद्त कथा है, इसके बाद मतंग और अंजन के पापनाशक संवाद का वर्णन है, फ़िर उत्कल प्रदेश के पुरुषोत्तम क्षेत्र का माहात्मय कहा गया हैं, तत्पश्चार मार्कण्डेयजी की कथा, राजा अम्बरीष का वृतान्त, इन्द्रद्युम्न का आख्यान और विद्यापति की शुभ कथा का उल्लेख है । ब्रह्मन! इसके बाद जैमिनि और नारद का आख्यान है, फ़िर नीलकण्ठ और नृसिंह का वर्णन हैं, तदनन्तर अश्वमेघ यज्ञ की कथा और राजा आ ब्रह्मलोक में गमन कहा गया हैं, तत्पश्चात रथयात्रा विधि और जप तथा स्नान की विधि कही गयी हैं ।

इसके बाद दक्षिणामूर्ति का उपाख्यान और गुण्डिचा की कथा हैं, रथ रक्षा की विधि और भगवान के शयनोत्सव का वर्णन हैं, इसके बाद राजा श्वेत का उपाख्यान कहा गय अहैं विर पृथु उत्सव का निरूपण हैं, भगवान के दोलोत्सव तथा सांवत्सरिक व्रत का वर्णन हैं, तदनन्तर उद्दालक के नियोग से भगवान विष्णु की निष्काम पूजा का प्रतिपादन किया गया हैं, फ़िर मोक्ष साधन बताकर नाना प्रकार के योगों का निरूपण किया गया हैं, तत्पश्चात दशावतार की कथा अर स्नान आदि का वर्णन हैं, इसके बाद बदरिकाश्रम तीर्थ का पाप नाशक माहात्मय बताया गया हैं, उस प्रसंग में अग्नि आदि तीर्थों और गरुण शिला की महिमा हैं, वहां भगवान के निवास का कारण बताया गया हैं ।

इसके बाद कपालमोचन तीर्थ पंचधारा तीर्थ और मेरुसंस्थान की कथा हैं, तदनन्तर कार्तिक मास का माहात्म्य प्रारम्भ होता हैं, उसमे मदनालस के माहात्मय का वर्णन हैं, धूम्रकेशका उपाख्यान और कार्तिक मास में प्रत्येक दिन के कृत्य का वर्णन हैं, अन्त में भीष्म पंचक व्रत का प्रतिपादन किया गया हैं, जो भोग और मोक्ष देने वाला हैं । तत्पश्चात मार्गशीर्ष के माहात्म्य में स्नान की विधि बतायी गयी हैं, फ़िर पुण्ड्रादि कीर्तन और माला धारण का पुण्य कहा गया हैं, भगवान को पंचामृत से स्नान करवाने तथा घण्टा बजाने आदि का पुण्यफ़ल बताया गया हैं । नाना प्रकार के फूलों से भगवत्पूजन का फ़ल और तुलसीदल का माहात्म्य बताया गया हैं, भगवान को नैवेद्य लगाने की महिमा, एकादशी के दिन कीर्तन अखण्ड एकादसी व्रत रहने का पुण्य और एकादशी की रात में जागरण करने का फ़ल बताया गया हैं ।

इसके बाद मत्स्योत्सव का विधान और नाममाहात्म्य का कीर्तन हैं, भगवान के ध्यान आदि का पुण्य तथा मथुरा का माहात्म्य बताया गया हैं, मथुरा तीर्थ का उत्तम माहात्मय अलग कहा गया हैं और वहां के बारह वनों की महिमा वर्णन किया गया हैं । तत्पश्चात इस पुराण में श्रीमदभागवत के उत्तम माहात्म्य का प्रतिपादन किया गया हैं इस प्रसंग में बज्रनाभ और शाण्डिल्य के संवाद का उल्लेख किया गया हैं जो ब्रज की आन्तरिक लीलाओं का प्रशासक हैं । तदनन्तर माघ मास में स्नान दान और जप करने का माहात्म्य बताया गया हैं, जो नाना प्रकार के आख्यानों से युक्त हैं, माघ माहात्म्य का दस अध्यायों में प्रतिपादन किया गया हैं, तत्पश्चात बैशाख माहात्म्य में शय्यादान आदि का फ़ल कहा गया हैं, फ़िर जलदान की विधि कामोपाख्यान शुकदेव चर्त व्याध की अद्त कथा और अक्षयतृतीया आदि के पुण्य मा विशेष रूप से वर्णन हैं ।

इसके बाद अयोध्या माहात्म्य प्रारम्भ करके उसमे चक्रतीर्थ ब्रह्तीर्थ ऋणमोचन तीर्थ पापमोचन तीर्थ सहस्त्रधारातीर्थ स्वर्गद्वारतीर्थ चन्द्रहरितीर्थ धर्महरितीर्थ स्वर्णवृष्टितीर्थ की कथा और तिलोदा-सरयू-संगम का वर्णन हैं, तदनन्तर सीताकुण्ड गुप्तहरितीर्थ सरयू-घाघरा-संगम गोप्रचारतीर्थ क्षीरोदकतीर्थ और बृहस्पतिकुण्ड आदि पांच तीर्थों की महिमा का प्रतिपादन किया गया हैं, तत्पश्चात घोषार्क आदि तेरह तीर्थों का वर्णन हैं । फ़िर गयाकूप के सर्वपापनाशक माहात्म्य का कथन हैं, तदननतर माण्डव्याश्रम आदि, अजित आदि तथा मानस आदि तीर्थों का वर्णन किया गया हैं ।

३) ब्रह्मखण्ड

इसमे सेतुमाहात्म्य प्रारम्भ करके वहां के स्नान और दर्शन का फल बताया गया हैं, फिर गालव की तपस्या तथा राक्षस की कथा हैं, तत्पश्चात देवीपत्तन में चक्रतीर्थ आदि की महिमा, वेतालतीर्थ का माहात्म्य और पापनाश आदि का वर्णन हैं, मंगल आदि तीर्थ का माहात्म्य ब्रह्मकुण्ड आदि का वर्णन हनुमत्कुण्ड की महिमा तथा अगस्त्यातीर्थ के फल का कथन हैं, रामतीर्थ आदि का वर्णन लक्ष्मीतीर्थ का निरूपण शंखतीर्थ की महिमा साध्यातीर्थ के प्रभावों का वर्णन हैं, फिर रामेश्वर की महिमा तत्वज्ञान का उपदेश तथा सेतु यात्रा विधि का वर्णन है, इसके बाद धनुषकोटि आदि का माहात्म्य क्षीरकुण्ड आदि की महिमा गायत्री आदि तीर्थों का माहात्म्य है ।

इसके बाद धर्मारण्य का उत्तम माहात्मय बताया गया है जिसमे भगवान शिव ने स्कन्द को तत्व का उपदेश दिया है, फिर धर्मारण्य का प्रादुर्भाव उसके पुण्य का वर्णन कर्मसिद्धि का उपाख्यान तथा ऋषिवंश का निरूपण किया गया है । इसके बाद वर्णाश्रम धर्म के तत्व का निरूपण है, तदनन्तर देवस्थान-विभाग और बकुलादित्य की शुभ कथा का वर्णन है । वहां छात्रानन्दा, शान्ता, श्रीमाता, मातंगिनी, और पुण्यदा ये पांच देवियां सदा स्थित बतायी गयी है । इसके बाद यहां इन्द्रेश्वर आदि की महिमा तथा द्वारका आदि का निरूपण है, लोहासुर की कथा गंगाकूप का वर्णन श्रीरामचन्द्र का चरित्र तथा सत्यमन्दिर का वर्णन है, फिर जीर्णोद्धार की महिमा का कथन आसनदान जातिभेद वर्णन तथा स्मृति-धर्म का निरूपण है । इसके बाद अनेक उपाख्यानों से युक्त वैष्णव धर्म का निरूपण है ।

इसके बाद पुण्यमय चातुरमास्य का माहात्म्य प्रारम्भ करके उसमें पालन करने योग्य सब धर्मों का निरूपण किया गया है, फिर दान की प्रशंसा, व्रत की महिमा, तपस्या और पूजा का माहात्म्य तथा सच्छूद्र का कथन है । इसके बाद प्रकृतियों के भेद का वर्णन शालग्राम के तत्व का निरूपण तारकासुर के वध का उपाय, गरुडपूजन की महिमा, विष्णु का शाप, वृक्षभाव की प्राप्ति, पार्वती का अनुभव, भगवान शिव का ताण्डव नृत्य, रामनाम की महिमा का निरूपण शिवलिंगपतन की कथा, पैजवन शूद्र की कथा, पार्वती के जन्म और चरित्र, तारकासुर का अद्भुत वध, प्रणव के ऐश्वर्य का कथन, तारकासुर के चरित्र का पुनर्वणन, दक्ष-यज्ञ की समाप्ति, द्वादशाक्षरमंत्र का निरूपण ज्ञानयोग का वर्णन,

द्वादश सूर्यों की महिमा तथा चातुर्मास्य-माहात्म्य के श्रवण आदि के पुण्य का वर्णन, किया गया है, जो मनुष्यों के लिये कल्याणकारक है ।

इसके बाद ब्राह्मोत्तर भाग में भगवान शिव की अद्त महिमा पंचाक्षरमंत्र के माहात्म्य तथा गोकर्ण की महिमा है, इसके बाद शिवरात्रि की महिमा प्रदोषव्रत का वर्णन है, तथा सोमवारव्रत की महिमा एवं सीमन्तिनी की कथा है । फिर भद्रायु की उत्पत्ति का वर्णन सदाचार-निरूपण शिवकवच का उपदेश भद्रायु के विवाह का वर्णन भद्रायु की महिमा भस्म-माहात्म्य-वर्णन, शबर का उपाख्यान, उमामहेश्वर व्रत की महिमा, रुद्राक्ष का माहात्म्य, रुद्राध्याय के पुण्य तथा ब्रह्मखण्ड के श्रवण आदि की महिमा का वर्णन है ।

४) काशीखण्ड

काशीखण्ड में विंध्यपर्वत और नारदजी का संवाद का वर्णन है, सत्यलोक का प्रभाव, अगस्त्य के आश्रम में देवताओं का आगमन, पतिव्रताचरित्र, तथा तीर्थ यात्रा की प्रसंशा है, इसके बाद सप्तपुरी का वर्णन सयंमिनी का निरूपण शिवशर्मा को सूर्य इन्द्र और अग्नि लोक की प्राप्ति का उल्लेख है । अग्नि का प्रादुर्भाव निऋति तथा वरुण की उत्पत्ति, गन्धवती अलकापुरी अर ईशानपुरी के उद्भव का वर्णन, चन्द्र सूर्य बुध मंगल तथा बृहस्पति के लोक ब्रह्मलोक विष्णुलोक ध्रुवलोक और तपोलोक का वर्णन है । इसके बाद ध्रुवलोक की पुण्यमयी कथा, सत्यलोक का निरीक्षण, स्कन्द अगस्त्य संवाद, मणिकर्णिका की उत्पत्ति, गंगाजी का प्राकाट्य, गंगासहस्त्रनाम, काशीपुरी की प्रशंसा, भैरव का आविर्भाव, दण्डपाणि तथा ज्ञानवापी का उद्भव, कलावती की कथा, सदाचार निरूपण ब्रह्मचारी का आख्यान स्त्री के लक्षण, कर्तव्याकर्तव्य का निर्देश, अविमुक्तेश्वर का वर्णन, गृहस्थ योगी के धर्म, कालज्ञान, दिवोदास की पुण्यमयी कथा, काशी का वर्णन, भूतल पर माया गणपति का प्रादुर्भाव, विष्णुमाया का प्रपंच, दिवोदास का मोक्ष, पंचनद तीर्थ की उत्पत्ति, विन्दमाधव का प्राकाट्य, काशी का वैष्णव तीर्थ का दर्जा, शूलधारी शिवजी का काशी में आगमन, जोगीषव्य के साथ संवाद, महेश्वर का ज्येष्ठेश्वर नाम होना, क्षेत्राख्यान कन्दकेश्वर और व्याघ्रेश्वर का प्रादुर्भाव, शैलेश्वर रत्नेश्वर तथा कृत्तिवाशेश्वर का प्राकाट्य, देवताओं का अधिष्ठान, दुर्गसुर का पराक्रम, दुर्गाजी की विजय, ऊँकारेश्वर का वर्णन, पुन: ऊँकारेश्वर का माहात्म्य, त्रिलोचन का प्रादुर्भव केदारेश्वर का आख्यान, धर्मेश्वर की कथा, विष्णुभुजा का प्राकाट्य,

वीरेश्वर का आख्यान, गंगामाहात्म्यकीर्तन, विश्वकर्मेश्वर की महिमा, दक्षयज्ञोद्भव, सतीश और अमृतेश आदि का माहात्म्य पराशरनन्दन व्यासजी की भुजाओं का स्तम्भन, क्षेत्र के तीर्थों का समुदाय, मुक्तिमण्डप की कथा विश्वनाथजी का वैभव, तदनन्तर काशी की यात्रा और परिक्रमा का वर्णन काशीखण्ड के अन्दर है ।

५) अवन्तीखण्ड

इसमे महाकालवन का आख्यान, ब्रह्माजी के मस्तक का छेदन, प्रायश्चित विधि अग्नि की उत्पत्ति देवताओं का आगमन देवदीक्षा नाना प्रकार के पातकों का नाश करने वाला शिवस्तोत्र कपालमोचन की कथा, महाकालवन की स्थिति, ककलेश्वर का महापापनाशक तीर्थ अप्सराकुण्ड, पुण्यदायक रुद्रसरोवर, कुटुम्बेश विध्याधरेश्वर तथा मर्कटेश्वर तीर्थ का वर्णन हैं, तत्पश्चात स्वर्गद्वार चतुःसिन्धुतीर्थ, शंकरवापिका, शंकरादित्य, पापनाशक गन्धवतीर्थ, दशाश्वमेघादि तीर्थ, अनंशतीर्थ हरिसिद्धिप्रदतीर्थ पिशाचादियात्रा, हनुमदीश्वर कवचेश्वर महाकलेश्वरयात्रा, वल्मीकेश्वर तीर्थ, शुक्रेश्वर और नक्षत्रेश्वर तीर्थ का उपाख्यान, कुशस्थली की परिक्रमा अक्रूर तीर्थ एकपादतीर्थ चन्द्रार्कवैभवतीर्थ, करभेषतीर्थ, लडुकेशतीर्थ, मार्कण्डेश्वरतीर्थ, यज्ञवापीतीर्थ, सोमेशवरतीर्थ, नरकान्तकतीर्थ, केदारेश्वर रामेश्वर सौभागेश्वर, तथा नरादित्य तीर्थ, केशवादित्य तीर्थ, शक्तिभेदतीर्थ स्वर्णसारमुख तीर्थ, ऊँकारेश्वरतीर्थ, अन्धकासुर के द्वारा स्तुति कीर्तन कालवन में शिव लिंगों की संख्या तथा स्वर्णश्रृंगेश्वर तीर्थ का वर्णन है ।

कुशस्थली अवन्ती एवं उज्ज्यनीपुरी के पद्मावती कुमुद्वती अमरावती विशाला तथा प्रतिकल्पा इन नामों का उल्लेख है, इनका उच्चारण ज्वर की शान्ति करने वाला है, तत्पश्चत शिप्रा में स्नान आदि का फ़ल नागों द्वारा की हुई भगवान शिवकी स्तुति हिरण्याक्ष वध की कथा सुन्दरकुण्डतीर्थ नीलगंगा पुष्करतीर्थ विन्ध्यवासनतीर्थ पुरुषोत्तमतीर्थ अघनाशनतीर्थ गोमतीतीर्थ वामनकुण्डतीर्थ विष्णुसहस्त्रनाम कीर्तन वीरेश्वरतीर्थ कालभैरवतीर्थ नागपंचमी की महिआ नृसिंहजयन्ती कुटुम्बेश्वरयात्रा देवसाधककीर्तन, कर्कराजतीर्थ, विघ्नेशादितीर्थ, सुरोहनतीर्थ, का वर्णन किया गया है । रुद्रकुण्ड आदि में अनेक तीर्थों का निरूपण किया गया है, तदनन्तर आठ तीर्थों की पुण्यमयी तीर्थयात्रा का विवरण है । इसके बाद नर्मदा नदी का माहात्मय बताया गया है, जिसमें युधिष्ठर के वैराग्य तथा मार्कण्डेयजी के साथ उनके समागम का वर्णन है ।

इसके बाद पहले प्रलयकालीन समय का अनुभव का वर्णन अमृतकीर्तन कल्प कल्प में नर्मदा के अलग अलग नामों का वर्णन नर्मदाजी का आर्षस्तोत्र कालरात्रि की कथा, महादेवजी की स्तुति अलग अलग कल्प की अद्त कथा, विशल्या की कथा, जालेश्वर की कथा, गौरीव्रत का विवरण, त्रिपुरदाह की कथा, देहपातविधि, कावेरी संगम, दारूतीर्थ, ब्रह्मवर्त ईश्वरकथा, अग्नितीर्थ सूर्यतीर्थ मेघनादादि तीर्थ दारूकतीर्थ देवतीर्थ नर्मदेशतीर्थ कपिलातीर्थ करंजकतीर्थ कुण्डलेशतीर्थ पिप्पलादितीर्थ विमलेश्वरतीर्थ, शूलभेदनतीर्थ, अलग अलग दानधर्म दीर्घतपा की कथा, ऋष्यश्रृंग का उपाख्यान, चित्रसेन की पुण्यमयी कथा, काशिराज का मोक्ष, देवशिला की कथा, शबरीतीर्थ, पवित्र व्याधोपाख्यान, पुष्कणीतीर्थ अर्कतीर्थ आदित्येश्वरतीर्थ, शक्रतीर्थ, करोटितीर्थ, कुमारेश्वरतीर्थ अगस्तेश्वरतीर्थ आनन्देश्वरतीर्थ मातृतीर्थ लोकेश्वर, धनेश्वर मंगलेश्वर तथा कामजतीर्थ नागेश्वरतीर्थ वरणेश्वरतीर्थ दधिस्कन्दादितीर्थ हनुमदीश्वरतीर्थ रामेश्वरतीर्थ सोमेश्वरतीर्थ पिंगलेश्वरतीर्थ ऋणमोक्षेश्वर कपिलेश्वर पूतिकेश्वर, जलेशय, चण्डार्क यमतीर्थ काल्होडीश्वर नन्दिकेश्वर नारायणेश्वर कोटीश्वर व्यासतीर्थ प्रभासतीर्थ संकर्षणतीर्थ प्रश्रेश्वरतीर्थ एरण्डीतीर्थ सुवर्णशिलातीर्थ, करंजतीर्थ, कामरतीर्थ, भाण्डीरतीर्थ, रोहिणीभवतीर्थ चक्रतीर्थ धौतपापतीर्थ आंगिरसतीर्थ कोटितीर्थ अन्योन्यतीर्थ अंगारतीर्थ त्रिलोचनतीर्थ इन्द्रेशतीर्थ कम्बुकेशतीर्थ, सोमतेशतीर्थ, कोहलेशतीर्थ, नर्मदातीर्थ, अर्कतीर्थ, आग्नेयतीर्थ, उत्तमभार्गवेश्वरतीर्थ, ब्राह्मतीर्थ, दैवतीर्थ, मार्गेशतीर्थ, आदिवाराहेश्वर, रामेश्वरतीर्थ, सिद्धेश्वरतीर्थ, अहल्यातीर्थ, कंकटेश्वरतीर्थ, शक्रतीर्थ, सोमतीर्थ, नादेशतीर्थ, कोयेशतीर्थ, रुक्मिणी आदि तीर्थों का विवेचन है । इसके साथ ही नागर खण्ड में भी तीर्थों का वर्णन है प्रभासखण्ड में विभिन्न नामों से शिवजी के स्थानों का विवेचन है ।

वामन पुराण

वामन पुराण में मुख्यरूप स भगवान विष्णु के दिव्य माहात्म्य का व्याख्यान हैं । विष्णु के वामन अवतार से संबंधित यह दस हजार श्लोकों का पुराण शिवलिंग पूजा, गणेश -स्कन्द आख्यान, शिवपार्वती विवाह आदि विषयों से परिपूर्ण है । इसमें भगवान वामन, नर-नारायण, भगवती दुर्गा के उत्तम चरित्र के साथ भक्त प्रह्लाद तथा श्रीदामा आदि भक्तों के बड़े रम्य आख्यान हैं। इसके अतिरिक्त, शिवजीका लीला-चरित्र, जीवमूत वाहन-आख्यान, दक्ष-यज्ञ-विध्वंस,

हरिका कालरूप, कामदेव-दहन, अंधक-वध, लक्ष्मी-चरित्र, प्रेतोपाख्यान, विभिन्न व्रत, स्तोत्र और अन्त में विष्णुभक्ति के उपदेशों के साथ इस पुराणका उपसंहार हुआ है ।

इस पुराण में श्लोकों की संख्या दस हजार है, इस पुराण में पुराणों के पांचों लक्षणों अथवा वर्ण्य-विषयों-सर्ग, प्रतिसर्ग, वंश, मन्वन्तर और वंशानुचरित का वर्णन है । सभी विषयों का सानुपातिक उल्लेख किया गया है । बीच-बीच में अध्यात्म-विवेचन, कलिकर्म और सदाचार आदि पर भी प्रकाश डाला गया है ।

वामनपुराण में कूर्म कल्प के वृतान्त का वर्णन है और त्रिवर्ण की कथा हैं । यह पुराण दो भागों से युक्त है और वक्ता श्रोता दोनों के लिये शुभकारक है, इसमें पहले पुराण के विषय में प्रश्न है, फ़िर ब्रह्माजी के शिरच्छेद की कथा कपाल मोचन का आख्यान और दक्ष यज्ञ विध्वंश का वर्णन है । इसके बाद भगवान हर की कालरूप संज्ञा मदनदहन प्रहलाद नारायण युद्ध देवासुर संग्राम सुकेशी और सूर्य की कथा, काम्यव्रत का वर्णन, श्रीदुर्गा चरित्र तपती चरित्र कुरुक्षेत्र वर्णन अनुपम सत्या माहात्म्य पार्वती जन्म की कथा, तपती का विवाह गौरी उपाख्यान कुमार चरित अन्धकवध की कथा साध्योपाख्यान जाबालचरित अरजा की अद्तकथा अन्धकासुर और शंकर का युद्ध अन्धक को गणत्व की प्राप्ति मरुदगणों के जन्म की कथा राजा बलि का चरित्र लक्ष्मी चरित्र त्रिबिक्रम चरित्र प्रहलाद की तीर्थ यात्रा और उसमें अनेक मंगलमयी कथायें धुन्धु का चरित्र प्रेतोपाख्यान नक्षत्र पुरुष की कथा श्रीदामा का चरित्र त्रिबिक्रम चरित्र के बाद ब्रह्माजी द्वारा कहा हुआ उत्तम स्तोत्र तथा प्रहलाद और बलि के संवाद के सुतल लोक में श्रीहरि की प्रशंसा का उल्लेख है ।

कूर्म पुराण

महापुराणों की सूची में पंद्रहवें पुराण के रूप में परिगणित कूर्मपुराण का विशेष महत्त्व हैं । सर्वप्रथम भगवान विष्णु ने कूर्म अवतार धारण करके इस पुराण को राजा इन्द्रद्म्न को सुनाया था, पुनः भगवान कूर्म ने उसी कथानक को समुद्र-मन्थन के समय इन्द्रादि देवताओं तथा नारद आदि ऋषिगणों से कहा। तीसरी बार नैमिषारण्य के द्वादशवर्षीय महासत्र के अवसर पर रोमहर्षण सूत के द्वारा इस पवित्र पुराण को सुनने का सैभाग्य अट्टासी हजार ऋषियों को प्राप्त हुआ।

भगवान कूर्म द्वारा कथित होने के कारण ही इस पुराण का नाम कूर्म पुराण विख्यात हुआ। सत्रह श्लोकों का यह पुराण विष्णु जी ने कूर्म अवतार से राजा इन्द्रद्युम्न को दिया था। इसमें विष्णु और शिव की अभिन्नता कही गयी है । पार्वती के आठ सहस्र नाम भी कहे गये हैं। काशी व प्रयाग क्षेत्र का महात्म्य, ईश्वर गीता, व्यास गीता आदि भी इसमें समाविष्ट हैं। यद्यपि कूर्म पुराण एक वैष्णव प्रधान पुराण है, तथापि इसमें शैव तथा शाक्त मत की भी विस्तृत चर्चा की गई है । इस पुराण में पुराणों में पांचों प्रमुख लक्षणों-सर्ग, प्रतिसर्ग, वंश, मन्वंतर एवं वंशानुचरित का क्रमबद्ध तथा विस्तृत विवेचन किया गया है ।

इस पुराण में १७,००० श्लोक हैं, इस पुराण में पुराणों में पांचों प्रमुख लक्षणों-सर्ग, प्रतिसर्ग, वंश, मन्वंतर एवं वंशानुचरित का क्रमबद्ध तथा विस्तृत विवेचन किया गया है एवं सभी विषयों का सानुपातिक उल्लेख किया गया है । बीच-बीच में अध्यात्म-विवेचन, कलिकर्म और सदाचार आदि पर भी प्रकाश डाला गया है ।रोमहर्षण सूत तथा शौनकादि ऋषियों के संवाद के रूप में आरम्भ होनेवाले इस पुराण में सर्वप्रथम सूतजी ने पुराण-लक्षण एवं अट्ठारह महापुराणों तथा उपपुराणों के नामों का परिगणन् करते हुए भगवान के कूर्मावतार की कथा का सरस विवेचन किया है । कूर्मावतार के ही प्रसंग में लक्ष्मी की उत्पत्ति और महात्म्य, लक्ष्मी तथा इन्द्रद्युम्न का वृत्तान्त, इन्द्रद्युम्न के द्वारा भगवान विष्णु की स्तुति, वर्ण, आश्रम और उनके कर्तव्य वर्णन तथा परब्रह्म के रूप में शिवतत्त्व का प्रतिपादन किया गया है ।

तदनन्तर सृष्टिवर्णन, कल्प, मन्वन्तर तथा युगों की काल-गणना, वराहावतारकी कथा, शिवपार्वती-चरित्र, योगशास्त्र, वामनवतार की कथा, सूर्य-चन्द्रवंशवर्णन, अनुसूया की संतति-वर्णन तथा यदुवंश के वर्णन में भगवान श्रीकृष्ण के मंगल मय चरित्र का सुन्दर निरूपण किया गया है । इसके अतिरिक्त इसमें श्रीकृष्ण द्वारा शिव की तपस्या तथा उनकी कृपा से साम्बनामक पुत्र की प्राप्ति, लिंगमाहात्म्य, चारों युगों का स्वभाव तथा युगधर्म-वर्णन, मोक्षके साधन, ग्रह-नक्षत्रों का वर्णन, तीर्थ-महात्म्य, विष्णु-महात्म्य, वैवस्तव मन्वतरके २८ द्वापरयुगों के २८ व्यासों का उल्लेख, शिव के अवतारों का वर्णन, भावी मन्वन्तरों के नाम, ईश्वरगीता तथा कूर्मपुराण के फलश्रुति की सरस प्रस्तुति है । हिन्दू धर्म के तीन मुख्य सम्प्रदायों—वैष्णव, शैव, एवं शाक्त के अद्त समन्वय के साथ इस

पुराण में त्रिदेवोंकी एकता, शक्ति-शक्तिमानमें अभेद तथा विष्णु एवं शिवमें परमैक्यका सुन्दर प्रतिपादन किया गया है ।

मत्स्य पुराण

मत्स्य पुराण में भगवान श्रीहरि क मत्स्य अवतार की मुख्य कथा के साथ अनेक तीर्थ, व्रत, यज्ञ, दान आदि का विस्तृत वर्णन किया गया है । इसमें जल प्रलय, मत्स्य व मनु के संवाद, राजधर्म, तीर्थयात्रा, दान महात्म्य, प्रयाग महात्म्य, काशी महात्म्य, नर्मदा महात्म्य, मूर्ति निर्माण माहात्म्य एवं त्रिदेवों की महिमा आदि पर भी विशेष प्रकाश डाला गया है । चौदह हजार श्लोकों वाला यह पुराण भी एक प्राचीन ग्रंथ है ।

इस पुराण में सात कल्पों का कथन हैं, नृसिंह वर्णन से शुरु होकर यह चौदह हजार श्लोकों का पुराण है । मनु और मत्स्य के संवाद से शुरु होकर ब्रह्माण्ड का वर्णन ब्रह्मा देवता और असुरों का पैदा होना, मरुद्गणों का प्रादुर्भव इसके बाद राजा पृथु के राज्य का वर्णन वैवस्त मनु की उत्पत्ति व्रत और उपवासों के साथ मार्तण्डशयन व्रत द्वीप और लोकों का वर्णन देव मन्दिर निर्माण प्रासाद निर्माण आदि का वर्णन है । इस पुराण के अनुसार मत्स्य (मछली) के अवतार में भगवान विष्णु ने एक ऋषि को सब प्रकार के जीव-जन्तु एकत्रित करने के लिये कहा और पृथ्वी जब जल में डूब रही थी, तब मत्स्य अवतार में भगवान ने उस ऋषि की नांव की रक्षा की थी। इसके पश्चात ब्रह्मा ने पुनः जीवन का निर्माण किया। एक दूसरी मान्यता के अनुसार एक राक्षस ने जब वेदों को चुरा कर सागर में छुपा दिया, तब भगवान विष्णु ने मत्स्य रूप धारण करके वेदों को प्राप्त किया और उन्हें पुनः स्थापित किया।

गरुड़ पुराण

गरुड़ पुराण वैष्णव सम्प्रदाय से सम्बन्धित एक महापुराण है । यह सनातन धर्म म मृत्यु के बाद सद्गति प्रदान करने वाला माना जाता है । इसलिये सनातन हिन्दू धर्म में मृत्यु के बाद गरुड़ पुराण के श्रवण का प्रावधान हैं । इस पुराण के अधिष्ठातृ देव भगवान विष्णु हैं। इसमें भक्ति, ज्ञान, वैराग्य, सदाचार, निष्काम कर्म की महिमा के साथ यज्ञ, दान, तप तीर्थ आदि शुभ कर्मों में सर्व साधारण को प्रवृत्त करने के लिये

अनेक लौकिक और पारलौकिक फलों का वर्णन किया गया है । इसके अतिरिक्त इसम आयुर्वेद, नीतिसार आदि विषयों के वर्णनके साथ मृत जीव के अन्तिम समय में किये जाने वाले कृत्यों का विस्तार से निरूपण किया गया है । आत्मज्ञान का विवेचन भी इसका मुख्य विषय है ।

अठारह पुराणों में गरुड़महापुराण का अपना एक विशेष महत्व है । इसके अधिष्ठातृदेव भगवान विष्णु है । अतः यह वैष्णव पुराण हैं । गरूड़ पुराण म विष्णु-भक्ति का विस्तार से वर्णन है । भगवान विष्णु क चौबीस अवतारों का वर्णन ठीक उसी प्रकार यहां प्राप्त होता है, जिस प्रकार 'श्रीमन्द्भागवत' में उपलब्ध होता है । आरम्भ म मनु से सृष्टि की उत्पत्ति, ध्रुव चरित्र और बारह आदित्यों की कथा प्राप्त होती है । उसके उपरान्त सूर्य और चन्द्र ग्रहों के मंत्र, शिव-पार्वती मंत्र, इन्द्र से सम्बन्धित मंत्र, सरस्वती के मंत्र और नौ शक्तियों के विषय में विस्तार से बताया गया है । इसके अतिरिक्त इस पुराण में श्राद्ध-तर्पण, मुक्ति के उपायों तथा जीव की गति का विस्तृत वर्णन मिलता है ।

'गरूड़पुराण' में उन्नीस हजार श्लोक कहे जाते हैं, किन्तु वर्तमान समय में उपलब्ध पाण्डुलिपियों में लगभग आठ हजार श्लोक ही मिलते हैं। गरुडपुराण के दो भाग हैं- पूर्वखण्ड तथा उत्तरखण्ड। पूर्वखण्ड में २२९ अध्याय हैं (कुछ पाण्डुलिपियों में २४० से २४३ तक अध्याय मिलते हैं)। उत्तरखण्ड में अलग-अलग पाण्डुलिपियों में अध्यायों की सख्या ३४ से लेकर ४९ तक है । उत्तरखण्ड को प्रायः ‹प्रेतखण्ड› या ‹प्रेतकल्प› कहा जाता है । इस प्रकार गरुणपुराण की लगभग ९० प्रतिशत सामग्री पूर्वखण्ड में है और केवल १० प्रतिशत सामग्री उत्तरखण्ड में। पूर्वखण्ड में विविध प्रकार के विषयों का समावेश है जो जीव और जीवन से सम्बन्धित है। प्रेतखण्ड मुख्यतः मृत्यु के पश्चात जीव की गति एवं उससे जुड़े हुए कर्मकाण्डों से सम्बन्धित है । सम्भवतः गरुणपुराण की रचना अग्निपुराण के बाद हुई। इस पुराण की सामग्री वैसी नहीं है जैसा पुराण के लिए भारतीय साहित्य में वर्णित है । इस पुराण में वर्णित जानकारी गरुड़ न विष्णु भगवान से सुनी और फिर कश्यप ऋषि को सुनाई।

पहले भाग में विष्णु भक्ति और उपासना की विधियों का उल्लेख है तथा मृत्यु के उपरान्त प्रायः ‹गरूड़ पुराण› के श्रवण का प्रावधान है । दूसरे भाग में प्रेत कल्प का विस्तार से वर्णन करते हुए विभिन्न नरकों में जीव के पड़ने का वृत्तान्त है

। इसमें मरने के बाद मनुष्य की क्या गति होती हैं, उसका किस प्रकार की योनियों में जन्म होता है, प्रेत योनि से मुक्ती कैसे पाई जा सकती है, श्राद्ध और पितृ कर्म किस तरह करने चाहिए तथा नरकों के दारूण दुख से कैसे मोक्ष प्राप्त किया जा सकता है, आदि का विस्तारपूर्वक वर्णन प्राप्त होता है ।

महर्षि कश्यप के पुत्र पक्षीराज गरुड़ को भगवान विष्णु का वाहन कहा गया है । एक बार गरुड़ ने भगवान विष्णु से मृत्यु के बाद प्राणियों की स्थिति, जीव की यमलोक-यात्रा, विभिन्न कर्मों से प्राप्त होने वाले नरकों, योनियों तथा पापियों की दुर्गति से संबंधित अनेक गूढ़ एवं रहस्ययुक्त प्रश्न पूछे। उस समय भगवान विष्णु ने गरुड़ की जिज्ञासा शान्त करते हुए उन्हें जो ज्ञानमय उपदेश दिया था, उसी उपदेश का इस पुराण में विस्तृत विवेचन किया गया है । गरुड़ के माध्यम से ही भगवान विष्णु के श्रीमुख से मृत्यु के उपरान्त के गूढ़ तथा परम कल्याणकारी वचन प्रकट हुए थे, इसलिए इस पुराण को 'गरुड़ पुराण' कहा गया है । श्री विष्णु द्वारा प्रतिपादित यह पुराण मुख्यतः वैष्णव पुराण है । इस पुराण को ‹मुख्य गारुड़ी विद्या› भी कहा गया है । इस पुराण का ज्ञान सर्वप्रथम ब्रह्माजी ने महर्षि वेद व्यास को प्रदान किया था। तत्पश्चात् व्यासजी ने अपने शिष्य सूतजी को तथा सूतजी ने नैमिषारण्य में शौनकादि ऋषि-मुनियों को प्रदान किया था।

इस खण्ड को आचार खण्ड भी कहते हैं। इस खण्ड में सबसे पहले पुराण को आरम्भ करने का प्रश्न किया गया है, फिर संक्षेप स सृष्टि का वर्णन है । इसके बाद सूर्य आदि की पूजा, पूजा की विधि, दीक्षा विधि, श्राद्ध पूजा नवव्यूह की पूजा विधि, वैष्णव-पंजर, योगाध्याय, विष्णुसहस्त्रनाम कीर्तन, विष्णु ध्यान, सूर्य पूजा, मृत्युंजय पूजा, माला मन्त्र, शिवार्चा गोपालपूजा, त्रैलोक्यमोहन, श्रीधर पूजा, विष्णु-अर्चा पंचतत्व-अर्चा, चक्रार्चा, देवपूजा, न्यास आदि संध्या उपासना दुर्गार्चन, सुरार्चन, महेश्वर पूजा, पवित्रोपण पूजन, मूर्ति-ध्यान, वास्तुमान प्रासाद लक्षण, सर्वदेव-प्रतिष्ठा पृथक-पूजा-विधि, अष्टांगयोग, दानधर्म, प्रायश्चित-विधि, द्वीपेश्वरों और नरकों का वर्णन, सूर्यव्यूह, ज्योतिष, सामुद्रिकशास्त्र, स्वरज्ञान, नूतन-रत्न-परीक्षा, तीर्थ-महात्म्य, गयाधाम का महात्म्य, मन्वन्तर वर्णन, पितरों का उपाख्यान, वर्णधर्म, द्रव्यशुद्धि समर्पण, श्राद्धकर्म, विनायकपूजा, ग्रहयज्ञ आश्रम, जननाशौच, प्रेतशुद्धि, नीतिशास्त्र, व्रतकथायें, सूर्यवंश, सोमवंश, श्रीहरि-अवतार-कथा, रामायण, हरिवंश, भारताख्यान, आयुर्वेदनिदान चिकित्सा द्रव्यगुण निरूपण, रोगनाशक विष्णुकवच, गरुणकवच, त्रैपुर-मंत्र, प्रश्नचूणामणि,

अश्वायुर्वेदकीर्तन, औषधियों के नाम का कीर्तन, व्याकरण का ऊहापोह, छन्दशास्त्र, सदाचार, स्नानविधि, तर्पण, बलिवैश्वदेव, संध्या, पार्णवकर्म, नित्यश्राद्ध, सपिण्डन, धर्मसार, पापों का प्रायश्चित, प्रतिसंक्रम, युगधर्म, कर्मफ़ल योगशास्त्र विष्णुभक्ति श्रीहरि को नमस्कार करने का फ़ल, विष्णुमहिमा, नृसिंहस्तोत्र, विष्णवर्चनस्तोत्र, वेदान्त और सांख्य का सिद्धान्त, ब्रह्मज्ञान, आत्मानन्द, गीतासार आदि का वर्णन है ।

अध्याय एक पहले भाग में भगवान विष्णु की भक्ति की विस्तृत विवेचना की गई हैं । इसमें भक्ति ज्ञान, वैराग्य, सदाचार एवं निष्काम कर्म की महिमा, यज्ञ, दान, ताप, तीर्थसेवन, देव पूजन, आदि वर्णन है । इसके साथ इसमे व्याकरण, छंद, ज्योतिष, आयुर्वेद, रत्न सार, नीति सार का उल्लेख है ।

उत्तरखण्ड

इस खण्ड को प्रेतकल्प भी कहते हैं। 'प्रेत कल्प' में पैंतीस अध्याय हैं। इन अध्यायों म मृत्यु का स्वरूप, मरणासन्न व्यक्ति की अवस्था, तथा उनके कल्याण के लिए अंतिम समय में किए जाने वाले क्रिया-कृत्य का विधान है । यमलोक, प्रेतलोक और प्रेत योनि क्यों प्राप्त होती है, उसके कारण, दान महिमा, प्रेत योनि से बचने के उपाय, अनुष्ठान और श्राद्ध कर्म आदि का वर्णन विस्तार से किया गया है । इसमें भगवान विष्णु ने गरुण को यह सब भी बताया है कि मरते समय एवं मरने के तुरन्त बाद मनुष्य की क्या गति होती है और उसका किस प्रकार की योनियों में जन्म होता है ।

गरुड़ पुराण के अनुसार जिस समय मनुष्य की मृत्यु होने वाली होती है, उस समय वह बोलने का यत्न करता है लेकिन बोल नहीं पाता। कुछ समय में उसकी बोलने, सुनने आदि की शक्ति नष्ट हो जाती है। उस समय शरीर से अंगूठे के बराबर आत्मा निकलती है, जिसे यमदूत पकड़ यमलोक ले जाते हैं। यमराज के दूत आत्मा को यमलोक तक ले जाते हुए डराते हैं और उसे नरक में मिलने वाले दुखों के बारे में बताते हैं। यमदूतों की ऐसी बातें सुनकर आत्मा जोर-जोर से रोने लगती है । यमलोक तक जाने का रास्ता बड़ा ही कठिन माना जाता है । जब जीवात्मा तपती हवा और गर्म बालु पर चल नहीं पाती और भूख-प्यास से व्याकुल हो जाती है, तब यमदूत उसकी पीठ पर चाबुक मारते हुए उसे आगे बढ़ने के लिए कहते है। वह आत्मा जगह-जगह गिरती है और कभी बेहोश हो जाती है । फिर

वो उठ कर आगे की ओर बढ़ने लगती है । इस प्रकार यमदूत जीवात्मा को यमलोक ले जाते हैं।

इसके बाद उस आत्मा को उसके कर्मों के हिसाब से फल देना निश्चित होता है । इसके बाद वह जीवात्मा यमराज की आज्ञा से फिर से अपने घर आती है । इस पुराण में बताया गया है कि घर आकर वह जीवात्मा अपने शरीर में फिर से प्रवेश करना चाहती है लेकिन यमदूत उसे अपने बंधन से मुक्त नहीं करते और भूख-प्यास के कारण आत्मा रोने लगती है । इसके बाद जब उस आत्मा के पुत्र आदि परिजन अगर पिंडदान नहीं देते तो वह प्रेत बन जाती है और सुनसान जंगलों में लंबे समय तक भटकती रहती हैं । गरुड़ पुराण के अनुसार, मनुष्य की मृत्यु के बाद दस (10) दिन तक पिंडदान अवश्य करना चाहिए।

यमदूतों द्वारा तेरहवें दिन फिर से आत्मा को पकड़ लिया जाता है । इसके बाद वह भूख-प्यास से तड़पती 47 दिन तक लगातार चलकर यमलोक पहुंचती है । गरुड़ पुराण अनुसार बुरे कर्म करने वाले लोगों को नर्क में कड़ी सजा दी जाती है, जैसे लोहे के जलते हुए तीर से इन्हें बींधा जाता है । लोहे के नुकीले तीर में पाप करने वालों को पिरोया जाता है । कई आत्माओं को लोहे की बड़ी चट्टान के नीचे दबाकर सजा दी जाती है । किस आत्मा को क्या सजा मिलनी है ये उसके कर्म निश्चित करते हैं ।

नरक यात्रा

जिस प्रकार चौरासी लाख योनियाँ हैं, उसी प्रकार चौरासी लाख नरक भी हैं, जिन्हें जीव अपने कर्मफल के रूप में भोगता है । 'गरुड़ पुराण' ने इसी स्वर्ग-नरक वाली व्यवस्था को चुनकर उसका विस्तार से वर्णन किया है ।

'प्रेत कल्प' में कहा गया है कि नरक में जाने के पश्चात प्राणी प्रेत बनकर अपने परिजनों और सम्बन्धियों को अनेकानेक कष्टों से प्रताड़ित करता रहता है । वह परायी स्त्री और पराये धन पर दृष्टि गड़ाए व्यक्ति को भारी कष्ट पहुंचाता है । जो व्यक्ति दूसरों की सम्पत्ति हड़प कर जाता है, मित्र से द्रोह करता है, विश्वासघात करता है, ब्राह्मण अथवा मन्दिर की सम्पत्ति का हरण करता है, स्त्रियों और बच्चों का संग्रहीत धन छीन लेता हैं, परायी स्त्री से व्यभिचार करता है, निर्बल को सताता है, ईश्वर में विश्वास नहीं करता, कन्या का विक्रय करता है; माता, बहन, पुत्री, पुत्र, स्त्री, पुत्रवधू आदि के निर्दोष होने पर भी उनका त्याग कर देता है, ऐसा व्यक्ति प्रेत

योनि में अवश्य जाता है और उसे अनेकानेक नारकीय कष्ट भोगना पड़ता है । उसकी कभी मुक्ति नहीं होती। ऐसे व्यक्ति को जीवित रहते भी अनेक रोग और कष्ट घेर लेते हैं। व्यापार में हानि, गर्भनाश, गृह कलह, ज्वर, कृषि की हानि, सन्तान मृत्यु आदि से वह दुखी होता रहता है अकाल मृत्यु उसी व्यक्ति की होती है, जो धर्म का आचरण और नियमों को पालन नहीं करता तथा जिसके आचार-विचार दूषित होते है। उसके दुष्कर्म ही उसे 'अकाल मृत्यु' में धकेल देते हैं।

प्रेत योनि से बचने के उपाय

'गरुड़ पुराण' में प्रेत योनि और नरक में पड़ने से बचने के उपाय भी सुझाए गए हैं। उनमें सर्वाधिक प्रमुख उपाय दान-दक्षिणा, पिण्डदान तथा श्राद्ध कर्म आदि बताए गए हैं।एक तरफ गरुड पुराण में कर्मकाण्ड पर बल दिया गया है तो दूसरी तरफ 'आत्मज्ञान' के महत्त्व का भी प्रतिपादन किया गया है । परमात्मा का ध्यान ही आत्मज्ञान का सबसे सरल उपाय है । उसे अपने मन और इन्द्रियों पर संयम रखना परम आवश्यक है । इस प्रकार कर्मकाण्ड पर सर्वाधिक बल देने के उपरान्त 'गरुड़ पुराण' में ज्ञानी और सत्यव्रती व्यक्ति को बिना कर्मकाण्ड किए भी सद्गति प्राप्त कर परलोक में उच्च स्थान प्राप्त करने की विधि बताई गई है ।

ब्रह्माण्डपुराण

ब्रह्माण्डपुराण, अट्ठारह महापुराणों में से एक है । मध्यकालीन भारतीय साहित्य में इस पुराण को ‹वायवीय पुराण› या ‹वायवीय ब्रह्माण्ड› कहा गया है । ब्रह्माण्ड का वर्णन करनेवाल वायु न वेदव्यास जी को दिये हुए इस बारह हजार श्लोकों क पुराण में विश्व का पौराणिक भूगोल, विश्व खगोल, अध्यात्मरामायण आदि विषय हैं।

यह पुराण भविष्य कल्पों से युक्त और बारह हजार श्लोकों वाला है । इसके चार पद हैं, पहला प्रक्रियापाद दूसरा अनुषपाद तीसरा उपोदघात और चौथा उपसंहारपाद है । पहले के दो पादों को ‹पूर्व भाग› कहा जाता है, तृतीय पाद ही 'मध्यम भाग' है, और चतुर्थ पाद को 'उत्तर भाग' कहा गया है । पुराणों के विविध पांचों लक्षण ‹ब्रह्माण्ड पुराण› में उपलब्ध होते हैं।

पूर्व भाग के प्रक्रिया पाद में पहले कर्तव्य का उपदेश नैमिष आख्यान हिरण्यगर्भ की उत्पत्ति और लोकरचना इत्यादि विषय वर्णित हैं, द्वितीयभाग में कल्प तथा मन्वन्तर का वर्णन है, तत्पश्चात लोकज्ञान मानुषी-सृष्टि-कथन

रुद्रसृष्टि-वर्णन महादेव विभूति ऋषि सर्ग अग्निविजय कालसदभाव-वर्णन प्रियवत वंश का वर्णन पृथ्वी का दैर्घ्य और विस्तार भारतवर्ष का वर्णन फिर अन्य वर्षों का वर्णन जम्बू आदि सात द्वीपों का परिचय नीचे के पातालों का वर्णन भूर्भुवः आदि ऊपर के लोकों का वर्णन ग्रहों की गति का विश्लेषण आदित्यव्यूह का कथन देवग्रहानुकीर्तन भगवान शिव के नीलकण्ठ नाम पडने का कथन महादेवजी का वैभव अमावस्या का वर्णन युगत्वनिरूपण यज्ञप्रवर्त्तन अन्तिम दो युगों का कार्य युग के अनुसार प्रजा का लक्षण ऋषिप्रवर वर्णन वेदव्यसन वर्णन स्वायम्भुव मनवन्तर का निरूपण शेषमनवन्तर का कथन पृथ्वीदोहन चाक्षुषु और वर्तमान मनवन्तर के सर्ग का वर्णन है ।

मध्यभाग के सप्तऋषियों का वर्णन प्रजापति वंश का निरूपण उससे देवता आदि की उत्पत्ति इसके बाद विजय अभिलाषा और मरुद्गणों की उत्पत्ति का कथन हैं । कश्यप की संतानों का वर्णन ऋषिवंश निरूपण पितृकल्प का कथन श्राद्धकल्प का कथन वैवस्त मनु की उत्पत्ति उनकी सृष्टि मनुपुत्रों का वंश गान्धर्व निरूपण इक्ष्वाकु वंश का वर्णन रजिका अद्त चरित्र ययातिचरित यदुवंशनिरूपण कार्तवीर्यार्जुन चरित परशुरामचरित वृष्णिवंश का वर्णन सगर की उत्पत्ति भार्गव का चरित्र कार्तवीर्यार्जुन समबन्धी कथा, भार्गव और्व की कथा शुक्राचार्यकृत इन्द्र का पवित्र स्तोत्र देवासुर संग्राम की कथा विष्णुमाहात्म्य बलिवंश निरूपण कलियुग में होने वाले राजाओं का चरित्र आदि लिखे गये हैं ।

इसके बाद उत्तरभाग के चौथे उपसंहारपाद में वैवस्त मनवन्तर की कथा ज्यों की त्यों लिखी गयी है, जो कथा पहले संक्षेप में कही गयी है उसका यहां विस्तार से निरूपण किया गया हैं । भविष्य में होने वाल मनुओं की कथा भी कही गयी है, विपरीत कर्मों से प्राप्त होने वाले नरकों का विवरण भी लिखा गया है । इसके बाद शिवधाम का वर्णन है और सत्व आदि गुणों के सम्बन्ध से जीवों की त्रिविधि गति का निरूपण किया गया है । इसके बाद अन्वय तथा व्यातिरेकद्रिष्टि से अनिर्देश्य एवं अतर्क्य परब्रह्म परमात्मा के स्वरूप का प्रतिपादन किया गया है ।

प्राचीन ऋषि – मुनि

भारत की धरती को ऋषि, मुनि, सिद्ध और देवताओं की भूमि पुकारा जाता है । यह कई तरह के विलक्षण ज्ञान और चमत्कारों से भरी पड़ी है । सनातन धर्म वेद को मानता है । प्राचीन ऋषि -मुनियों ने घोर तप, कर्म, उपासना, संयम के जरिए वेद में छिपे इस गूढ़ ज्ञान और विज्ञान को ही जानकर हजारों साल पहले ही कुदरत से जुड़े कई रहस्य उजागर करने के सथ कई आविष्कार किए और युक्तियां बताईं। ऐसे विलक्षण ज्ञान के आगे आधुनिक विज्ञान भी नतमस्तक होता है । कई ऋषि - मुनियों ने तो वेदों की मंत्र शक्ति को कठोर योग व तपोबल से साधकर ऐसे अद्त कारनामों को अंजाम दिया कि बड़े-बड़े राजवंश व महाबली राजाओं को भी झुकना पड़ा । आगे इन्हीं महान ऋषियों के बारे में संछिप्त में जानते हैं ।

महर्षि वशिष्ठ

महर्षि वशिष्ठ एक बहुत ही महान योगी हैं। इनके स्वभाव व दयालुता इनके उपदेशों के कारण यह सदैव चर्चित रहे हैं। महर्षि वशिष्ठ बचपन से ही आध्यात्मिक प्रवृत्ति के थे।उनके उपदेशों से प्राचीन काल के ग्रंथ धार्मिक ग्रंथ सभी भरे पड़े हैं। ब्रह्मांड की उत्पत्ति के प्रथम समय में भगवान ब्रह्मा जी के पुत्र के रूप में यह जाने जाते थे कहीं-कहीं मित्र वरुण के पुत्र तथा अग्नि के पुत्र आग्नेय कहे गए हैं।

यह सबसे महान क्षत्रियों में से एक है और इनकी पत्नी अरुंधति पवित्रता में सर्वश्रेष्ठ है सप्त ऋषि मंडल में महर्षि वशिष्ठ जी के साथ इनकी मां अरुंधति भी हमेशा विद्यमान रहती हैं।सृष्टि के रचयिता भगवान ब्रह्मा जी को जब यह ज्ञान प्राप्त होता है कि आगे चलकर सूर्यवंश में मर्यादा पुरुषोत्तम भगवान श्री राम अवतरित होंगे। इन्होंने सूर्यवंश का ब्राह्मण बनना स्वीकार कर लिया। इनका तपोबल इतना था कि जब कभी अनावृष्टि आती तो यह अपने योग बल से उसको दूर कर देते थे। राजा भागीरथ आपकी ही कृपा से गंगा को लाने में समर्थ हो सके थे।

महाराज दिलीप की कोई सनातन नहीं थी। महर्षि वशिष्ठ ने उन्हें सनातन प्राप्ति के लिए गौ सेवा का व्रत बताया था। इन्होंने ही अयोध्या के राजा दशरथ की रानियों को पुत्र प्राप्ति के लिए यज्ञ करवाने को कहा। इन्हीं के सहयोग से और आशीर्वाद से भगवान श्री राम और उनके भाइयों का जन्म हुआ।

महर्षि वशिष्ठ जी का योग बल अत्यंत अद्भुत था। दूर-दूर तक लोग इनके इसी योग बल के कारण इन्हें बहुत अधिक मानते थे। एक दिन महातपस्वी एवं महान शक्तिशाली महाराजा विश्वरत सेना सहित उनके आश्रम गए।महर्षि ने सेना सहित इनका आदर किया। वहां नंदनी नामक एक कामधेनु गाय का अद्भुत प्रभाव देखा और उसका अपहरण कर ले जाने की चेष्टा करने लगे। वशिष्ठ जी ने इनकी सेना को ध्वस्त कर दिया। वह लज्जित होकर हिमालय की ओर जाकर घोर तपस्या में लग गए।

भगवान शिव शंकर एवं सृष्टि रचयिता ब्रह्मा जी के वरदान से विश्वामित्र ने दिव्या धनुर्विद्या के ज्ञान के साथ ही अलौकिक बल पराक्रम पर्वता अस्त्र अनेक अस्त्र-शस्त्र को प्राप्त किया । ये सभी शक्तियां प्राप्त कर विश्वामित्र जी पुनः वशिष्ठ जी के आश्रम चले गए और उन्हें तंग करने लगे। किंतु वशिष्ठ जी उनसे क्षमा मांगे और अपने बल से अपने ब्रह्मदंडी को पृथ्वी पर गाड़ दिया।जिस पर विश्वामित्र जी के सभी अस्त्र-शस्त्र समा गए। तब विश्वामित्र जी ने क्षत्रिय बल को धिक्कारते हुए कहा क्षत्रिय को धिक्कार है ।

वास्तविकता में तो ब्रह्म तेज रूप बल ही वास्तविक बल है । क्योंकि एक ब्रह्मदंडी के सामने सभी अस्त्र-शस्त्र पराजित हो गए हैं। इस बात से शर्मसार होकर विश्वामित्र जी ब्राह्मण तत्व प्राप्त करने के लिए तपस्या करने लगे।किन अहंकार के भाव का त्याग नहीं कर पाए। इसी के कारण विश्वामित्र जी ने वशिष्ठ जी के सौ पुत्रों को मार डाला। किंतु फिर भी वशिष्ठ जी ने माफी का मार्ग ही उचित समझा। विश्वामित्र जी ने जब वशिष्ठ जी का बुरा करना चाहा तो उस समय वशिष्ठ जी के द्वारा अपनी पत्नी से सब की प्रशंसा करते हुए सुनकर अत्यंत पश्चाताप करने लगे और शस्त्र फेंककर वशिष्ठ जी के चरणों में गिर पड़े।वशिष्ठ जी ने उन्हें माफ कर अपने दिल से लगा लिया और ब्रह्मर्षि स्वीकार किया। इस प्रकार अपने शत्रु के साथ भी गलत व्यवहार को उन्होंने क्षमा किया और विश्वामित्र पर उपकार किया।

इन्हीं सब अच्छे कर्मों एवं साधनों के प्रभाव के कारण ही यह रघुकुल के उत्पन्न हुए सभी राजकुमारों, दिलीप, आधे धर्मात्मा राजाओं के कुल गुरु बने रहे और पूर्ण ब्रह्म के अवतार भगवान श्री राम तथा साक्षात लक्ष्मी स्वरूपा मां भगवती एवं उनके अंश भूत भाइयों तथा महाराजा जनक जैसे योगियों के भी आराध्य बन गए ।महर्षि वशिष्ठ सभी देवताओं ऋषि-मुनियों एवं योगी जन के पूजनीय रहे हैं। यह माना जाता है कि यह अपनी पत्नी अरुंधति के साथ सप्त ऋषि मंडल में स्थित होकर आज भी सारे जगत के कल्याण में लगे हुए हैं।

भगवान श्रीराम को महर्षि वशिष्ठ द्वारा उपदेश, योग वशिष्ठ नामक ग्रंथ योग एवं वेदांत का विशिष्ट ग्रंथ हैं । उसमें वैराग्य मुमुक्षु व्यवहार उत्पत्ति स्थिति उपशा तथा निर्वाण यह 6 प्रकरण हैं । इस ग्रंथ में अपने स्वरूप में स्थित होने की विधियां बताई गई हैं।

महर्षि विश्वामित्र

महर्षि विश्वामित्र इतिहास के सबसे श्रेष्ठ ऋषियों में से एक जो कि जन्म से एक ब्राह्मण नहीं थे लेकिन अपने तप और ज्ञान के कारण इन्हें महर्षि की उपाधि मिली जिसके साथ ही इन्हें चारो वेदों का ज्ञान एवम ॐ कार का ज्ञान प्राप्त हुआ। यह पहले ऋषि थे जिन्होंने गायत्री मंत्र को समझा | कहा जाता है ऐसे केवल 24 गुरु हैं जो गायत्री मन्त्र को जानते हैं उन्ही में से एक एवं सबसे पहले थे महर्षि विश्वामित्र ।

विश्वामित्र जन्म से एक क्षत्रिय एवं प्रजा प्रिय अतिबलशाली राजा कौशिक थे पर अपने हठ एवम तपस्या के कारण उन्होंने महर्षि की उपाधि प्राप्त की और ऐसा उन्होंने क्यूँ किया? और किस कारण उन्हें इसकी शिक्षा मिली? यह बहुत ही अच्छे प्रश्न हैं जिनके बारे में आप आगे विस्तार से पढ़ेंगे |युगों पूर्व एक शक्तिशाली एवं प्रिय क्षत्रिय राजा थे कौशिक | यह कुषा नामक राजा के पौत्र थे | राजा कुषा की चार संतानों में से एक थे कुशनाबर जिन्होंने पुत्रकामेष्ठी यज्ञ द्वारा कधि नामक पुत्र को प्राप्त किया इन्हीं राजा कधि की सनातन थी कौशिक | कौशिक एक महान राजा थे इनके संरक्षण में प्रजा खुशहाल थी |

राजा कौशिक अक्सर ही अपनी प्रजा के बीच जाते थे | एक बार वे अपनी विशाल सेना के साथ जंगल की तरफ गये रास्ते में महर्षि वशिष्ठ का आश्रम पड़ा जहाँ रुककर उन्होंने महर्षि से भेंट की | गुरु वशिष्ठ ने राजा कौशिक का बहुत

अच्छा अतिथि सत्कार किया और उनकी विशाल सेना को भर पेट भोजन भी कराया। यह देख राजा कौशिक को बहुत आश्चर्य हुआ कि कैसे एक ब्राह्मण इतनी विशाल सेना को इतने स्वादिष्ट व्यंजन खिला सकता है। उनकी जिज्ञासा शांत करने के लिये उन्होंने गुरु वशिष्ठ से प्रश्न किया – हे गुरुवर! मैं यह जानने का उत्सुक हूँ कि कैसे आपने मेरी विशाल सेना के लिए इतने प्रकार के स्वादिष्ट भोजन का प्रबंध किया। तब गुरु वशिष्ठ ने बताया – हे राजन! मेरे पास मेरी नंदिनी गाय है जो कि स्वर्ग की कामधेनु गाय की बछड़ी है जिसे मुझे स्वयं इंद्र ने भेंट की थी। मेरी नंदिनी कई जीवों का पोषण कर सकती है। नंदिनी के बारे में जानकर राजा कौशिक के मन में इच्छा उत्पन्न हुई और उन्होंने कहा – हे गुरुवर! मुझे आपकी नंदिनी चाहिये बदले में आप जितना धन चाहें मुझसे ले लें। गुरु वशिष्ठ ने हाथ जोड़कर निवेदन किया – हे राजन! नंदिनी मुझे अत्यंत प्रिय है वो सदा से मेरे साथ रही हैं मुझसे बातें करती हैं मैं अपनी नंदिनी का मोल नहीं लगा सकता वो मेरे लिए अनमोल प्राण प्रिय है।

राजा कौशिक इसे अपना अनादर समझते हैं और क्रोध में आकर सेना को आदेश देते हैं कि वो बल के जरिये नंदिनी को गुरु से छीन ले। आदेश पाते ही सैनिक नंदिनी को हाँकने का प्रयास करते हैं लेकिन नंदिनी एक साधारण गाय नहीं थी वो अपने पालक गुरु वशिष्ठ से आज्ञा लेकर अपनी योग माया की शक्ति से राजा की विशाल सेना को ध्वस्त कर देती हैं और राजा को बंदी बनाकर वशिष्ठ के सामने लाकर खड़ा कर देती हैं। वशिष्ठ अपनी सेना के नाश से क्रोधित हो गुरु वशिष्ठ पर आक्रमण करते हैं गुरु वशिष्ठ क्रोधित हो जाते हैं और राजा के एक पुत्र को छोड़ सभी को शाप देकर भस्म कर देते हैं। अपने पुत्र के इस अंत से दुखी कौशिक अपना राज पाठ अपने एक पुत्र को सौंप तपस्या के लिये हिमालय चले जाते हैं और हिमालय में कठिन तपस्या से वे भगवान शिव को प्रसन्न करते हैं। भगवान शिव प्रकट होकर राजा को वरदान मांगने का कहते हैं। तब राजा कौशिक शिव जी से सभी दिव्यास्त्र का ज्ञान मांगते हैं। शिव जी उन्हें सभी शस्त्रों से सुशोभित करते हैं।

धनुर्विद्या का पूर्ण ज्ञान होने के बाद राजा कौशिक पुनः अपने पुत्रों की मृत्यु का बदला लेने के लिये वशिष्ठ पर आक्रमण करते हैं और दोनों तरफ से घमासान युद्ध शुरू हो जाता है। राजा के छोड़े हर एक शस्त्र को वशिष्ठ निष्फल कर देते हैं। अतः वे क्रोधित होकर कौशिक पर ब्रह्मास्त्र का प्रयोग करते हैं जिससे चारो

तरफ तीव्र ज्वाला उठने लगती है तब सभी देवता वशिष्ठ जी से अनुरोध करते हैं कि वे अपना ब्रह्मास्त्र वापस ग्रहण कर लें | वे कौशिक से जीत चुके हैं इसलिए वे पृथ्वी की इस ब्रह्मास्त्र से रक्षा करें | सभी के अनुरोध और रक्षा के लिए वशिष्ठ शांत हो जाते हैं ब्रह्मास्त्र वापस ले लेते हैं | वशिष्ठ से मिली हार के कारण कौशिक राजा के मन को बहुत गहरा आघात पहुँचता है वे समझ जाते हैं कि एक क्षत्रिय की बाहरी ताकत किसी ब्राह्मण की योग की ताकत के आगे कुछ नहीं इसलिये वे यह फैसला करते हैं कि वे अपनी तपस्या से ब्रह्मत्व हासिल करेंगे और वशिष्ठ से श्रेष्ठ बनेंगे और वे दक्षिण दिशा में जाकर अपनी तपस्या शुरू करते हैं जिसमे वे अन्न का त्याग कर फल फुल पर जीवन व्यापन करने लगते हैं | उनकी कठिन तपस्या से उन्हें राजश्री का पद मिलता है | अभी भी कौशिक दुखी थे क्योंकि वे संतुष्ट नहीं थे |

एक राजा थे त्रिशंकु, उनकी इच्छा थी कि वे अपने शरीर के साथ स्वर्ग जाना चाहते थे जो कि प्रकृति के नियमों के अनुरूप नहीं था | इसके लिए त्रिशंकु वशिष्ठ के पास गये पर उन्होंने नियमो के विरुद्ध ना जाने का फैसला लिया और त्रिशंकु को खाली हाथ लौटना पड़ा | फिर त्रिशंकु वशिष्ठ के पुत्रों के पास गये और अपनी इच्छा बताई तब पुत्रों ने क्रोधित होकर उन्हे चांडाल हो जाने का शाप दिया क्योंकि उन्होंने ने इसे अपने पिता का अपमान समझा | फिर भी त्रिशंकु नहीं माने और विश्वामित्र के पास गये | तब विश्वामित्र ने उन्हें उनकी इच्छा पूरी करने का वचन दिया जिस हेतु उन्होंने यज्ञ का आयोजन किया और इसके लिये कई ब्राह्मणों को न्यौता भेजा जिनमे वशिष्ठ के पुत्र भी थे |

वशिष्ठ के पुत्रों ने यज्ञ का तिरस्कार किया उन्होंने कहा – हम ऐसे यज्ञ का हिस्सा कतई नहीं बनेगें जिसमें चांडाल के लिए हो और किसी क्षत्रिय पुरोहित के द्वारा किया जा रहा हो | उनके ऐसे वचनों को सुन विश्वामित्र ने उन्हें शाप दे दिया और वशिष्ठ के पुत्रो की मृत्यु हो गई | यह सब देखकर अन्य सभी भयभीत हो गये और यज्ञ का हिस्सा बन गये | यज्ञ पूरा किया गया जिसके बाद देवताओं का आव्हाहन किया गया लेकिन देवता नहीं आये तब विश्वामित्र ने क्रोधित होकर अपने तप के बल पर त्रिशंकु को शारीर के साथ स्वर्ग लोक भेजा लेकिन इंद्र ने उसे यह कह कर वापस कर दिया कि वो शापित हैं इसलिये स्वर्ग में रहने योग्य नहीं हैं | त्रिशंकु का शरीर बीच में ही रह गया तब विश्वामित्र ने अपने वचन को पूरा करने के लिये त्रिशंकु के लिए नये स्वर्ग एवम सप्त ऋषि की रचना की | इस

सब से देवताओं को उनकी सत्ता हिलती दिखाई दी तब उन्होंने विश्वामित्र से प्रार्थना की | तब विश्वामित्र ने कहा कि मैंने अपना वचन पूरा करने के लिए यह सब किया है अब से त्रिशंकु इसी नक्षत्र में रहेगा और देवताओं की सत्ता को कोई हानि नहीं होगी |

इस सबके बाद विश्वामित्र ने फिर से अपनी ब्रह्मर्षि बनने की इच्छा को पूरा करना चाहा और फिर से तपस्या में लग गए | कठिन से कठिन ताप किये | श्वास रोक कर तपस्या की | उनके शरीर का तेज सूर्य से भी ज्यादा प्रज्वलित होने लगा और उनके क्रोध पर भी उन्हें विजय प्राप्त हुई तब जाकर ब्रह्माजी ने उन्हें ब्रह्मर्षि का पद दिया और तब विश्वामित्र ने उनसे ॐ का ज्ञान भी प्राप्त किया और गायत्री मन्त्र को जाना | उनके इस कठिन तप के बाद वशिष्ठ ने भी उन्हें आलिंगन किया और ब्राह्मण के रूप में स्वीकार किया | और तब जाकर इनमें कौशिक से महर्षि विश्वामित्र का नाम प्राप्त हुआ |

जब विश्वामित्र साधना में लीन थे | तब इंद्र को लगा कि वे आशीर्वाद में इंद्र लोक मांगेंगे इसलिये उन्होंने स्वर्ग की अप्सरा को विश्वामित्र की तपस्या भंग करने भेजा चूँकि मेनका बहुत सुंदर थी विश्वामित्र जैसा योगी भी उसके सामने हार गया और उसके प्रेम में लीन हो गया | मेनका को भी विश्वामित्र से प्रेम हो गया | दोनों वर्षों तक संग रहे तब उनकी सन्तान शकुंतला ने जन्म लिया लेकिन जब विश्वामित्र को ज्ञात हुआ कि मेनका स्वर्ग की अप्सरा है और इंद्र द्वारा भेजी गई है तब विश्वामित्र ने मेनका को शाप दिया | इन दोनों की पुत्री पृथ्वी पर ही पली बड़ी और बाद में राजा दुष्यंत से उनका विवाह हुआ और दोनों की सन्तान भरत के नाम पर देश का नाम भारत पड़ा |

विश्वामित्र ने शस्त्रों का त्याग कर दिया था इसलिए वे स्वयं राक्षसी ताड़का से युद्ध नहीं कर सकते थे इसलिये उन्होंने अयोध्या से भगवान राम को जनकपुरी में लाकर तड़का का वध करवाया | इन्हीं विश्वामित्र के कहने पर भगवान राम न सीता के स्वयम्बर में हिस्सा लिया |

महर्षि अत्री

महर्षि अत्री एक वैदिक ऋषि, यह ब्रम्हा जी के मानस पुत्रों में से एक थे। चन्द्रमा, दत्तात्रेय और दुर्वासा ये तीन पुत्र थे। अग्नि, इन्द्र और हिन्दू धर्म के अन्य वैदिक

देवताओं को बड़ी संख्या में भजन लिखने का श्रेय दिया जाता है । अत्री हिन्दू परंम्परा म सप्तर्षि (सात महान वैदिक ऋषियों) में से एक हैं, और सबसे अधिक ऋग्वेद में इसका उल्लेख हैं । अयोध्या नरेश श्रीराम उनके वनवास काल में भार्या सीता तथा बन्धु लक्ष्मण के साथ अत्री ऋषीके आश्रम चित्रकुट में गये थे। अत्री ऋषी सती अनुसया के पती थे। सती अनुसया सोलह सतियोंमेसे एक थी। जिन्होंने अपने तपोबलसे ब्रम्हा, विष्णु, महेश को छोटे बच्चों में परिवर्तित कर दिया था।

पुराणों में कहा गया है वही तीनों देवों ने माता अनुसूया को वरदान दिया था, कि मैं आपके पुत्र रूप में आपके गर्भ से जन्म लूँगा वही तीनों चन्द्रमा(ब्रम्हा) दत्तात्रेय (विष्णु) और दुर्वासा (शिव) के अवतार हैं। यह भी धारणा है माना जाता है कि अत्रेऋषि ने एक अंजलि में पानी भरकर समुंदर को सूखा लिया था फिर ऋषि यों ने वहां समुंदर से याचना की है अत्रे ऋषि समुंदर के मेरे सारे जीव।जन्तु वह पशु पक्षी बिना पानी के प्यासे मर जाएंगे और मैं आपसे यह विनम्र निवेदन करता हूं कि इस समुंदर को जलाजल कर दो। तब अत्रे ऋषि जी प्रसन्न हुए तब उन्होंने मूत्र की रहा समुंदर को छोड़ दिया माना जाता हैं जब से ही समुंदर का पानी खारा हो गया।

महर्षि दुर्वासा

हिंदू धर्म में, दुर्वासा एक महर्षि थे, जो अत्रि और अनुसूया के पुत्र तथा महर्षि दत्तात्रेय और चंद्रदेव के भाई थे। दुर्वासा भगवान शिव के अवतार थे। दुर्वासा अपने क्रोध के कारण प्रसिद्ध थे। उन्होंने अपने शाप से कई लोगों की जिंदगी तबाह कर दी थी। इसलिए वे जहां कहीं जाते थे, लोग देवता की तरह उनका आदर करते थे। महाकवि कालिदास की महान रचना अभिज्ञान शाकुंतलम में उन्होंने शकुंतला को शाप दिया था कि उसका प्रेमी उसे भूल जाएगा जो सच साबित हुआ।

श्रीमद भागवत में अंबरीश के साथ दुर्वासा के झगड़े की कहानी बहुत ही प्रसिद्ध है । अंबरीश भगवान भगवान विष्णु जी का महान भक्त था और सच बोलता था। अंबरीश ने अपने राज्य की सुख, शांति और समृद्धि के लिए पूरी श्रद्धा से एक यज्ञ कराया। एकबार, अंबरीश न एकादशी का व्रत किया। जिसमें एकादशी व्रत की शुरूआत होगी और द्वादशी को व्रत तोड़ा जाएगा। व्रत तोड़ने

के बाद साधुजनों को भोजन कराना होगा। द्वादशी को जब व्रत तोड़ना का समय करीब आया तो अंबरीश के घर महर्षि दुर्वासा पधारे। अंबरीश ने महर्षि दुर्वासा का सादर स्वागत किया। अंबरीश ने भोजन करने के लिए आग्रह किया। महर्षि दुर्वासा ने अंबरीश का आग्रह स्वीकार कर लिया और कहा कि जब तक वो नदी से स्नान करके नहीं आते तब तक वो व्रत नहीं तोड़ें। काफी समय बीत गया, लेकिन महर्षि दुर्वासा नहीं आए। अंबरीश को व्रत तोड़ना था।

गुरु वरिष्ठ के आग्रह पर अंबरीश ने तुलसी के दल से उपवास तोड़ा और ऋषि की प्रतीक्षा करने लगे। महर्षि दुर्वासा को लगा की अंबरीश ने उनके आये बिना व्रत तोड़कर उनका अपमान किया। गुस्साये दुर्वासा ने अपन जटा से एक राक्षस पैदा किया और उसे अंबरीश को मारने को कहा, उसी समय भगवान नारायण के सुदर्शन चक्र ने राक्षस का वध कर दिया और अंबरीश की रक्षा की। इसके बाद सुदर्शन चक्र दुर्वासा का पीछा करने लगा। भय से कातर महर्षि दुर्वासा ने पहले ब्रह्मा जी और फिर शिव जी के पास अपनी रक्षा के लिए गया। दोनों ने दुर्वासा को बचाने में अपनी असमर्थता जताई और कहा कि वो अंबरीश से क्षमा मांगे। महर्षि दुर्वासा ने ऐसा ही किया। अंबरीश ने भगवान विष्णु को याद किया और उनसे दुर्वासा की रक्षा के लिए प्रार्थना की।

हालांकि शिव पुराण में कहानी थोड़ी भिन्न है । शिव पुराण के अनुसार, अंबरीश ने दुर्वासा को भोजन कराने से पहले व्रत तोडकर महर्षि दुर्वासा का अपमान किया। इसलिए महर्षि दुर्वासा ने अंबरीश को मारने का निर्णय कर लिया। अंबरीश को बचाने के लिए सुदर्शन चक्र उत्पन्न हुआ। लेकिन महर्षि दुर्वासा के रूप में साक्षात शिव को पाकर वह रुक गया। उसी समय आकाशवाणी हुई, नंदी ने कहा, कि अंबरीश की परीक्षा लेने स्वयं शिव आए हैं इसलिए वह उनसे माफी मांग ले। अंबरीश ने ऐसा ही किया और महर्षि दुर्वासा ने उसे आशीर्वाद दिया।

भगवानदत्तात्रेय

भगवान दत्तात्रेय, महर्षि अत्रि और उनकी सहधर्मिणी अनुसूया के पुत्र थे। इनके पिता महर्षि अत्रि सप्तऋषियों में से एक हैं ,और माता अनुसूया को सतीत्व के प्रतिमान के रूप में उदधृत किया जाता है ।हमारे पुराण देवी-देवताओं की

चमत्कारिक घटनाओं से भरे हुए हैं। हिन्दू धर्म में असंख्य देवों का वर्णन है, इसलिए इनसे जुड़ी घटनाओं की संख्या भी बहुत अधिक है ।

इसी पौराणिक इतिहास में पवित्र और पतिव्रता देवी अनुसूया व उनके पति अत्रि का नाम प्रमुख तौर पर दर्ज है । एक बार की बात है माँ अनुसूया त्रिदेव ब्रह्मा, विष्णु, महेश जैसे पुत्र की प्राप्ति के लिए कड़े तप में लीन हो गईं, जिससे तीनों देवों की अर्द्धांगिनियां सरस्वती, लक्ष्मी और पार्वती को जलन होने लगी।तीनों ने अपनी पतियों से कहा कि वे भू लोक जाएं और वहां जाकर देवी अनुसुया की परीक्षा लें। ब्रह्मा, विष्णु और महेश संन्यासियों के वेश में अपनी जीवनसंगिनियों के कहने पर देवी अनुसुया की तप की परीक्षा लेने के लिए पृथ्वी लोक चले गए। अनुसुया के पास जाकर संन्यासी के वेश में गए त्रिदेव ने उन्हें भिक्षा देने को कहा, लेकिन उनकी एक शर्त भी थी। अनुसुया के पतित्व की परीक्षा लेने के लिए त्रिदेव ने उनसे कहा कि वह भिक्षा मांगने आए हैं लेकिन उन्हें भिक्षा उनके सामान्य रूप में नहीं बल्कि अनुसुया की नग्न अवस्था में चाहिए।

अर्थात देवी अनुसुया उन्हें तभी भिक्षा दे पाएंगी, जब वह त्रिदेव के समक्ष नग्न अवस्था में उपस्थित हों।त्रिदेव की ये बात सुनकर अनुसुया पहले तो हड़बड़ा गईं लेकिन फिर थोड़ा संभलकर उन्होंने मंत्र का जाप कर अभिमंत्रित जल उन तीनों संन्यासियों पर डाला।पानी की छींटे पड़ते ही ब्रह्मा, विष्णु, महेश तीनों ही शिशु रूप में बदल गए। शिशु रूप लेने के बाद अनुसुया ने उन्हें भिक्षा के रूप में स्तनपान करवाया। ब्रह्मा, विष्णु, महेश के स्वर्ग वापस ना लौट पाने की वजह से उनकी पत्नियां चिंतित हो गईं और स्वयं देवी अनुसुया के पास आईं। सरस्वती, लक्ष्मी, पार्वती ने उनसे आग्रह किया कि वे उन्हें उनके पति सौंप दें। अनुसुया और उनके पति ने तीनों देवियों की बात मान ली किन्तु अनुसूया ने कहा «कि त्रिदेवों ने मेरा स्तनपान किया है इसलिए किसी ना किसी रूप में इन्हें मेरे पास रहना होगा अनुसुया की बात मानकर त्रिदेवों ने उनके गर्भ में दत्तात्रेय, दुर्वासा और चंद्रमा रूपी अपने अवतारों को स्थापित कर दिया, जिनमें दतात्रेय तीनों देवों के अवतार थे । दत्तात्रेय का शरीर तो एक था लेकिन उनके तीन सिर और छ: भुजाएं थीं। विशेष रूप से दत्तात्रेय को विष्णु का अवतार माना जाता हैं । दतात्रेय की छ: भुजाएँ और तीन शीश इसलिए हैं जिसकी कथा इस प्रकार है ।

एक बार ब्रह्मा ब्रह्मलोक में ध्यान में लीन थे कि तभी भगवान शंकर वहां पधारे व ब्रह्मा का ध्यान टूटने का इंतजार करने लगे किन्तु ब्रह्मदेव ने अपने नेत्र नहीं खोले भगवान शिव की शांति का बांध टूटने लगा उन्होंने अपने डमरू से भी ब्रह्मदेव को जगाने का प्रयास किया किन्तु उनका ध्यान ही नहीं टूटा भगवान ब्रह्मा की जब आखें खुली तब उन्होंने शिवजी से माफ़ी मांगी किन्तु शिवजी को शांत नहीं कर सके उन्होंने भगवान सत्यनारायण का ध्यान किया जिससे भगवान विष्णु ने उनके क्रोध को शांत किया किन्तु उनका अंश आधे से ज्यादा नष्ट हो चुका था। तब देवी अनुसूया ने तीनों में से दो शिशु अर्थात् चंद्रदेव और दुर्वासा को जन्म दिया (दुर्वासा सबसे बड़े और चंद्रमा दूसरे स्थान के पुत्र थे) जब तीसरे शिशु (अर्थात् दतात्रेय) का जन्म नहीं हुआ किन्तु अनुसूया को प्रसव पीड़ा होती रही तब ब्रह्मा जी और शिवजी को सारी बात समझ आ गई तब उन्होंने अपने कुछ अंश भेजे जिससे दतात्रेय के गर्भ में ही तीन सिर और छः भुजाएँ हो गई।

दत्तात्रेय के अन्य दो भाई चंद्र देव और ऋषि दुर्वासा थे। चंद्रमा को ब्रह्मा और ऋषि दुर्वासा को शिव का रूप ही माना जाता है । जिस दिन दत्तात्रेय का जन्म हुआ आज भी उस दिन को हिन्दू धर्म के लोग दत्तात्रेय जयंती के तौर पर मनाते हैं। भगवान दत्तात्रेय से एक बार राजा यदु ने उनके गुरु का नाम पूछा, भगवान दत्तात्रेय ने कहा: «आत्मा ही मेरा गुरु हैं ,तथापि मैंने चौबीस व्यक्तियों से गुरु मानकर शिक्षा ग्रहण की है ।»

उन्होंने कहा मेरे चौबीस गुरुओं के नाम हैं:

१) पृथ्वी

२) जल

३) वायु

४) अग्नि

५) आकाश

६) सूर्य

७) चन्द्रमा

८) समुंद्र

९) अजगर

१०) कपोत

११) पतंगा

१२) मछली

१३) हिरण

१४) हाथी

१५) मधुमक्खी

१६) शहद निकालने वाला

१७) कुरर पक्षी

१८) कुमारी कन्या

१९) सर्प

२०) बालक

२१) पिंगला वैश्या

२२) बाण बनाने वाला

२३) मकड़ी

२४) भृंगी कीट

भगवान दत्तात्रेयः-

"आदौ ब्रह्मा मध्ये विष्णुरन्ते देवः सदाशिवः
मूर्तित्रयस्वरूपाय दत्तात्रेयाय नमोस्तु ते।
ब्रह्मज्ञानमयी मुद्रा वस्त्रे चाकाशभूतले
प्रज्ञानघनबोधाय दत्तात्रेयाय नमोस्तु ते।।»

भावार्थ –

"जो आदि में ब्रह्मा, मध्य में विष्णु तथा अन्त में सदाशिव हैं, उन भगवान दत्तात्रेय को बारम्बार नमस्कार है । ब्रह्मज्ञान जिनकी मुद्रा है, आकाश और भूतल जिनके वस्त्र हैं तथा जो साकार प्रज्ञानघन स्वरूप हैं, उन भगवान दत्तात्रेय को बारम्बार नमस्कार हैं ।» (जगद्गुरु श्री आदि शंकराचार्य)

भगवान दत्तात्रेय ब्रह्मा-विष्णु-महेश के अवतार माने जाते हैं।

भगवान शंकर का साक्षात रूप महाराज दत्तात्रेय में मिलता है और तीनो ईश्वरीय शक्तियों से समाहित महाराज दत्तात्रेय की आराधना बहुत ही सफल और जल्दी से फल देने वाली है । महाराज दत्तात्रेय आजन्म ब्रह्मचारी, अवधूत और दिगम्बर रहे थे। वे सर्वव्यापी हैं और किसी प्रकार के संकट में बहुत जल्दी से भक्त की सुध लेने वाले हैं, अगर मानसिक, या कर्म से या वाणी से महाराज दत्तात्रेय की उपासना की जाये तो भक्त किसी भी कठिनाई से शीघ्र दूर हो जाते हैं।

महर्षिकण्व

महर्षि कण्व वैदिक काल के विख्यात ऋषि थे। इन्हीं के आश्रम में हस्तिनापुर के राजा दुष्यंत की पत्नी शकुंतला एवं उनके पुत्र भरत का लालन पालन हुआ था। सोनभद्र में जिला मुख्यालय से आठ किलो मीटर की दूरी पर कैमूर श्रृंखला के शीर्ष स्थल पर स्थित कण्व ऋषि की तपस्थली है जो कंडाकोट नाम से जानी जाती है ।

वशिष्ठ, विश्वामित्र, कण्व, भरद्वाज, अत्रि, वामदेव और शौनक- ये हैं वे सात ऋषि जिन्होंने इस देश को इतना कुछ दे डाला कि कृतज्ञ देश ने इन्हें आकाश के तारामंडल में बिठाकर एक ऐसा अमरत्व दे दिया कि सप्तर्षि शब्द सुनते ही हमारी कल्पना आकाश के तारामंडलों पर टिक जाती है । इसके अलावा मान्यता है कि अगस्त्य, कष्यप, अष्टावक्र, याज्ञवल्क्य, कात्यायन, ऐतरेय, कपिल, जेमिनी, गौतम आदि सभी ऋषि उक्त सात ऋषियों के कुल के होने के कारण इन्हें भी वही दर्जा प्राप्त है ।

देश के सबसे महत्वपूर्ण यज्ञ सोमयज्ञ को कण्वों ने व्यवस्थित किया। 103 सूक्तवाले ऋग्वेद के आठवें मण्डल के अधिकांश मन्त्र महर्षि कण्व तथा उनके

वंशजों तथा गोत्रजों द्वारा दृष्ट हैं। कुछ सूक्तों के अन्य भी द्रष्ट ऋषि हैं, किंतु 'प्राधान्येन व्यपदेशा भवन्ति' के अनुसार महर्षि कण्व अष्टम मण्डल के द्रष्टा ऋषि कहे गए हैं। इनमें लौकिक ज्ञान-विज्ञान तथा अनिष्ट-निवारण सम्बन्धी उपयोगी मन्त्र हैं।

प्राचीन भारत में कण्व नाम के अनेक व्यक्ति हुए हैं, जिनमें सबसे प्रसिद्ध महर्षि कण्व थे जिन्होंने मेनका के गर्भ से उत्पन्न विश्वामित्र की कन्या शकुंतला का पालन पोषण किया था। कहते हैं कि शकुंतला के पुत्र भरत का जातकर्म यही संपादित किए थे। दूसरे कण्व कंडु के पिता थे जो अयोध्या के पास स्थित अपने आश्रम में रहते थे। रामायण के अनुसार वे राम के लंका विजय करके अयोध्या लौटने पर वहां आए थे वहां उन्हें आशीर्वाद दिया था। तीसरे कण्व पुरुवंशी राज प्रतिरथ के पुत्र थे जिनसे काण्वायन गोत्रीय ब्रह्मणों की उत्पत्ति बताई जाती है । इनके पुत्र मेधातिथि हुए व कन्या इलिनी। चौथे कण्व ऐतिहासिक काल में मगध के शुंगवंशीय राज देवमूर्ति के मंत्री थे जिनके पुत्र वसुदेव हुए। पांचवें कण्व पुरुवंशीय राजा अजामिल के पुत्र थे। छठे महर्षि कश्यप व सातवें महर्षि घारे के पुत्र थे, जिन्होंने ऋग्वेद के अनेक मंत्रों की रचना की है ।

एक बार हस्तिनापुर नरेश दुष्यंत आखेट खेलने वन में गये। जिस वन में वे शिकार के लिये गये थे उसी वन में कण्व ऋषि का आश्रम था। कण्व ऋषि के दर्शन करने के लिये महाराज दुष्यंत उनके आश्रम पहुँच गये। पुकार लगाने पर एक अति लावण्यमयी कन्या ने आश्रम से निकल कर कहा, "हे राजन्! महर्षि तो तीर्थ यात्रा पर गये हैं, किन्तु आपका इस आश्रम में स्वागत है । उस कन्या को देख कर महाराज दुष्यंत ने पूछा, "बालिके! आप कौन हैं?" बालिका ने कहा, "मेरा नाम शकुन्तला है और मैं कण्व ऋषि की पुत्री हूँ।" उस कन्या की बात सुन कर महाराज दुष्यंत आश्चर्यचकित होकर बोले, "महर्षि तो आजन्म ब्रह्मचारी हैं फिर आप उनकी पुत्री कैसे हुईं?" उनके इस प्रश्न के उत्तर में शकुन्तला ने कहा, "वास्तव में मेरे माता-पिता मेनका और विश्वामित्र हैं। मेरी माता ने मेरे जन्म होते ही मुझे वन में छोड़ दिया था जहाँ पर शकुन्त नामक पक्षी ने मेरी रक्षा की। इसी लिये मेरा नाम शकुन्तला पड़ा।

उसके बाद कण्व ऋषि की दृष्टि मुझ पर पड़ी और वे मुझे अपने आश्रम में ले आये। उन्होंने ही मेरा भरन-पोषण किया। जन्म देने वाला, पोषण करने वाला तथा

अन्न देने वाला – ये तीनों ही पिता कहे जाते हैं। इस प्रकार कण्व ऋषि मेरे पिता हुये।"शकुन्तला के वचनों को सुनकर महाराज दुष्यंत ने कहा, "शकुन्तले! तुम क्षत्रिय कन्या हो। तुम्हारे सौन्दर्य को देख कर मैं अपना हृदय तुम्हें अर्पित कर चुका हूँ। यदि तुम्हें किसी प्रकार की आपत्ति न हो तो मैं तुमसे विवाह करना चाहता हूँ।" शकुन्तला भी महाराज दुष्यंत पर मोहित हो चुकी थी, अतः उसने अपनी स्वीकृति प्रदान कर दी। दोनों नें गन्धर्व विवाह कर लिया। कुछ काल महाराज दुष्यंत ने शकुन्तला के साथ विहार करते हुये वन में ही व्यतीत किया। फिर एक दिन वे शकुन्तला से बोले, "प्रियतमे! मुझे अब अपना राजकार्य देखने के लिये हस्तिनापुर प्रस्थान करना होगा। महर्षि कण्व के तीर्थ यात्रा से लौट आने पर मैं तुम्हें यहाँ से विदा करा कर अपने राजभवन में ले जाउँगा।" इतना कहकर महाराज ने शकुन्तला को अपने प्रेम के प्रतीक के रूप में अपनी स्वर्ण मुद्रिका दी और हस्तिनापुर चले गये।

एक दिन उसके आश्रम में दुर्वासा ऋषि पधारे। महाराज दुष्यंत के विरह में लीन होने के कारण शकुन्तला को उनके आगमन का ज्ञान भी नहीं हुआ और उसने दुर्वासा ऋषि का यथोचित स्वागत सत्कार नहीं किया। दुर्वासा ऋषि ने इसे अपना अपमान समझा और क्रोधित हो कर बोले, "बालिके! मैं तुझे शाप देता हूँ कि जिस किसी के ध्यान में लीन होकर तूने मेरा निरादर किया है, वह तुझे भूल जायेगा।" दुर्वासा ऋषि के शाप को सुन कर शकुन्तला का ध्यान टूटा और वह उनके चरणों में गिर कर क्षमा प्रार्थना करने लगी। शकुन्तला के क्षमा प्रार्थना से द्रवित हो कर दुर्वासा ऋषि ने कहा, "अच्छा यदि तेरे पास उसका कोई प्रेम चिन्ह होगा तो उस चिन्ह को देख उसे तेरी स्मृति हो आयेगी।"

महाराज दुष्यंत के सहवास से शकुन्तला गर्भवती हो गई थी। कुछ काल पश्चात् कण्व ऋषि तीर्थ यात्रा से लौटे तब शकुन्तला ने उन्हें महाराज दुष्यंत के साथ अपने गन्धर्व विवाह के विषय में बताया। इस पर महर्षि कण्व ने कहा, "पुत्री! विवाहित कन्या का पिता के घर में रहना उचित नहीं है । अब तेरे पति का घर ही तेरा घर है ।" इतना कह कर महर्षि ने शकुन्तला को अपने शिष्यों के साथ हस्तिनापुर भिजवा दिया। मार्ग में एक सरोवर में आचमन करते समय महाराज दुष्यंत की दी हुई शकुन्तला की अँगूठी, जो कि प्रेम चिन्ह थी, सरोवर में ही गिर गई। उस अँगूठी को एक मछली निगल गई।

महाराज दुष्यंत के पास पहुँच कर कण्व ऋषि के शिष्यों ने शकुन्तला को उनके सामने खड़ी कर के कहा, "महाराज! शकुन्तला आपकी पत्नी है, आप इसे स्वीकार करें।" महाराज तो दुर्वासा ऋषि के शाप के कारण शकुन्तला को विस्मृत कर चुके थे। अतः उन्होंने शकुन्तला को स्वीकार नहीं किया और उस पर कुलटा होने का लाँछन लगाने लगे। शकुन्तला का अपमान होते ही आकाश में जोरों की बिजली कड़क उठी और सब के सामने उसकी माता मेनका उसे उठा ले गई।

जिस मछली ने शकुन्तला की अँगूठी को निगल लिया था, एक दिन वह एक मछुआरे के जाल में आ फँसी। जब मछुआरे ने उसे काटा तो उसके पेट से अँगूठी निकली। मछुआरे ने उस अँगूठी को महाराज दुष्यंत के पास भेंट के रूप में भेज दिया। अँगूठी को देखते ही महाराज को शकुन्तला का स्मरण हो आया और वे अपने कृत्य पर पश्चाताप करने लगे। महाराज ने शकुन्तला को बहुत ढुँढवाया किन्तु उसका पता नहीं चला।

कुछ दिनों के बाद देवराज इन्द्र के निमन्त्रण पाकर देवासुर संग्राम में उनकी सहायता करने के लिये महाराज दुष्यंत इन्द्र की नगरी अमरावती गये। संग्राम में विजय प्राप्त करने के पश्चात् जब वे आकाश मार्ग से हस्तिनापुर लौट रहे थे तो मार्ग में उन्हें कश्यप ऋषि का आश्रम दृष्टिगत हुआ। उनके दर्शनों के लिये वे वहाँ रुक गये। आश्रम में एक सुन्दर बालक एक भयंकर सिंह के साथ खेल रहा था। मेनका ने शकुन्तला को कश्यप ऋषि के पास लाकर छोड़ा था तथा वह बालक शकुन्तला का ही पुत्र था। उस बालक को देख कर महाराज के हृदय में प्रेम की भावना उमड़ पड़ी। वे उसे गोद में उठाने के लिये आगे बढ़े तो शकुन्तला की सखी चिल्ला उठी, "हे भद्र पुरुष! आप इस बालक को न छुयें अन्यथा उसकी भुजा में बँधा काला डोरा साँप बन कर आपको डस लेगा।" यह सुन कर भी दुष्यंत स्वयं को न रोक सके और बालक को अपने गोद में उठा लिया। अब सखी ने आश्चर्य से देखा कि बालक के भुजा में बँधा काला गंडा पृथ्वी पर गिर गया है । सखी को ज्ञात था कि बालक को जब कभी भी उसका पिता अपने गोद में लेगा वह काला डोरा पृथ्वी पर गिर जायेगा। सखी ने प्रसन्न हो कर समस्त वृतान्त शकुन्तला को सुनाया। शकुन्तला महाराज दुष्यंत के पास आई। महाराज ने शकुन्तला को पहचान लिया। उन्होंने अपने कृत्य के लिये शकुन्तला से क्षमा प्रार्थना किया और कश्यप ऋषि की आज्ञा लेकर उसे अपने पुत्र सहित अपने साथ हस्तिनापुर ले आये। महाराज दुष्यंत और शकुन्तला के उस पुत्र का नाम भरत

था। बाद में वे भरत महान प्रतापी सम्राट बने और उन्हीं के नाम पर हमारे देश का नाम भारतवर्ष हुआ।

महर्षि भारद्वाज

चरक संहिता के अनुसार महर्षि भारद्वाज ने इन्द्र स आयुर्वेद का ज्ञान पाया। ऋक्तंत्र के अनुसार वे ब्रह्मा, बृहस्पति एवं इन्द्र के बाद वे चौथे व्याकरण-प्रवक्ता थे। उन्होंने व्याकरण का ज्ञान इन्द्र से प्राप्त किया था तो महर्षि भृगु ने उन्ह धर्मशास्त्र का उपदेश दिया। तमसा-तट पर क्रौंचवध के समय भारद्वाज महर्षि वाल्मीकि के साथ थे, वाल्मीकि रामायण के अनुसार भारद्वाज महर्षि वाल्मीकि के शिष्य थे।

महर्षि भारद्वाज व्याकरण, आयुर्वेद संहित, धनुर्वेद, राजनीतिशास्त्र, यंत्रसर्वस्व, अर्थशास्त्र, पुराण, शिक्षा आदि अनेक ग्रंथों के रचयिता हैं। पर आज यंत्र सर्वस्व तथा शिक्षा ही उपलब्ध हैं। वायुपुराण के अनुसार उन्होंने एक पुस्तक आयुर्वेद संहिता लिखी थी, जिसके आठ भाग करके अपने शिष्यों को सिखाया था। चरक संहिता के अनुसार उन्होंने आत्रेय पुनर्वसु को कायचिकित्सा का ज्ञान प्रदान किया था। ऋषि भारद्वाज को प्रयाग का प्रथम वासी माना जाता हैं अर्थात ऋषि भारद्वाज ने ही प्रयाग को बसाया था। प्रयाग में ही उन्होंने धरती के सबसे बड़े गुरूकुल की स्थापना की थी और हजारों वर्षों तक विद्या दान करते रहे। वे शिक्षाशास्त्री, राजतंत्र मर्मज्ञ, अर्थशास्त्री, शस्त्रविद्या विशारद, आयुर्वेद विशारद,विधि वेत्ता, अभियाँत्रिकी विशेषज्ञ, विज्ञानवेत्ता और मँत्र द्रष्टा थे। ऋग्वेद के छठे मंडल के द्रष्टाऋषि भारद्वाज ही हैं। इस मंडल में 765 मंत्र हैं। अथर्ववेद में भी ऋषि भारद्वाज के 23 मंत्र हैं। वैदिक ऋषियों में इनका ऊँचा स्थान है । आपके पिता वृहस्पति और माता ममता थी।

ऋषि भारद्वाज को आयुर्वेद और सावित्र्य अग्नि विद्या का ज्ञान इन्द्र और कालान्तर में भगवान श्री ब्रह्मा जी द्वारा प्राप्त हुआ था। अग्नि के सामर्थ्य को आत्मसात कर ऋषि ने अमृत तत्व प्राप्त किया था और स्वर्ग लोक जाकर आदित्य से सायुज्य प्राप्त किया था। सम्भवतः इसी कारण ऋषि भारद्वाज सर्वाधिक आयु प्राप्त करने वाले ऋषियों में से एक थे। चरक ऋषि ने उन्हें अपरिमित आयु वाला बताया है । ऋषि भारद्वाज ने प्रयाग के अधिष्ठाता भगवान श्री माधव जो साक्षात श्री हरि हैं, की पावन परिक्रमा की स्थापना भगवान श्री शिव जी के आशीर्वाद से की

थी। ऐसा माना जाता है कि भगवान श्री द्वादश माधव परिक्रमा सँसार की पहली परिक्रमा हैं ।

ऋषि भारद्वाज ने इस परिक्रमा की तीन स्थापनाएं दी हैं-

1-जन्मों के संचित पाप का क्षय होगा, जिससे पुण्य का उदय होगा।

2-सभी मनोरथ की पूर्ति होगी।

3-प्रयाग में किया गया कोई भी अनुष्ठान/कर्मकाण्ड जैसे अस्थि विसर्जन, तर्पण, पिण्डदान, कोई संस्कार यथा मुण्डन यज्ञोपवीत आदि, पूजा पाठ, तीर्थाटन,तीर्थ प्रवास, कल्पवास आदि पूर्ण और फलित नहीं होंगे जबतक स्थान देवता अर्थात भगवान श्री द्वादश माधव की परिक्रमा न की जाए।

आयुर्वेद सँहिता, भारद्वाज स्मृति, भारद्वाज सँहिता, राजशास्त्र, यँत्र-सर्वस्व(विमान अभियाँत्रिकी) आदि ऋषि भारद्वाज के रचित प्रमुख ग्रँथ हैं। ऋषि भारद्वाज खाण्डल विप्र समाज के अग्रज हैं ।खाण्डल विप्रों के आदि प्रणेता ऋषि जगाने के लिए ऋषि एक स्थान पर कहते हैं-अग्नि को देखो यह मरणधर्मा मानवों स्थित अमर ज्योति है । यह अति विश्वकृष्टि है अर्थात सर्वमनुष्य रूप है । यह अग्नि सब कार्यों में प्रवीणतम ऋषि हैं जो मानव में रहती हैं । उसे प्रेरित करती हैं ऊपर उठने के लिए। अतः स्वयं को पहचानो। भाटुन्द गाँव क श्री आदोरजी महाराज भारद्वाज गोत्र के थे।

उत्तराखंड क उप्रेती और पंचुरी ब्राह्मण भारद्वाज गोत्र ब्राह्मण व बरनवाल हैं। उत्तराखंड के डंगवाल रावत भरद्वाज गौत्र के क्षत्रिय हैं । पंचुरी ब्राह्मण वेदिक काल से उत्तराखंड में रहते हैं। भारतीय व सनातन धर्मों के लिए ये सप्तऋषियों में से एक माने जाते हैं ।»पाठक« उपनाम लिखने वाले ब्राह्मण महर्षि भारद्वाज के वे वंशज हैं जिन्होंने उनके द्वारा स्थापित गुरुकुल में पठन ,पाठन और अध्यापन की परंपरा को आगे बढ़ाया

महर्षि मार्कण्डेय

हम सभी महर्षि **मार्कण्डेय** के बारे में तो अवश्य जानते हैं किन्तु उनकी आयु के बारे में कम लोग जानते हैं | ऋषि मार्कण्डेय ने १६ (सोलह) वर्ष की आयु सीमा

भाग्य लेकर के जन्म लिया था | इनके पिता जी का नाम मृगश्रृंग और माता का नाम सुव्रता था | आइये श्री मार्कण्डेय ऋषि की कथा जानते हैं |प्राचीन समय की बात है किसी गांव में एक बालक अपनी माता के साथ रहता था। उस बालक का नाम था मार्कण्डेय। वह बालक तथा उसकी माता दोनों शिव जी के अनन्य भक्त थे। बालक बचपन से ही अपनी माता को पूजा करते हुये देखता, पूजा करने के बाद वे दोनों गायों को चराने जंगल जाते। यह उनका प्रतिदिन का कार्य था।

एक दिन की बात हैं मार्कण्डेय अपनी माता के साथ जब जंगल से लौट रहा था तो उसने देखा कि उस प्रदेश के राजा शिवजी के एक बहुत बडे अनुष्ठान का आयोजन करवा रहे हैं। बालक ने अपनी मां से इस आयोजन के सम्बन्ध में पूछा तो उन्होंने बताया कि पुत्र! राजा शिवजी का रुद्राभिषेक करा रहे हैं इस पर उसने अपनी मां से कहा कि मैं भी यह रुद्राभिषेक करूंगा। मां बोली बेटा हमारे पास इतना धन नहीं हैं ऐसा कहकर वे दोनों घर लौट गये। अब बालक मार्कण्डेय थोड़ा बड़ा हो गया था तथा अकेले ही गाय को चराने जंगल जाने लगा। एक दिन नर्मदा नदी के तट से उसने एक बड़ा -सा पिण्डी रूपी पत्थर उठाया तथा उसे जंगल में एक एकान्त स्थान पर रखकर उसे जल से स्नान करवाकर जंगल से पुष्प तथा फल अर्पित करक **"ऊं नमः शिवाय"** का जाप करने लगा। अब तो यह उसका प्रतिदिन का नियम बन गया था। वह गाय को खुला छोड़ देता और बैठ जाता शिवभक्ति में।

एक दिन उसकी गाय एक किसान के खेत में घुस गई उसने मार्कण्डेय की मां से शिकायत कर दी। अगले दिन जब बालक गाय चराने निकला तो उसकी माता ने उसका पीछा किया तो उसने देखा कि मार्कण्डेय ने गाय को तो खुला छोड़ दिया है और भगवान शिव की आराधना में लग गया है । यह देखकर मां ने उसे डांटा तथा सख्त हिदायत दी।किन्तु बालक पर कोई असर न हुआ वह उसी प्रकार शिवभक्ति में लीन रहने लगा। एक दिन की बात है उस बालक का अन्तिम समय आ गया था वह प्रतिदिन की भांति शिवलिंग की आराधना में मग्न था। अचानक वहां यमराज प्रकट हो गये जिन्हें देखकर बालक डर गया उसने यमराज से उनके बारे में पूछा तो उन्होंने अपना प्रयोजन उसे बताया कि "हम तुम्हें लेने आये हैं तुम्हारी मृत्यु का समय आ गया है ।"

ऐसा सुनकर वह बालक डर गया और अपनी छोटी-छोटी बांहों से शिवलिंग से लिपट गया और मंत्र जाप करने लगा। ऐसा देखकर जैसे ही यमराज ने अपना

मृत्यु पाश उसकी ओर फेंका तभी वहां भगवान शंकर प्रकट हो गये तथा कहा कि हे यमराज! आप इसे नहीं ले जा सकते अब यह मेरे संरक्षण में हैं । इस पर यमराज ने कहा प्रभु! इसका अन्तिम समय आ चुका हैं इसको इतना ही जीवन जीना था। यदि यह जीवित रहा तो यह प्रकृति के नियमों के विरूद्ध होगा। इस पर भगवान शंकर बोले मैंने इसे अभयदान दे दिया है यह अल्पायु से दीर्घायु हो चुका है । ऐसा सुनकर यमराज बोले, जैसी प्रभु इच्छा और वहां से चले गये। शिवजी ने उस बालक को उठाया और बोले तुम्हें भयभीत होने की आवश्यकता नहीं है पुत्र! मैं तुम्हें दीर्घायु और विद्वता का आशीर्वाद देता हूँ।

जब बालक ने उन्हें देखा तो उनके चरणों में गिर पड़ा। शिवजी ने उसे उठाया और पूछा कोई वरदान मांगना चाहते हो तो बोलो। उसने कहा कि मुझे केवल अपनी भक्ति में डूबे रहने का वरदान प्रदान करने की कृपा करें इसके अतिरिक्त मुझे कुछ नहीं चाहिये। शिवजी ने उसे मनचाहा वरदान दिया और अन्तर्धान हो गये। यह बात उसने आकर अपनी मां को बताई तथा देखते ही देखते वह अपने नगर में प्रसिद्ध हो गया। आगे चलकर वही बालक शास्त्रों का बड़ा ज्ञाता बना तथा **श्री मार्कण्डेयपुराण** की रचना की।

महर्षि अगस्त्य

महर्षि अगस्त्य एक महान ऋषि थे। दक्षिण भारत में उनकी लोकप्रियता अधिक है । उन्होंने कई उल्लेखनीय कार्य किए थे। ऋषि अगस्त्य के वंशजों को अगस्त्य वंशी कहा गया हैं । ऋग्वेद में इनका उल्लेख मिलता है । उनके बारेमें संक्षिप्त में जानते हैं।

ऋषि अगस्त्य वशिष्ठ के भाई थे। महर्षि अगस्त्य को पुलस्त्य ऋषि का पुत्र माना जाता है । उनके भाई का नाम विश्रवा था जो रावण के पिता थे। पुलस्त्य ऋषि ब्रह्मा के पुत्र थे। ऋषि वशिष्ठ के समान यह भी मित्रा वरूणी के पुत्र हैं। महर्षि अगस्त्य ने वि दर्भ-नरेश की पुत्री लोपा मुद्रा से विवाह किया, जो विद्वान और वेदज्ञ थीं। दक्षिण भारत में इसेमलयध्वज नाम के पांड्य राजा की पुत्री बताया जाता है । वहां इसका नाम कृष्णेक्षणा है । इनका इध्मवाह नाम का पुत्र था। महर्षि अगस्त्य की गणना सप्तर्षि यों में की जाती हैं । ये भगवान शंकर के सबसे श्रेष्ठ 7 शिष्यों में से एक थे। महर्षि अगस्त्य राजा दशरथ के राजगुरुथे।

महर्षि अगस्त्य को मंत्रद्रष्टा ऋषि कहा जाता है, क्योंकि उन्होंने अपने तपस्या काल में उन मंत्रों की शक्ति को देखा था। ऋग्वेद के अनेक मंत्र इनके द्वारा दृष्ट हैं। महर्षि अगस्त्य ने ही ऋग्वेद के प्रथम मंडल के 165 सूक्त से 191 तक के सूक्तों को बता या था। साथ ही इनके पुत्र दृढ़च्युत तथा दृढ़च्युत के पुत्र इध्मवाह भी नवम मंडल के 25वें तथा 26वें सूक्त के द्रष्टा ऋषि हैं। ऋषि अगस्त्य ने ही इन्द्र और मरुतों में संधि करवा ई थी।

अगस्त्य ऋषि ने ही विंध्यांचल की पहाड़ी में से दक्षिण भारत में पहुंचने का सरल मार्ग बनाया था। यह भी कहा जाता है कि इन्हों ने अपनी मंत्र शक्ति के बल पर विंध्याचल पर्वत को झुका दिया था। महर्षि अगस्त्य समुद्रस्थ राक्षसों के अत्याचार सेदेवताओं को मुक्ति दिलाने हेतु सारा समुद्र पी गए थे। अगस्त्य के बारे मे कहा जाता है कि एक बार इन्हों ने अपनी मंत्र शक्ति से समुद्र का समूचा जल पी लिया था। इसी प्रका र इल्वल तथा वातापीना मक दुष्ट दैत्यों द्वारा हो रहे ऋषि -संहार को इन्होंने ही बंद करवाया था। मणि मती नगरी के इल्वल तथा वातापी नामक दुष्ट दैत्यों की शक्ति को नष्ट कर दिया था। अगस्त्य ऋषि के काल में राजा श्रुतर्वा, बृहदस्थ और त्रसदस्यु थे। इन्हों ने अगस्त्य के साथ मिलकर दैत्यराज इल्वल को झुका कर उससेअपने राज्य के लिए धन-संपत्ति मांग ली थी। दक्षिण भारत में ऋषि अगस्त्य सर्वाधि क पूज्यनीय हैं। श्री राम अपने वनवास काल में ऋषि अगस्त्य के आश्रम में पधारेथे। ऋषि अगस्त्य के वंशजों को अगस्त्य वंशी कहा गया है। अगस्त्य वंश के गोत्रकार करंभ (करंभव) कौशल्य, क्रतुवंशोद्भव, गांधारकवन, पौलस्त्य, पौलह, मयोभुव, शकट (करट), सुमेधसये गोत्रकार अगस्त्य, मयोभुव तथा महेन्द्र हैं।

ऋषि अगस्त्य ने ‹अगस्त्य संहिता ‹ नामक ग्रंथ की रचना की। इस ग्रंथ की बहुत चर्चा होती है। इस ग्रंथ की प्राचीनता पर भी शोध हुए हैं और इसे सही पाया गया। आश्चर्यजनक रूप से इस ग्रंथ में विदुत उत्पादन से संबंधित सूत्र मिलते हैं:संस्थाप्य मृण्मये पात्रे ताम्रपत्रं सुसंस्कृतम्। छादयेच्छिखिग्रीवेन चादाभि: काष्ठापां सुभि:॥ दस्ता लोष्टो निधात्वय: पारदाच्छादितस्तत:। संयोगाज्जायते तेजो मित्रा वरुणसंज्ञि तम्॥ -अगस्त्य संहिता अर्थात: एक मिट्टी का पात्र लें, उसमें ताम्र पट्टिका डालें तथा शिखि ग्रीवा डालें, फिर बीच में गीली काष्ठ पांसु लगाएं, ऊपर पारा तथा दस्त लोष्ट डालें, फिर सारों को मिलाएंगे तो उससे मित्रा वरुणशक्ति का

उदय होगा । अगस्त्य संहिता में विदुत का उपयोग इलेक्ट्रोप्लेटिंग के लिए करने का भी विवरण मिलता है । उन्होंने बैटरी द्वारा तांबा या सोना या चांदी पर पॉलि श चढ़ाने की विधि निकाली अत: अगस्त्य को कुंभोद्भव भी कहते हैं।

अनने जलभंगोस्ति प्राणो दानेषु वायुषु। एवं शतानां कुंभा नां संयोगकार्यकृत्स्मृत:॥-अगस्त्य संहिता महर्षि अगस्त्य कहते हैं- सौ कुंभों (उपरोक्त प्रकार से बने तथा श्रृंखला में जोड़े गए सौ सेलों) की शक्ति का पानी पर प्रयोग करेंगे, तो पानी अपने रूप को बदलकर प्राणवायु (ऑक्सीजन) तथा उदान वायु (हायड्रोजन) में परिवर्तित हो जाएगा । कृत्रि मस्वर्णरजतलेप: सत्कृति रुच्यते। यवक्षा रमयोधा नौसुशक्तजलसन्निधो ॥ आच्छा दयति तत्ता म्रं स्वर्णेन रजतेन वा । सुवर्णलिप्तं तत्ता म्रंशा तकुंभमिति स्मृतम्॥ (अगस्त्य संहिता) अर्थात- कृत्रिम स्वर्ण अथवा रजत के लेप को सत्कृति कहा जाता है । लोहे के पात्र में सुशक्त जल (तेजाब का घोल) इसका सान्निध्य पाते ही यवक्षार (सोने या चांदी का नाइट्रेट) ताम्र को स्वर्ण या रजत सेढंक लेता है । स्वर्ण से लिप्त उस ताम्र को शातकुंभ अथवा स्वर्ण कहा जाता है । (इसका उल्लेख शुक्र नीति में भी है) विदुत तार: आधुनिक नौका चलन और विदुत वाहन, संदेश वाहन आदि के लिए जो अनेक बारीक तारों की बनी मोटी केबल या डोर बनती हैं वैसी प्राचीनकाल में भी बनती थी जिसे रज्जु कहते थे।

नवभि स्तस्त्रुभिः सूत्रं सूत्रैस्तु नवभि गुणः । गुणैस्तु नवभि पाशो रश्मि स्तैर्नवभि भवेत्। नवाष्टसप्तषड् संख्ये रश्मि भिर्रज्जवः स्मृताः ॥ 9 तारों का सूत्र बनता है । 9 सूत्रों का एक गुण, 9 गुणों का एक पाश, 9 पाशों सेएक रश्मि और 9, 8, 7 या 6 रज्जु रश्मि मिलाकर एक रज्जु बनती है आकाश में उड़ने वाले गर्म गुब्बारे इसके अलावा अगस्त्य मुनि ने गुब्बारों को आकाश में उड़ाने और वि मान को संचालित करने की तकनीक का भी उल्लेख किया है । वायुबंधक वस्त्रेण सुबध्दो यनमस्तके।उदा नस्य लघुत्वेन विभ्यर्त्या काशया नकम्॥ अर्थात: उदानवायु (हायड्रोजन)को वायु प्रतिबंधक वस्त्र में रोका जाए तो यह विमान विद्या में काम आता है । यानी वस्त्र में हाइड्रोजन पक्का बांध दिया जाए तो उससे आकाश में उड़ा जा सकता है ।

"जलनौ केव यानं यद्वि मानं व्योम्नि कीर्तितं।कृमि कोषसमुदगतं कौषेयमिति कथ्यते। सूक्ष्मा सूक्ष्मौ मृदुस्थलै औतप्रोतो यथाक्रमम्॥ वैतानत्वं च लघुताच

कौषेयस्य गुणसंग्रहः । कौशेयछत्रं कर्तव्यं सारणाकुचनात्मकम्। छत्रं विमाना द्वि गुणं आयामा दौ प्रतिष्ठितम्।।

अर्थात उपरोक्त पंक्तियों में कहा गया है कि विमान वायु पर उसी तरह चलता है, जैसेजल में नाव चलती है । तत्पश्चात उन काव्य पंक्तियों में गुब्बारों और आकाश छत्र के लिए रेशमी वस्त्र सुयोग्य कहा गया है, क्योंकि वह बड़ा लचीला होता हैं । वायुपुरण वस्त्र: प्राचीनकाल में ऐसा वस्त्र बनता था जिसमें वायु भरी जा सकती थी। उस वस्त्र को बनाने की निम्न विधि अगस्त्य संहिता में है ।

क्षी कद्रुमकदबाभ्राभया क्षत्वश्जलैस्त्रि भिः । त्रिफलो दैस्ततस्तद्द्वत्पाषयुषैस्ततः स्ततः ।। संयम्य शर्करासूक्ति चूर्ण मिश्रितवारिणां ।सुरसंकुट्टनं कृत्वा वासांसि स्तवयेत्सुधीः ।।-

अगस्त्य संहिता अर्थात: रेशमी वस्त्र पर अंजीर, कटहल, आंब, अक्ष, कदम्ब, मीराबो लेन वृक्ष के तीन प्रकार और दालें इनके रस या सत्व के लेप किए जाते हैं। तत्पश्चात सागर तट पर मिलने वाले शंख आदि और शर्करा का घोल यानी द्रव सीरा बना कर वस्त्र को भिगोया जाता है, फिर उसेसुखाया जाता है । फिर इसमें उदानवायु भरकर उड़ा जा सकता है । महर्षि अगस्त्य के बाद वैशेषिक दर्शन में भी ऊर्जा के स्रोत, उत्पत्ति और उपयोग के संबंध में बताया गया है ।

महर्षि कपिल

महर्षिकपिल प्राचीन भारत के एक प्रभावशाली ऋषि थे। उन्हें प्राचीन ऋषि कहा गया है । इन्ह सांख्यशास्त्र (यानि तत्व पर आधारित ज्ञान) के प्रवर्तक के रूप में जाना जाता हैं जिसके मान्य अर्थों के अनुसार विश्व का उद्भव विकासवादी प्रक्रिया से हुआ है । कई लोग इन्ह अनीश्वरवादी मानते हैं लेकिन गीता में इन्हें श्रेष्ठ मुनि कहा गया है । कपिल ने सर्वप्रथम विकासवाद का प्रतिपादन किया और संसार को एक क्रम के रूप में देखा। «कपिलस्मृति" उनका धर्मशास्त्र है । ये भगवान विष्णु के अवतार हैं|

संसार को स्वाभाविक गति से उत्पन्न मानकर इन्होंने संसार के किसी अति प्राकृतिक कर्ता का निषेध किया। सुख दुःख प्रकृति की देन हैं तथा पुरुष अज्ञान में बद्ध है । अज्ञान का नाश होने पर पुरुष और प्रकृति अपने-अपने स्थान पर स्थित हो जाते हैं। अज्ञानपाश के लिए ज्ञान की आवश्यकता है अत: कर्मकाण्ड निरर्थक है । ज्ञानमार्ग का यह प्रवर्तन भारतीय संस्कृति को कपिल की देन है । यदि बुद्ध,

महावीर जैस नास्तिक दार्शनिक कपिल से प्रभावित हों तो आश्चर्य नहीं। आस्तिक दार्शनिकों में स वेदान्त, योग दर्शन और पौराणिक स्पष्ट रूप में सांख्य के त्रिगुणवाद और विकासवाद को अपनाते हैं। इस प्रकार कपिल प्रवर्तित सांख्य का प्रभाव प्राय: सभी दर्शनों पर पड़ा है ।

कपिल ने क्या उपदेश दिया, इस पर विवाद और शोध होता रहा है । तत्वसमाससूत्र को उसके टीकाकार कपिल द्वारा रचित मानते हैं। सूत्र छोटे और सरल हैं। इसीलिए मैक्समूलर ने उन्हें बहुत प्राचीन बतलाया। 8वीं शताब्दी के जैन ग्रंथ ‹भगवदज्जुकीयम्› में सांख्य का उल्लेख करते हुए कहा गया है –

अष्टौ प्रकृतय:, षोडश विकारा:, आत्मा, पंचावयवा:, त्रैगुण्यम, मन:, संचर:, प्रतिसंचरश्च,

(आठ प्रकृतियाँ, सोलह विकार, आत्मा, पाँच अवयव, तीन, गुण, मन, सृष्टि और प्रलय) ये सांख्यशास्त्र के विषय हैं।

‹तत्वसमाससूत्र› में भी ऐसा ही पाठ मिलता है । साथ ही तत्वसमाससूत्र के टीकाकार भावागणेश कहते हैं कि उन्होंने टीका लिखते समय पंचशिख लिखित टीका से सहायता ली है । रिचार्ड गार्वे के अनुसार पंचशिख का काल प्रथम शताब्दी का होना चाहिए। अत: भगवज्जुकीयम् तथा भावागणेश की टीका को यदि प्रमाण मानें तो ‹तत्वसमाससूत्र› का काल ईसा की पहली शताब्दी तक ले जाया जा सकता है । इसके पूर्व इसकी स्थिति के लिए सबल प्रमाण का अभाव है । सांख्यप्रवचनसूत्र को भी कुछ टीकाकार कपिल की कृति मानते हैं। कौमुदीप्रभा के कर्ता स्वप्रेश्वर ‹सांख्यप्रवचनसूत्र› को पंचशिख की कृति मानते हैं और कहते हैं कि यह ग्रन्थ कपिल द्वारा निर्मित इसलिए माना गया हैं कि कपिल सांख्य के प्रवर्तक हैं। यही बात ‹तत्वसमास› के बारे में भी कही जा सकती है । परन्तु सांख्यप्रवचनसूत्र का विवरण माधव के ‹सर्वदर्शनसंग्रह› में नहीं है और न तो गुणरत्न में ही इसके आधार पर सांख्य का विवरण दिया है । अत: विद्वान् लोग इसे 14वीं शताब्दी का ग्रन्थ मानते हैं। लेकिन गीता (१०.२६) में इनका वर्णन आने से ये और प्राचीन लगते हैं।

इनके समय और जन्मस्थान के बारे में निश्चय नहीं किया जा सकता। पुराणों तथा महाभारत में इनका उल्लेख हुआ है । कहा जाता हैं, प्रत्येक कल्प के आदि

में कपिल जन्म लेते हैं। जन्म के साथ ही सारी सिद्धियाँ इनको प्राप्त होती हैं। इसीलिए इनको आदिसिद्ध और आदिविद्वान् कहा जाता है । इनका शिष्य कोई आसुरि नामक वंश में उत्पन्न वर्षसहस्रयाजी श्रोत्रिय ब्राह्मण बतलाया गया है । परम्परा के अनुसार उक्त आसुरि को निर्माणचित्त में अधिष्ठित होकर इन्होंने तत्वज्ञान का उपदेश दिया था। निर्माणचित्त का अर्थ होता है सिद्धि के द्वारा अपने चित्त को स्वेच्छा से निर्मित कर लेना। इससे मालूम होता है, कपिल ने आसुरि के सामने साक्षात् उपस्थित होकर उपदेश नहीं दिया अपितु आसुरि के ज्ञान में इनके प्रतिपादित सिद्धान्तों का स्फुरण हुआ, अत: ये ‹आसुरि› के गुरु कहलाए। महाभारत में ये सांख्य के वक्ता कहे गए हैं। इनको अग्नि का अवतार और ब्रह्मा का मानसपुत्र भी पुराणों में कहा गया है । श्रीमद्भगवत के अनुसार कपिल विष्णु के पंचम अवतार माने गए हैं। कर्दम और देवहूति से इनकी उत्पत्ति मानी गई हैं । बाद में इन्होंने अपनी माता देवहूति को सांख्यज्ञान का उपदेश दिया जिसका विशद वर्णन श्रीमद्भगवत के तीसरे स्कन्ध में मिलता है ।

कपिलवस्तु, जहाँ बुद्ध पैदा हुए थे, कपिल के नाम पर बसा नगर था और सगर के पुत्र ने सागर के किनारे कपिल को देखा और उनका शाप पाया तथा बाद में वहीं गंगा का सागर के साथ संगम हुआ। इससे मालूम होता है कि कपिल का जन्मस्थान संभवत: कपिलवस्तु और तपस्याक्षेत्र गंगासागर था। इससे कम-से-कम इतना तो अवश्य कह सकते हैं कि बुद्ध के पहले कपिल का नाम फैल चुका था। यदि हम कपिल के शिष्य आसुरि का शतपथ ब्राह्मण के आसुरि से अभिन्न मानें तो कह सकते हैं कि कम-से-कम ब्राह्मणकाल में कपिल की स्थिति रही होगी। इस प्रकार 700 वर्ष ई.पू. कपिल का काल माना जा सकता है ।

सांख्यशास्त्र का उद्देश्य तत्वज्ञान के द्वारा मोक्ष प्राप्त करना है । ब्राह्मण ग्रंथों म यज्ञकर्म के द्वारा अपवर्ग की प्राप्ति बतलाई गई है । कर्मकाण्ड के विपरीत ज्ञानकाण्ड को महत्व देना सांख्य की सबसे बड़ी विशेषता हैं । उपनिषदों में ज्ञान को कर्म से श्रेष्ठ माना गया है । यद्यपि अधिकांश उपनिषदों में ब्रह्म को चरम सत्ता और संसार को उसी का परिणाम या विवर्त बतलाया गया है; तथापि कुछ उपनिषदों में, मुख्य रूप स श्वेताश्वतर उपनिषद में सांख्य के सिद्धांतों का प्रतिपादन मिलता है । परन्तु यह प्रतिपादन क्रमबद्ध रूप में नहीं है, केवल कुछ ऐसे सिद्धान्तों की ओर संकेत करता है जिसका आगे चलकर सांख्य सिद्धान्त में

समावेश हो गया। कपिल को आदिसिद्ध अथवा सिद्धेश कहने का अर्थ यह है कि सभ्भवत: कपिल ने ही सर्वप्रथम ध्यान और तपस्या का मार्ग बतलाया था। उनके पहले कर्म ही एक मार्ग था और ज्ञान केवल चर्चा तक सीमित था। ज्ञान को साधना का रूप देकर कपिल ने त्याग, तपस्या एवं समाधि को भारतीय संस्कृति में पहली बार प्रतिष्ठित किया।

सांख्य में प्रकृति और पुरुष ये दो तत्व माने गए हैं। प्रकृति को सत्व, रजस् और तमस् इन तीन गुणों से निर्मित कहा गया है । त्रिगुण की साम्यावस्था, प्रकृति और इनके वैषम्य से सृष्टि होती है । सृष्टि में कुछ नया नहीं है, सब प्रकृति से ही उत्पन्न है । संसार प्रकृति का परिणाम मात्र है । सत्कार्यवाद और परिणामवाद के प्रवर्तक के रूप में सांख्य की प्रसिद्धि है । पुरुष के संनिधि मात्र से प्रकृति में वैषम्य होने से सृष्टि होती है । प्रकृति जड़ हैं -पुरुष चेतन, प्रकृति कर्ता है -पुरुष निष्क्रिय। लँगड़े और अन्धे के संयोग की तरह पुरुष और प्रकृति का संयोग हैं । पुरुष चेतन हैं और अपना बिम्ब प्रकृति में देखकर अपने को ही कर्ता समझता है और इसी अज्ञान के बन्धन में पड़कर दु:ख भोगता है, मोह को प्राप्त होता है । जिस समय पुरुष को ज्ञान हो जाता है कि वह कर्ता नहीं हैं, निर्लिप्त, कूटस्थ साक्षी मात्र हैं, प्रकृति का नाटय उसके लिए समाप्त हो जाता है । अज्ञानजन्य कर्मबन्थ से मुक्त होकर अपने केवल रूप को जान लेना कैवल्य या मोक्ष है और यही परम पुरुषार्थ है । मुक्त होने पर मुक्त पुरुष के लिए प्रकृति महत्वहीन है परन्तु अन्य संसारी पुरुष के लिए वह सत्य है क्योंकि प्रकृति का नाश नहीं होता। यही कारण हैं कि सांख्य में नाना पुरुष माने गए है । पुराणों तथा ‹सांख्यप्रवचनसूत्र› के अनुसार पुरुषों के ऊपर एक पुरुषोत्तम भी माना गया है । यह पुरुषोत्तम या ईश्वर पुरुष को मोक्ष देता है । परन्तु प्राचीनतम उपलब्ध सांख्य ग्रन्थ ‹सांख्यकारिका’ के अनुसार ईश्वर को सांख्य में स्थान नहीं है । स्पष्टत: कपिल भी निरीश्वरवादी थे, सेश्वर सांख्य (ईश्वरवादी सांख्य) का विकास बाद में हुआ।

सांख्य में पचीस तत्व माने गए हैं। पुरुष, पुरुष की संनिधियुक्त प्रकृति से महत् या बुद्धि, बुद्धि से अहंकार, अहंकार से पाँच तन्मात्राएँ अथवा सूक्ष्म भूत और मन, पाँच तन्मात्राओं से पाँच ज्ञानेन्द्रियाँ, पाँच कर्मेन्द्रियाँ और पाँच स्थूलभूत उत्पन्न होते हैं। इनमें से प्रकृति किसी से उत्पन्न नहीं है, महत् अहंकार और तन्मात्राएँ, ये सात प्रकृति से उत्पन्न हैं और दूसरे तत्वों को उत्पन्न भी करते हैं। बाकी सोलह

तत्व केवल उत्पन्न हैं, किसी नए तत्व को जन्म नहीं देते। अत: ये सोलह विकार माने जाते हैं, प्रकृति अविकारी है, महत् आदि सात तत्व स्वयं विकारी हैं और विकार उत्पन्न भी करते हैं।

महर्षि वाल्मीकि

महर्षिवाल्मीकि, संस्कृत रामायण के प्रसिद्ध रचयिता हैं जो आदिकवि के रूप में प्रसिद्ध हैं। उन्होंने संस्कृत मे रामायण की रचना की।महर्षि वाल्मीकि द्वारा रची रामायण वाल्मीकि रामायण कहलाई। रामायण एक महाकाव्य है जो कि राम के जीवन के माध्यम से हमें जीवन के सत्य व कर्तव्य से, परिचित करवाता हैं । आदिकवि शब्द 'आदि' और 'कवि' के मेल से बना है । 'आदि' का अर्थ होता है 'प्रथम' और 'कवि' का अर्थ होता है 'काव्य का रचयिता'। वाल्मीकि ने संस्कृत के प्रथम महाकाव्य की रचना की थी जो रामायण के नाम से प्रसिद्ध है । प्रथम संस्कृत महाकाव्य की रचना करने के कारण वाल्मीकि आदिकवि कहलाये।वाल्मीकि आदिकवि थे ।

रामायण में भगवान वाल्मीकि ने 24000 श्लोकों में श्रीराम उपाख्यान 'रामायण' लिखी। ऐसा वर्णन है कि- एक बार वाल्मीकि क्रौंच पक्षी के एक जोड़े को निहार रहे थे। वह जोड़ा प्रेमालाप में लीन था, तभी उन्होंने देखा कि बहेलिये ने प्रेम-मग्न क्रौंच (सारस) पक्षी के जोड़े में से नर पक्षी का वध कर दिया। इस पर मादा पक्षी विलाप करने लगी। उसके विलाप को सुनकर वाल्मीकि की करुणा जाग उठी और द्रवित अवस्था में उनके मुख से स्वतः ही यह श्लोक फूट पड़ा।

मा निषाद प्रतिष्ठां त्वंगमः शाश्वतीः समाः।

यत्क्रौंचमिथुनादेकं वधीः काममोहितम्॥

(अर्थ: हे दुष्ट, तुमने प्रेम में मग्न क्रौंच पक्षी को मारा है । जा तुझे कभी भी प्रतिष्ठा की प्राप्ति नहीं हो पायेगी और तुझे भी वियोग झेलना पड़ेगा।)

उसके बाद उन्होंने प्रसिद्ध महाकाव्य «रामायण» (जिसे «वाल्मीकि रामायण» के नाम से भी जाना जाता है) की रचना की और "आदिकवि वाल्मीकि" के नाम से अमर हो गये। अपने महाकाव्य «रामायण» में उन्होंने अनेक घटनाओं के समय सूर्य, चंद्र तथा अन्य नक्षत्र की स्थितियों का वर्णन किया है । इससे ज्ञात होता है कि

व ज्योतिष विद्या एवं खगोल विद्या के भी प्रकाण्ड ज्ञानी थे। महर्षि वाल्मीकि जी ने पवित्र ग्रंथ रामायण की रचना की परंतु वे आदिराम से अनभिग रहे।

राम राम सब जगत बखाने | आदि राम कोइ बिरला जाने ||

अपने वनवास काल के दौरान भगवान»श्रीराम» वाल्मीकि के आश्रम में भी गये थे। भगवान वाल्मीकि को «श्रीराम» के जीवन में घटित प्रत्येक घटना का पूर्ण ज्ञान था। सतयुग, त्रेता और द्वापर तीनों कालों में वाल्मीकि का उल्लेख मिलता है इसलिए भगवान वाल्मीकि को सृष्टिकर्ता भी कहते हैं, रामचरितमानस के अनुसार जब श्रीराम वाल्मीकि आश्रम आए थे तो आदिकवि वाल्मीकि के चरणों में दण्डवत प्रणाम करने के लिए वे जमीन पर डंडे की भांति लेट गए थे और उनके मुख से निकला था "तुम त्रिकालदर्शी मुनिनाथा, विस्व बदर जिमि तुमरे हाथा।" अर्थात आप तीनों लोकों को जानने वाले स्वयं प्रभु हैं। ये संसार आपके हाथ में एक बैर के समान प्रतीत होता है ।

महाभारत काल में भी वाल्मीकि का वर्णन मिलता है । जब पांडव कौरवों से युद्ध जीत जाते हैं तो द्रौपदी यज्ञ रखती हैं, जिसके सफल होने के लिये शंख का बजना जरूरी था परन्तु कृष्ण सहित सभी द्वारा प्रयास करने पर भी पर यज्ञ सफल नहीं होता तो कृष्ण के कहने पर सभी वाल्मीकि से प्रार्थना करते हैं। जब वाल्मीकि वहां प्रकट होते हैं तो शंख खुद बज उठता है और द्रौपदी का यज्ञ सम्पूर्ण हो जाता है । इस घटना को कबीर ने भी स्पष्ट किया है «सुपच रूप धार सतगुरु आए। पांडवो के यज्ञ में शंख बजाए।»

महर्षि च्यवन

महर्षि च्यवन एक ऋषि थे जिन्होने जड़ी-बुटियों से ‹च्यवनप्राश› नामक एक औषधि बनाकर उसका सेवन किया तथा अपनी वृद्धावस्था से पुनः युवा बन गए थे। महाभारत के अनुसार, उनमें इतनी शक्ति थी कि व इन्द्र क वज्र को भी पीछे धकेल सकते थे। वे अत्यन्त तपस्वी थे। च्यवन, भृगु मुनि के पुत्र थे। एक बार वे तप करने ढोसी पहाड़ी (नारनौल,महेन्द्रगढ हरियाणा) पर बैठे थे,तप करते-करते उन्हें हजारों वर्ष व्यतीत हो गये। यहाँ तक कि उनके शरीर में दीमक-मिट्टी चढ़ गई और लता-पत्तों ने उनके शरीर को ढँक लिया। उन्हीं दिनों राजा शर्याति अपनी चार हजार

रानियों और एकमात्र रूपवती पुत्री सुकन्या के साथ इस वन में आये। सुकन्या अपनी सहेलियों के साथ घूमते हुये दीमक-मिट्टी एवं लता-पत्तों से ढँके हुये तप करते च्यवन के पास पहुँच गई। उसने देखा कि दीमक-मिट्टी के टीले में दो गोल-गोल छिद्र दिखाई पड़ रहे हैं जो कि वास्तव में च्यवन ऋषि की आँखें थीं। सुकन्या ने कौतूहलवश उन छिद्रों में लकडी कूँच दी। लकडी के कूँचते ही उन छिद्रों से रुधिर बहने लगा। जिसे देखकर सुकन्या भयभीत हो चुपचाप वहाँ से चली गई।

आँखों में काँटे गड़ जाने के कारण च्यवन ऋषि अन्धे हो गये। अपने अन्धे हो जाने पर उन्हें बड़ा क्रोध आया और उन्होंने तत्काल शर्याति की सेना का मल-मूत्र रुक जाने का शाप दे दिया। राजा शर्याति ने इस घटना से अत्यन्त क्षुब्ध होकर पूछा कि क्या किसी ने च्यवन ऋषि को किसी प्रकार का कष्ट दिया है? उनके इस प्रकार पूछने पर सुकन्या ने सारी बातें अपने पिता को बता दी। राजा शर्याति ने तत्काल च्यवन ऋषि के पास पहुँच कर क्षमायाचना की। च्यवन ऋषि बोले कि राजन्! तुम्हारी कन्या ने भयंकर अपराध किया है । यदि तुम मेरे शाप से मुक्त होना चाहते हो तो तुम्हें अपनी कन्या का विवाह मेरे साथ करना होगा। इस प्रकार सुकन्या का विवाह च्यवन ऋषि से हो गया।

सुकन्या अत्यन्त पतिव्रता थी। अन्धे च्यवन ऋषि की सेवा करते हुये अनेक वर्ष व्यतीत हो गये। हठात् एक दिन च्यवन ऋषि के आश्रम में दोनों अश्वनीकुमार आ पहुँचे। सुकन्या ने उनका यथोचित आदर-सत्कार एवं पूजन किया। अश्वनीकुमार बोले, «कल्याणी! हम देवताओं के वैद्य हैं। तुम्हारी सेवा से प्रसन्न होकर हम तुम्हारे पति की आँखों में पुनः दीप्ति प्रदान कर उन्हें यौवन भी प्रदान कर रहे हैं। तुम अपने पति को हमारे साथ सरोवर तक जाने के लिये कहो।» च्यवन ऋषि को साथ लेकर दोनों अश्वनीकुमारों ने सरोवर में डुबकी लगाई। डुबकी लगाकर निकलते ही च्यवन ऋषि की आँखें ठीक हो गईं और वे अश्वनी कुमार जैसे ही युवक बन गये। उनका रूप-रंग, आकृति आदि बिल्कुल अश्वनीकुमारों जैसा हो गया। उन्होंने सुकन्या से कहा कि देवि! तुम हममें से अपने पति को पहचान कर उसे अपने आश्रम ले जाओ। इस पर सुकन्या ने अपनी तेज बुद्धि और पातिव्रत धर्म से अपने पति को पहचान कर उनका हाथ पकड़ लिया। सुकन्या की तेज बुद्धि और पातिव्रत धर्म से अश्वनीकुमार अत्यन्त प्रसन्न हुये और उन दोनों को आशीर्वाद देकर वहाँ से चले गये।

जब राजा शर्याति को च्यवन ऋषि की आँखें ठीक होने नये यौवन प्राप्त करने का समाचार मिला तो वे अत्यन्त प्रसन्न हुये और उन्होंने च्यवन ऋषि से मिलकर उनसे यज्ञ कराने की बात की। च्यवन ऋषि ने उन्हें यज्ञ की दीक्षा दी। उस यज्ञ में जब अश्वनीकुमारों को भाग दिया जाने लगा तब देवराज इन्द्र ने आपत्ति की कि अश्वनीकुमार देवताओं के चिकित्सक हैं, इसलिये उन्हें यज्ञ का भाग लेने की पात्रता नहीं है । किन्तु च्यवन ऋषि इन्द्र की बातों को अनसुना कर अश्वनीकुमारों को सोमरस देने लगे। इससे क्रोधित होकर इन्द्र ने उन पर वज्र का प्रहार किया लेकिन ऋषि ने अपने तपोबल से वज्र को बीच में ही रोककर एक भयानक राक्षस उत्पन्न कर दिया। वह राक्षस इन्द्र को निगलने के लिये दौड़ पड़ा। इन्द्र ने भयभीत होकर अश्वनीकुमारों को यज्ञ का भाग देना स्वीकार कर लिया और च्यवन ऋषि ने उस राक्षस को भस्म करके इन्द्र को उसके कष्ट से मुक्ति दिला दी। चवन ऋषीं का मंदिर महाराष्ट्र के सातारा जिल्हे के सह्याद्री के पहाड़ों में करंजखोप गांव में है वहां पर हर साल मेला लग जाता है।

महर्षी दधीचि

दधीचि वैदिक ऋषि थे। इनके जन्म के संबंध में अनेक कथाएँ हैं। यास्क के मतानुसार ये अथर्व के पुत्र हैं। पुराणों में इनकी माता का नाम ‹शांति› मिलता है । इनकी तपस्या के संबंध में भी अनेक कथाएँ प्रचलित हैं। इन्हीं की हड्डियों से बने वज्र स इंद्र न वृत्रासुर का संहार किया था। कुछ लोग आधुनिक मिश्रिखतीर्थ (उत्तर प्रदेश क सीतापुर जिले) को इनकी तपोभूमि बताते हैं। इनका प्राचीन नाम 'दध्यंच' कहा जाता है ।

यास्क के मतानुसार दधीचि की माता 'चित्ति' और पिता 'अथर्वा' थे, इसीलिए इनका नाम 'दधीचि' हुआ था। किसी पुराण के अनुसार यह कर्दम ऋषि की कन्या 'शांति' के गर्भ से उत्पन्न अथर्वा के पुत्र थे। दधीचि प्राचीन काल के परम तपस्वी और ख्यातिप्राप्त महर्षि थे। उनकी पत्नी का नाम 'गभस्तिनी' था। महर्षि दधीचि वेद शास्त्रों आदि के पूर्ण ज्ञाता और स्वभाव के बड़े ही दयालु थे। अहंकार तो उन्हें छू तक नहीं पाया था। वे सदा दूसरों का हित करना अपना परम धर्म समझते थे। उनके व्यवहार से उस वन के पशु-पक्षी तक संतुष्ट थे, जहाँ वे रहते थे। गंगा के तट पर ही उनका आश्रम था। जो भी अतिथि महर्षि दधीचि के आश्रम पर आता, स्वयं

महर्षि तथा उनकी पत्नी अतिथि की पूर्ण श्रद्धा भाव से सेवा करते थे। यूँ तो 'भारतीय इतिहास' में कई दानी हुए हैं, किंतु मानव कल्याण के लिए अपनी अस्थियों का दान करने वाले मात्र महर्षि दधीचि ही थे। देवताओं के मुख से यह जानकर की मात्र दधीचि की अस्थियों से निर्मित वज्र द्वारा ही असुरों का संहार किया जा सकता है, महर्षि दधीचि ने अपना शरीर त्याग कर अस्थियों का दान कर दिया।

लोक कल्याण के लिये आत्म-त्याग करने वालों में महर्षि दधीचि का नाम बड़े ही आदर के साथ लिया जाता है । यास्क के मतानुसार दधीचि की माता ‹चित्ति› और पिता ‹अथर्वा› थे, इसीलिए इनका नाम ‹दधीचि› हुआ था। किसी पुराण के अनुसार यह कर्दम ऋषि की कन्या ‹शांति› के गर्भ से उत्पन्न अथर्वा के पुत्र थे। अन्य पुराणानुसार यह शुक्राचार्य के पुत्र थे। महर्षि दधीचि तपस्या और पवित्रता की प्रतिमूर्ति थे। भगवान शिव के प्रति अटूट भक्ति और वैराग्य में इनकी जन्म से ही निष्ठा थी।

कहा जाता हैं कि एक बार इन्द्रलोक पर ‹वृत्रासुर›(दधीचि के मास से भगवान विष्णुका सुदर्शन चक्रभी बना है ।) नामक राक्षस ने अधिकार कर लिया तथा इन्द्र सहित देवताओं को देवलोक से निकाल दिया। सभी देवता अपनी व्यथा लेकर ब्रह्मा, विष्णु व महेश के पास गए, लेकिन कोई भी उनकी समस्या का निदान न कर सका। बाद में ब्रह्मा जी ने देवताओं को एक उपाय बताया कि पृथ्वी लोक में ‘दधीचि’ नाम के एक महर्षि रहते हैं। यदि वे अपनी अस्थियों का दान कर दें तो उन अस्थियों से एक वज्र बनाया जाये। उस वज्र से वृत्रासुर मारा जा सकता है, क्योंकि वृत्रासुर को किसी भी अस्त्र-शस्त्र से नहीं मारा जा सकता। महर्षि दधीचि की अस्थियों में ही वह ब्रह्म तेज़ है, जिससे वृत्रासुर राक्षस मारा जा सकता है । इसके अतिरिक्त और कोई दूसरा उपाय नहीं है ।

देवराज इन्द्र महर्षि दधीचि के पास जाना नहीं चाहते थे, क्योंकि इन्द्र ने एक बार दधीचि का अपमान किया था, जिसके कारण वे दधीचि के पास जाने से कतरा रहे थे। माना जाता हैं कि ब्रह्म विद्या का ज्ञान पूरे विश्व में केवल महर्षि दधीचि को ही था। महर्षि मात्र विशिष्ट व्यक्ति को ही इस विद्या का ज्ञान देना चाहते थे, लेकिन इन्द्र ब्रह्म विद्या प्राप्त करने के परम इच्छुक थे। दधीचि की दृष्टि में इन्द्र इस विद्या के पात्र नहीं थे। इसलिए उन्होंने इन्द्र को इस विद्या को देने से

मना कर दिया। दधीचि के इंकार करने पर इन्द्र ने उन्हें किसी अन्य को भी यह विद्या देने को मना कर दिया और कहा कि- «यदि आपने ऐसा किया तो मैं आपका सिर धड़ से अलग कर दूँगा»। महर्षि ने कहा कि- «यदि उन्हें कोई योग्य व्यक्ति मिलेगा तो वे अवश्य ही ब्रह्म विद्या उसे प्रदान करेंगे।» कुछ समय बाद इन्द्रलोक से ही अश्विनीकुमार महर्षि दधीचि के पास ब्रह्म विद्या लेने पहुँचे। दधीचि को अश्विनीकुमार ब्रह्म विद्या पाने के योग्य लगे। उन्होंने अश्विनीकुमारों को इन्द्र द्वारा कही गई बातें बताईं। तब अश्विनीकुमारों ने महर्षि दधीचि को अश्व का सिर लगाकर ब्रह्म विद्या प्राप्त कर ली। इन्द्र को जब यह जानकारी मिली तो वह पृथ्वी लोक में आये और अपनी घोषणा के अनुसार महर्षि दधीचि का सिर धड़ से अलग कर दिया। अश्विनीकुमारों ने महर्षि के असली सिर को फिर से लगा दिया। इन्द्र ने अश्विनीकुमारों को इन्द्रलोक से निकाल दिया। यही कारण था कि अब इन्द्र महर्षि दधीचि के पास उनकी अस्थियों का दान माँगने के लिए आना नहीं चाहते थे। वे इस कार्य के लिए बड़ा ही संकोच महसूस कर रहे थे।

देवलोक पर वृत्रासुर राक्षस के अत्याचार दिन-प्रतिदिन बढ़ते ही जा रहे थे। वह देवताओं को भांति-भांति से परेशान कर रहा था। अन्ततः देवराज इन्द्र को इन्द्रलोक की रक्षा व देवताओं की भलाई के लिए और अपने सिंहासन को बचाने के लिए देवताओं सहित महर्षि दधीचि की शरण में जाना ही पड़ा। महर्षि दधीचि ने इन्द्र को पूरा सम्मान दिया तथा आश्रम आने का कारण पूछा। इन्द्र ने महर्षि को अपनी व्यथा सुनाई तो दधीचि ने कहा कि- «मैं देवलोक की रक्षा के लिए क्या कर सकता हूँ।» देवताओं ने उन्हें ब्रह्मा, विष्णु व महेश की कहीं हुई बातें बताईं तथा उनकी अस्थियों का दान माँगा। महर्षि दधीचि ने बिना किसी हिचकिचाहट के अपनी अस्थियों का दान देना स्वीकार कर लिया। उन्होंने समाधी लगाई और अपनी देह त्याग दी। उस समय उनकी पत्नी आश्रम में नहीं थी। अब देवताओं के समक्ष ये समस्या आई कि महर्षि दधीचि के शरीर के माँस को कौन उतारे। इस कार्य के ध्यान में आते ही सभी देवता सहम गए। तब इन्द्र ने कामधेनु गाय को बुलाया और उसे महर्षि के शरीर से मांस उतारने को कहा। कामधेनु ने अपनी जीभ से चाट-चाटकर महर्षि के शरीर का माँस उतार दिया। अब केवल अस्थियों का पिंजर रह गया था।

महर्षि दधीचि ने तो अपनी देह देवताओं की भलाई के लिए त्याग दी, लेकिन जब उनकी पत्नी ‹गभस्तिनी› वापस आश्रम में आई तो अपने पति की देह को

देखकर विलाप करने लगी तथा सती होने की जिद करने लगी। तब देवताओ ने उन्हें बहुत मना किया, क्योंकि वह गर्भवती थी। देवताओं ने उन्हें अपने वंश के लिए सती न होने की सलाह दी। लेकिन गभस्तिनी नहीं मानी। तब सभी ने उन्हें अपने गर्भ को देवताओं को सौंपने का निवेदन किया। इस पर गभस्तिनी राजी हो गई और अपना गर्भ देवताओं को सौंपकर स्वयं सती हो गई। देवताओं ने गभस्तिनी के गर्भ को बचाने के लिए पीपल को उसका लालन-पालन करने का दायित्व सौंपा। कुछ समय बाद वह गर्भ पलकर शिशु हुआ तो पीपल द्वारा पालन पोषण करने के कारण उसका नाम ‹पिप्पलाद› रखा गया। इसी कारण दधीचि के वंशज ‹दाधीच› कहलाते हैं। ।

महर्षी शौनक

सनातन धर्म के ग्रंथों व पुराणों में काल को मन्वंतरों में विभाजित कर प्रत्येक मन्वंतर में हुए ऋषियों के ज्ञान और उनके योगदान को परिभाषित किया है। इसके अनुसार प्रत्येक मन्वंतर में प्रमुख रूप से सात प्रमुख ऋषि हुए हैं। जिनमें से एक थे ऋषि शौनक। पुराणों के अनुसार ऋषि शौनक एक वैदिक आचार्य थे, जो भृगुवंशी शुनक ऋषि के पुत्र थे। इनका पूरा नाम इंद्रोतदैवाय शौनक था। बताया जाता हैं कि ऋषि शौनक ऋषि भृगु वंशी शुनक ऋषि के पुत्र थे।ये प्रसिद्ध वैदिक आचार्य थे।शत पथ ब्राह्मण के निर्देशानुसार इनका पूरा नाम इंद्रोत दैवाय शौनक था जिन्हों ने राजा जनमेजय का अश्वमेधयज्ञ कराया था।महाभारत इनके विषय में एक नूतन तथ्य का संकेत करता है, वह यह कि जनमेजय नामक एक राजा को ब्रह्म हत्या लगी थी जिसके निवारण के लिए उसने अपने पुरोहित से प्रार्थना की।प्रार्थना को पुरोहित ने नहीं माना।तब राजा इस ऋषि की शरण में आया।ऋषि ने राजा से अश्वमेध यज्ञ कराया तथा उसकी ब्रह्म हत्या का पूर्णतया निवारण कर उसे स्वर्ग भेज दिया।नैमिषारण्य में इन्होंने एक बहुत बड़ा यज्ञ किया था, जो बारह वर्षों तक चलता रहा था।शौनक ऋषि जनमेजय के 'सर्पसत्र' नामक महानयज्ञ के पुरोहित थे।शौनक ऋषि के यज्ञ में उग्र श्रवा ने महाभारत की कथा सुनायी थी।कुछ ग्रंथ भी शौनक ऋषि द्वारा रचित किये गए थे।

जैमिनीय उपनिषद ब्राह्मण में इंद्रोत श्रुत के शिष्य बतलाए गए हैं। वैदिक आचार्य और ऋषि शौनक ने गुरु-शिष्य परंपरा व संस्कारों को इतना फैलाया कि

उन्हें दस हजार शिष्यों वाले गुरुकुल का कुलपति होने का गौरव मिला था।शिष्यों की यह तादाद कई आधुनिक विश्वविद्यालयों की तुलना में भी कहीं ज्यादा थी। 'ऋष्यानुक्रमणी' के अनुसार, यह शनुहोत्र ऋषि का पुत्र था, एवं शनुक के इसे अपना पुत्र मानने के कारण, इसे 'शौनक' पैतृक नाम प्राप्त हुआ।यह पहले अंगिरसगोत्रीय था, किन्तु बाद में भृगु-गोत्रीयबन गया।

महर्षी सुश्रुत

महर्षी सुश्रुत प्राचीन भारत के महान चिकित्साशास्त्री एवं शल्यचिकित्सक थे। व आयुर्वेद के महान ग्रन्थ सुश्रुतसंहिता के प्रणेता हैं। इनको शल्य चिकित्सा का जनक कहा जाता है । आज से लगभग 2500 साल पहले प्लास्टिक सर्जरी की थी। शल्य चिकित्सा के पितामह और 'सुश्रुत संहिता' के प्रणेता आचार्य सुश्रुत का जन्म छठी शताब्दी ईसा पूर्व म काशी में हुआ था। इन्होंन धन्वन्तरि से शिक्षा प्राप्त की। सुश्रुत संहिता को भारतीय चिकित्सा पद्धति में विशेष स्थान प्राप्त है ।

सुश्रुत संहिता में सुश्रुत को विश्वामित्र का पुत्र कहा है । 'विश्वामित्र' से कौन से विश्वामित्र अभिप्रेत हैं, यह स्पष्ट नहीं। सुश्रुत ने काशीपति दिवोदास से शल्यतंत्र का उपदेश प्राप्त किया था। काशीपति दिवोदास का समय ईसा पूर्व की दूसरी या तीसरी शती संभावित है । सुश्रुत के सहपाठी औपधेनव, वैतरणी आदि अनेक छात्र थे। सुश्रुत का नाम नावनीतक में भी आता है । अष्टांगसंग्रह में सुश्रुत का जो मत उद्त किया गया है; वह मत सुश्रुत संहिता में नहीं मिलता; इससे अनुमान होता है कि सुश्रुत संहिता के सिवाय दूसरी भी कोई संहिता सुश्रुत के नाम से प्रसिद्ध थी।

सुश्रुत के नाम पर आयुर्वेद भी प्रसिद्ध है । यह सुश्रुत राजर्षि शालिहोत्र के पुत्र कहे जाते हैं (शालिहोत्रेण गर्गेण सुश्रुतेन च भाषितम् - सिद्धोपदेशसंग्रह)। सुश्रुत के उत्तरतंत्र को दूसरे का बनाया मानकर कुछ लोग प्रथम भाग को सुश्रुत के नाम से कहते हैं; जो विचारणीय हैं । वास्तव में सुश्रुत संहिता एक ही व्यक्ति की रचना है । सुश्रुत संहिता में शिल्य चिकित्सा के विभिन्न पहलुओं को विस्तार से समझाया गया है । शल्य क्रिया के लिए सुश्रुत 125 तरह के उपकरणों का प्रयोग करते थे। ये उपकरण शल्य क्रिया की जटिलता को देखते हुए खोजे गए थे। इन उपकरणों में विशेष प्रकार के चाकू, सुइयां, चिमटियां आदि हैं। सुश्रुत ने 300 प्रकार की

ऑपरेशन प्रक्रियाओं की खोज की। सुश्रुत न कॉस्मेटिक सर्जरी में विशेष निपुणता हासिल कर ली थी। सुश्रुत नेत्र शल्य चिकित्सा भी करते थे। सुश्रुतसंहिता म मोतियाबिंद के ओपरेशन करने की विधि को विस्तार से बताया गया है । उन्हें शल्य क्रिया द्वारा प्रसव कराने का भी ज्ञान था। सुश्रुत को टूटी हुई हड्डियों का पता लगाने और उनको जोडने में विशेषज्ञता प्राप्त थी।

शल्य क्रिया के दौरान होने वाले दर्द को कम करने के लिए वे मद्यपान या विशेष औषधियां देते थे। मद्य संज्ञाहरण का कार्य करता था। इसलिए सुश्रुत को संज्ञाहरण का पितामह भी कहा जाता है । इसके अतिरिक्त सुश्रुत को मधुमेह व मोटापे के रोग की भी विशेष जानकारी थी। सुश्रुत श्रेष्ठ शल्य चिकित्सक होने के साथ-साथ श्रेष्ठ शिक्षक भी थे। उन्होंने अपने शिष्यों को शल्य चिकित्सा के सिद्धांत बताये और शल्य क्रिया का अभ्यास कराया। प्रारंभिक अवस्था में शल्य क्रिया के अभ्यास के लिए फलों, सब्जियों और मोम के पुतलों का उपयोग करते थे। मानव शारीर की अंदरूनी रचना को समझाने के लिए सुश्रुत शव के ऊपर शल्य क्रिया करके अपने शिष्यों को समझाते थे। सुश्रुत ने शल्य चिकित्सा में अद्त कौशल अर्जित किया तथा इसका ज्ञान अन्य लोगों को कराया। इन्होंने शल्य चिकित्सा के साथ-साथ आयुर्वेद के अन्य पक्षों जैसे शरीर सरंचना, काय चिकित्सा, बाल रोग, स्त्री रोग, मनोरोग आदि की जानकारी भी दी।

महर्षि गर्ग

ज्योतिष शास्त्र के प्रवर्तक महर्षि गर्ग यदुवंशियो के आचार्य व अंगिरस गौत्र के एक महान ऋषि हैं ।इन्हें गर्गाचार्य जी के नाम से भी जाना है । इनके पिता का नाम भुवमन्यु व माता विजया थी।भगवान शिव पार्वती का विवाह इन्ही के आचार्यत्व में सम्पन्न हुआ था। भगवान श्री कृष्ण व बलराम का नामकरण संस्कार भी इन्हीं के द्वारा किया गया था।इन्होंने शेषनाग जी से ज्योतिष विद्या का ज्ञान प्राप्त किया था। इन्होंने ऋतवाक मुनि द्वारा अपने पुत्र के संबंध में पूछने पर रेवती नक्षत्र के तेज का वर्णन किया व ज्योतिष में रेवती नक्षत्र का मंहत्व बताया था।समस्त ऋषियों में चारो उपाधि से विभूषित क्रमशः महर्षि-आचार्य-मुनि-गुरू गर्गाचार्य जी हैं ।महर्षि गर्ग शुक्ल वंश के प्रवर्तक हुए इनके वंशज ब्राह्मणों को गर्ग ब्राह्मण व कृष्णगौड़ ब्राह्मण के नाम से जाना जाता है ।

महर्षी बौधायन

बौधायन भारत के प्राचीन गणितज्ञ और शुल्ब सूत्र तथा श्रौतसूत्र के रचयिता थे। आचार्य बौधायन लगभग 1200 ई.पू. से 800 ई.पू.में वेदी ब्राह्मण और गणितज्ञ थे । ज्यामिति के विषय में प्रमाणिक मानते हुए सारे विश्व म यूक्लिड की ही ज्यामिति पढ़ाई जाती है । मगर यह स्मरण रखना चाहिए कि महान यूनानी ज्यामितिशास्त्री यूक्लिड से पूर्व ही भारत में कई रेखागणितज्ञ ज्यामिति के महत्वपूर्ण नियमों की खोज कर चुके थे, उन रेखागणितज्ञों में बौधायन का नाम सर्वोपरि है । उस समय भारत में रेखागणित या ज्यामिति को शुल्व शास्त्रभी कहा जाता था।

बौधायन क सूत्र वैदिक संस्कृत में हैं तथा धर्म, दैनिक कर्मकाण्ड, गणित आदि से सम्बन्धित हैं। व कृष्ण यजुर्वेद के तैत्तिरीय शाखा से सम्बन्धित हैं। सूत्र ग्रन्थों में सम्भवतः ये प्राचीनतम ग्रन्थ हैं। इनकी रचना सम्भवतः ८वीं-७वीं शताब्दी ईसापूर्व हुई थी।

बौधायन सूत्र के अन्तर्गत निम्नलिखित ६ ग्रन्थ आते हैं-

1. बौधायन श्रौतसूत्र - यह सम्भवतः १९ प्रश्नों के रूप में हैं ।

2. बौधायन कर्मान्तसूत्र - २१ अध्यायों में

3. बौधायन द्वैधसूत्र - ४ प्रश्न

4. बौधायन गृह्यसूत्र - ४ प्रश्न

5. बौधायन धर्मसूत्र - ४ प्रश्नों में

6. बौधायन शुल्बसूत्र - ३ अध्यायों में

सबसे बड़ी बात यह हैं कि बौधायन के शुल्बसूत्रों में आरम्भिक गणित और ज्यामिति के बहुत से परिणाम और प्रमेय हैं, जिनम २ का वर्गमूल का सन्निकट मान, तथा पाइथागोरस प्रमेय का एक कथन शामिल हैं ।

समकोण त्रिभुज से सम्बन्धित पाइथागोरस प्रमेय सबसे पहले महर्षि बोधायन की देन हैं । पायथागोरस का जन्म तो ईसा के जन्म के 8 वीं शताब्दी पहले हुआ था जबकि हमारे यहाँ इसे ईसा के जन्म के 15 वी शताब्दी पहले से ही ये पढ़ायी जाती थी। बौधायन का यह निम्न लिखित सूत्र है:

दीर्घचतुरश्रस्याक्ष्णया रज्जुः पार्श्वमानी तिर्यग् मानी च यत् पृथग् भूते कुरूतस्तदुभयं करोति ॥

विकर्ण पर कोई रस्सी तानी जाय तो उस पर बने वर्ग का क्षेत्रफल ऊर्ध्व भुजा पर बने वर्ग तथा क्षैतिज भुजा पर बने वर्ग के योग के बराबर होता है ।

यह कथन ‹पाइथागोरस प्रमेय› का सबसे प्राचीन लिखित कथन है ।

बौधायन श्लोक में विस्तारित किया गया है, किसी वर्ग की भुजाओं की लम्बाई दिए होने पर विकर्ण की लम्बाई निकालने की विधि बताता है । दूसरे शब्दों में यह 2 का वर्गमूल निकालने की विधि बताता है ।

समस्य द्विकर्णि प्रमाणं तृतीयेन वर्धयेत।

तच् चतुर्थेनात्मचतुस्त्रिंशोनेन सविशेषः। ।

किसी वर्ग का विकर्ण का मान प्राप्त करने के लिए भुजा में एक-तिहाई जोड़कर, फिर इसका एक-चौथाई जोड़कर, फिर इसका चौतीसवाँ भाग घटाकर जो मिलता है वही लगभग विकर्ण का मान है ।

अर्थात्

$${\displaystyle {\sqrt {2}}\approx 1+{\frac {1}{3}}+{\frac {1}{3\cdot 4}}-{\frac {1}{3\cdot 4\cdot 34}}={\frac {577}{408}}\approx 1.414216,}$$ यह मान दशमलव के पाँच स्थानों तक शुद्ध है ।

बौधायन द्वारा प्रतिपादित कुछ प्रमुख प्रमेय ये हैं-

- किसी आयत के विकर्ण एक दूसरे को समद्विभाजित करते हैं।

- समचतुर्भुज के विकर्ण एक-दूसरे को समकोण पर समद्विभाजित करते हैं

- किसी वर्ग की भुजाओं के मध्य बिन्दुओं को मिलाने से बने वर्ग का क्षेत्रफल मूल वर्ग के क्षेत्रफल का आधा होता है ।

- किसी आयत की भुजाओं के मध्य बिन्दुओं को मिलाने से समचतुर्भुज बनता हैं जिसका क्षेत्रफल मूल आयत के क्षेत्रफल का आधा होता है ।

उपरोक्त विवरण से स्पष्ट होता है कि बौधायन ने आयत, वर्ग, समकोण त्रिभुज समचतुर्भुज के गुणों तथा क्षेत्रफलों का विधिवत अध्ययन किया था। यज शायद उस समय यज्ञ के लिए बनायी जाने वाली ‹यज्ञ भूमिका› के महत्व के कारण था।

"बौधायन" तथा "बौधायनीय" शब्दों के लिए "बोधायन" या "बोधायनीय" का प्रयोग दक्षिण भारत में बहुधा किया जाता है । परन्तु संभवतः यह गलत है क्योंकि -अयन शब्द के प्रयोग में पहले वर्ण का स्वर दीर्घ हो जाता है । जैसे- «द्वैपायन», जो «द्वीप» व «अयन» पर विभिन्न व्याकरणीय नियम लगाकर बना है ।

महर्षि पतंजलि

पतंजलि प्राचीन भारत के एक मुनि और नागों के राजा शेषनाग के अवतार थे जिन्हें संस्कृत के अनेक महत्वपूर्ण ग्रन्थों का रचयिता माना जाता है । इनमें स योगसूत्र उनकी महानतम रचना है जो योगदर्शन का मूलग्रन्थ है । भारतीय साहित्य में पतंजलि द्वारा रचित ३ मुख्य ग्रन्थ मिलते हैं। योगसूत्र, अष्टाध्यायी पर भाष्य और आयुर्वेद पर ग्रन्थ। कुछ विद्वानों का मत है कि ये तीनों ग्रन्थ एक ही व्यक्ति ने लिखे, अन्य की धारणा है कि ये विभिन्न व्यक्तियों की कृतियाँ हैं। पतंजलि न पाणिनि क अष्टाध्यायी पर अपनी टीका लिखी जिस महाभाष्य का नाम दिया (महा +भाष्य (समीक्षा, टिप्पणी, विवेचना, आलोचना))। इनका काल कोई २०० ई. पू. माना जाता है ।

पतंजलि शुंग वंश के शासनकाल में थे। पतंजलि का समय 158 ई. पू. द बोथलिक ने पतंजलि का समय 200 ईसा पूर्व एवं कीथ ने उनका समय 140 से 150 ईसा पूर्व माना है । उन्होंन पुष्यमित्र शुंग का अश्वमेघ यज्ञ भी सम्पन्न कराया था। इनका जन्म गोनार्ध (गोंडा,उ०प्र०) में हुआ था, बाद में वे काशी में बस गए। ये व्याकरणाचार्य पाणिनी के शिष्य थे। काशीवासी आज भी श्रावण कृष्ण ५, नागपंचमी को छोटे गुरु का, बड़े गुरु का नाग लो भाई नाग लो कहकर नाग के चित्र बाँटते हैं क्योंकि पतंजलि को शेषनाग का अवतार माना जाता है ।

पतंजलि महान चिकित्सक थे और इन्हें ही ‹चरक संहिता› का प्रणेता माना जाता है । ‹योगसूत्र› पतंजलि का महान अवदान है । पतंजलि रसायन विद्या के विशिष्ट आचार्य थे अभ्रक विंदास, अनेक धातुयोग और लौहशास्त्र इनकी देन हैं । पतंजलि

संभवत पुष्यमित्र शुंग (१९५-१४२ ई.पू.) के शासनकाल में थे। राजा भोज ने इन्हें तन के साथ मन का भी चिकित्सक कहा है ।

योगेन चित्तस्य पदेन वाचां मलं शरीरस्य च वैद्यकेन।

योऽपाकरोत्तं प्रवरं मुनीनां पतञ्जलिं प्राञ्जलिरानतोऽस्मि॥

(अर्थात् चित्त-शुद्धि के लिए योग (योगसूत्र), वाणी-शुद्धि के लिए व्याकरण (महाभाष्य) और शरीर-शुद्धि के लिए वैद्यकशास्त्र (चरकसंहिता) देनेवाले मुनिश्रेष्ठ पतञ्जलि को प्रणाम।)

ई.पू. द्वितीय शताब्दी में ‹महाभाष्य› के रचयिता पतंजलि काशी-मण्डल के ही निवासी थे। मुनित्रय की परम्परा में वे अंतिम मुनि थे। पाणिनी के पश्चात् पतंजलि सर्वश्रेष्ठ स्थान के अधिकारी पुरुष हैं। उन्होंने पाणिनी व्याकरण के महाभाष्य की रचना कर उसे स्थिरता प्रदान की। वे अलौकिक प्रतिभा के धनी थे। व्याकरण के अतिरिक्त अन्य शास्त्रों पर भी इनका समान रूप से अधिकार था। व्याकरण शास्त्र में उनकी बात को अंतिम प्रमाण समझा जाता है । उन्होंने अपने समय के जनजीवन का पर्याप्त निरीक्षण किया था। अत: महाभाष्य व्याकरण का ग्रंथ होने के साथ-साथ तत्कालीन समाज का विश्वकोश भी है । यह तो सभी जानते हैं कि पतंजलि शेषनाग के अवतार थे। द्रविड़ देश के सुकवि रामचन्द्र दीक्षित ने अपने ‹पतंजलि चरित› नामक काव्य ग्रंथ में उनके चरित्र के संबंध में कुछ नये तथ्यों की संभावनाओं को व्यक्त किया है । उनके अनुसार आदि शंकराचार्य के दादागुरु आचार्य गौड़पाद पतंजलि के शिष्य थे किंतु तथ्यों से यह बात पुष्ट नहीं होती है ।

प्राचीन विद्यारण्य स्वामी ने अपने ग्रंथ ‹शंकर दिग्विजय› म आदि शंकराचार्य में गुरु गोविंद पादाचार्य को पतंजलि का रुपांतर माना है । इस प्रकार उनका संबंध अद्वैत वेदांत के साथ जुड़ गया। पतंजलि के समय निर्धारण के संबंध में पुष्यमित्र कण्व वंश के संस्थापक ब्राह्मण राजा के अश्वमेध यज्ञों की घटना को लिया जा सकता है । यह घटना ई.पू. द्वितीय शताब्दी की है । इसके अनुसार महाभाष्य की रचना का काल ई.पू. द्वितीय शताब्दी का मध्यकाल अथवा १५० ई.पूर्व माना जा सकता है । पतंजलि की एकमात्र रचना महाभाष्य है जो उनकी कीर्ति को अमर बनाने के लिये पर्याप्त है । दर्शन शास्त्र म शंकराचार्य को जो स्थान ‹शारीरिक भाष्य› के कारण प्राप्त है, वही स्थान पतंजलि को महाभाष्य के

कारण व्याकरण शास्त्र में प्राप्त है । पतंजलि ने इस ग्रंथ की रचना कर पाणिनि के व्याकरण की प्रामाणिकता पर अंतिम मुहर लगा दी है ।

महर्षी भास्कराचार्य

भास्कराचार्य या भास्कर द्वितीय (1114 – 1185) प्राचीन भारत के एक प्रसिद्ध गणितज्ञ एवं ज्योतिषी थे। इनके द्वारा रचित मुख्य ग्रन्थ सिद्धान्तशिरोमणि है जिसमें लीलावती, बीजगणित, ग्रहगणित तथा गोलाध्याय नामक चार भाग है। ये चार भाग क्रमशः अंकगणित, बीजगणित, ग्रहों की गति से सम्बन्धित गणित तथा गोले से सम्बन्धित हैं। आधुनिक युग में धरती की गुरुत्वाकर्षण शक्ति (पदार्थों को अपनी ओर खींचने की शक्ति) की खोज का श्रेय न्यूटन को दिया जाता है । किंतु बहुत कम लोग जानते हैं कि गुरुत्वाकर्षण का रहस्य न्यूटन से भी कई सदियों पहले भास्कराचार्य ने उजागर कर दिया था। भास्कराचार्य ने अपने 'सिद्धांतशिरोमणि' ग्रंथ में पृथ्वी के गुरुत्वाकर्षण के बारे में लिखा है कि 'पृथ्वी आकाशीय पदार्थों को विशिष्ट शक्ति से अपनी ओर खींचती है । इस कारण आकाशीय पिण्ड पृथ्वी पर गिरते हैं'। उन्होने करणकौतूहल नामक एक दूसरे ग्रन्थ की भी रचना की थी। ये अपने समय के सुप्रसिद्ध गणितज्ञ थे। कथित रूप से यह उज्जैन की वेधशाला के अध्यक्ष भी थे। उन्हें मध्यकालीन भारत का सर्वश्रेष्ठ गणितज्ञ माना जाता है ।

भास्कराचार्य के जीवन के बारे में विस्तृत जानकारी नहीं मिलती है । कुछ-कुछ जानकारी उनके श्लोकों से मिलती हैं। निम्नलिखित श्लोक के अनुसार भास्कराचार्य का जन्म विज्जडविड नामक गाँव में हुआ था जो सहयाद्रि पहाड़ियों में स्थित है ।

आसीत सह्यकुलाचलाश्रितपुरे त्रैविद्यविद्वज्जने।

नाना जज्जनधाम्रि विज्जडविडे शाण्डिल्यगोत्रोद्विजः॥

श्रौतस्मार्तविचारसारचतुरो निःशेषविद्यानिधि।

साधुर्नामवधिर्महेश्वरकृती दैवज्ञचूडामणि॥

(गोलाध्याये प्रश्नाध्यायः, श्लोक ६१)

इस श्लोक के अनुसार भास्कराचार्य शांडिल्य गोत्र के भट्ट ब्राह्मण थे और सह्याद्रि क्षेत्र के बिज्जलविड नामक स्थान के निवासी थे। लेकिन विद्वान इस बिज्जलविड ग्राम की भौगोलिक स्थिति का प्रामाणिक निर्धारण नहीं कर पाए हैं। डॉ. भाऊ दाजी (१८२२-१८७४ ई.) न महाराष्ट्र क चालीसगाँव से लगभग १६ किलोमीटर दूर पाटण गाँव के एक मंदिर में एक शिलालेख की खोज की थी। इस शिलालेख के अनुसार भास्कराचार्य के पिता का नाम महेश्वर भट्ट था और उन्हीं से उन्होंने गणित, ज्योतिष, वेद, काव्य, व्याकरण आदि की शिक्षा प्राप्त की थी।

गोलाध्याय के प्रश्नाध्याय, श्लोक ५८ में भास्कराचार्य लिखते हैं:

रसगुणपूर्णमही समशकनृपसमयेऽभवन्मोत्पत्तिः।

रसगुणवर्षेण मया सिद्धान्तशिरोमणि रचितः॥

(अर्थः शक संवत १०३६ में मेरा जन्म हुआ और छत्तीस वर्ष की आयु में मैंने सिद्धान्तशिरोमणि की रचना की।)

अतः उपरोक्त श्लोक से स्पष्ट है कि भास्कराचार्य का जन्म शक – संवत १०३६, अर्थात ईस्वी संख्या १११४ में हुआ था और उन्होंने ३६ वर्ष की आयु में शक संवत १०७२, अर्थात ईस्वी संख्या ११५० में लीलावती की रचना की थी।

भास्कराचार्य के देहान्त के बारे में कोई स्पष्ट जानकारी नहीं मिलती। उन्होंने अपने ग्रंथ करण-कुतूहल की रचना ६९ वर्ष की आयु में ११८३ ई. में की थी। इससे स्पष्ट है कि भास्कराचार्य को लम्बी आयु मिली थी। उन्होंने गोलाध्याय में ऋतुओं का सरस वर्णन किया है जिससे पता चलता है कि वे गणितज्ञ के साथ–साथ एक उच्च कोटि के कवि भी थे। अतः बहुमुखी प्रतिभा सम्पन्न ऐसे महान गणितज्ञ के संबंध में अध्ययन करने से ज्ञात होता है कि गणित एवं खगोलशास्त्र पर उनका योगदान अतुलनीय है ।

सन् 1150 ई० में इन्होंन **सिद्धान्त शिरोमणि** नामक पुस्तक, संस्कृत श्लोकों में, चार भागों में लिखी है, जो क्रम से इस प्रकार है:

1. पाटीगणिताध्याय या लीलावती,

2. बीजगणिताध्याय,

3. ग्रहगणिताध्याय, तथा

4. गोलाध्याय

इनमें से प्रथम दो स्वतंत्र ग्रंथ हैं और अंतिम दो "सिद्धांत शिरोमणि" के नाम से प्रसिद्ध हैं। इसके अलावा करणकुतूहल और वासनाभाष्य (सिद्धान्तशिरोमणि का भाष्य) तथा भास्कर व्यवहार और भास्कर विवाह पटल नामक दो छोटे ज्योतिष ग्रंथ इन्हीं के लिखे हुए हैं। इनके सिद्धान्तशिरोमणि से ही भारतीय ज्योतिष शास्त्र का सम्यक् तत्व जाना जा सकता है ।६९ वर्ष की आयु में उन्होंने अपनी द्वितीय पुस्तक करणकुतूहल लिखी। इस पुस्तक में खगोल विज्ञान की गणना है । यद्यपि यह कृति प्रथम पुस्तक की तरह प्रसिद्ध नहीं है, फिर भी पंचांग आदि बनाने के समय अवश्य देखा जाता है ।

भास्कर एक मौलिक विचारक भी थे। वह प्रथम गणितज्ञ थे जिन्होनें पूरे आत्मविश्वास के साथ कहा था कि कोई संख्या जब शून्य से विभक्त की जाती हैं तो अनंत हो जाती हैं । किसी संख्या और अनंत का जोड़ भी अंनत होता हैं ।खगोलविद् के रूप में भास्कर अपनी **तात्कालिक गति** की अवधारणा के लिए प्रसिद्ध हैं। इससे खगोल वैज्ञानिकों को ग्रहों की गति का सही-सही पता लगाने में मदद मिलती है ।

बीजगणित में भास्कर ब्रह्मगुप्त को अपना गुरु मानते थे और उन्होंने ज्यादातर उनके काम को ही बढ़ाया। बीजगणित क समीकरण को हल करने में उन्होंन चक्रवाल का तरीका अपनाया। वह उनका एक महत्वपूर्ण योगदान हैं । छह शताब्दियों के पश्चात् यूरोपियन गणितज्ञों जैसे गेलोयस, यूलर और लगरांज ने इस तरीके की फिर से खोज की और 'इनवर्स साइक्लिक॒ कह कर पुकारा। किसी गोलार्ध का क्षेत्र और आयतन निश्चित करने के लिए समाकलन गणित द्वारा निकालने का वर्णन भी पहली बार इस पुस्तक में मिलता है । इसम त्रिकोणमिति के कुछ महत्वपूर्ण सूत्र, प्रमेय तथा क्रमचय और संचय का विवरण मिलता है ।

सर्वप्रथम इन्होंने ही अंकगणितीय क्रियाओं का अपरिमेय राशियों में प्रयोग किया। गणित को इनकी सर्वोत्तम देन चक्रीय विधि द्वारा आविष्कृत, अनिश्चित एकघातीय और वर्ग समीकरण के व्यापक हल है। भास्कराचार्य के ग्रंथ की अन्यान्य नवीनताओं में त्रिप्रश्नाधिकार की नई रीतियाँ, उदयांतर काल का स्पष्ट

विवेचन आदि हैं ।भास्कराचार्य को अनंत तथा कलन के कुछ सूत्रों का भी ज्ञान था। भास्कर को अवकल गणित का संस्थापक कह सकते हैं। उन्होंने इसकी अवधारणा आइज़ैक न्यूटन और गोटफ्राइड लैब्नीज से कई शताब्दियों पहले की थी। ये दोनों पश्चिम में इस विषय के संस्थापक माने जाते हैं। जिसे आज अवकल गुणांक और रोल्स का प्रमेय कहते हैं, उसके उदाहरण भी दिए हैं।

न्यूटन के जन्म के आठ सौ वर्ष पूर्व ही इन्होंने अपने गोलाध्याय नामक ग्रंथ में ‹माध्यकर्षणतत्व› के नाम स गुरुत्वाकर्षण के नियमों की विवेचना की है । ये प्रथम व्यक्ति हैं, जिन्होंन दशमलव प्रणाली की क्रमिक रूप से व्याख्या की है । इनके ग्रंथों की कई टीकाएँ हो चुकी हैं तथा देशी और विदेशी बहुत सी भाषाओं में इनके अनुवाद हो चुके हैं।भास्कराचार्य ने ही अंकगणित, त्रिकोणमिति, कैलकुलस, खगोल इंजीनियरी का सब से पहला उल्लेख किया है ।

धर्मग्रन्थ, ईश्वर, मंदिर, गीता एवँ गीता सार

हिन्दू धर्म के बारे में जितना जाना जाये उतना ही कम लगता है। ज्ञान के अभाव में लोग पूछते हैं कि धर्मग्रन्थ, ईश्वर, मंदिर, गीता एवँ गीता सार क्या है। आगे उल्लेखित बातो के बारे में संछेप में लिखा गया है।

धर्म ग्रंथ

हिंदुओं का धर्म ग्रंथ क्या है? विद्वानों अनुसार 'वेद' ही है हिंदुओं के धर्मग्रंथ। वेदों में दुनिया की हर बातें हैं। वेदों म धर्म, योग, विज्ञान, जीवन, समाज और ब्रह्मांड की उत्पत्ति, पालन और संहार का विस्तृत उल्लेख हैं । वेदों का सार है उपनिषद और उपनिषदों का सार है गीता। सार का अर्थ होता है संक्षिप्त।

ईश्वर

ईश्वर का स्वरूप क्या है? यजुर्वेद के बत्तीसवें अध्याय में परमात्मा के विषय में कहा गया है कि अग्नि वही हैं, आदित्य वही है, वायु, चन्द्र और शुक्र वही है, जल, प्रजापति और सर्वत्र भी वही है । वह प्रत्यक्ष नहीं देखा जा सकता है । उसकी कोई प्रतिमा नहीं है (न तस्य प्रतिमा) उसका नाम ही अत्यन्त महान् है । वह सब दिशाओं को व्याप्त कर स्थित हैं । स्पष्ट है कि वेद के अनुसार ईश्वर की न तो कोई प्रतिमा या मूर्ति है और न ही उसे प्रत्यक्ष रूप में देखा जा सकता है । किसी मूर्ति में ईश्वर के बसने या ईश्वर के प्रत्यक्ष दर्शन करने का कथन वेद सम्मेत नहीं है । जिन्होंने वेद पढ़े हैं, वे जानते हैं कि प्रकृति, सांसारिक वस्तुएं, मानव और स्वयं को पूजना कितना बड़ा पाप है । पापी हैं वे लोग जो खुद को पूजवाते हैं। ऐसे संत, ऐसे गुरु और ऐसे व्यक्तियों से दूर रहना ही धर्म सम्मत आचरण है ।

मन्दिर

हिन्दुओं के उपासना स्थल को मन्दिर कहते हैं। यह अराधना और पूजा-अर्चना के लिए निश्चित की हुई जगह है । यानी जिस जगह किसी आराध्य देव के प्रति ध्यान या चिंतन किया जाए या वहां मूर्ति इत्यादि रखकर पूजा-अर्चना की जाए उसे मंदिर कहते हैं। मूर्ति के प्रति हम श्रद्धा से जुड़े होतें हैं और यह श्रद्धा परमात्मा से जुड़ने में एक सेतु का काम करता है । सारे धर्मो में यह श्रद्धा किसी न किसी रूप में मौजूद है यह अटल सत्य हैं । हिंदू धर्म में भी प्रारंभ से मूर्ति पूजा का प्रचलन नहीं था। यह धर्म अद्वैवाद और एकेश्वर वाद का समर्थक रहा है । किन्तु ईश्वर तक पहुँचने में मूर्ति पूजा रास्ता को सरल बनाता है । हम एक मूर्ति को आराध्य मान कर उसकी उपासना करते हैं ,उसे फूल आदि अर्पित करते हैं। इस प्रकार मूर्ति से ही सही एक जुड़ाव महसूस होने लगता है । मन उस पात्र से जिसकी मूर्ति होती है, उसके प्रेम में डूब जाता हैं । वह पात्र चाहे वह राम हो या कृष्ण मन उसके चरित्र में डूबता जाता है और धीरे-धीरे उस परम निराकार में उतरता जाता है, उदाहरणार्थ- अगर आप कृष्ण की मूर्ति की आराधना करेंगे तो आप का मन उनके द्वारा बोले गीता के वचनों की ओर ज़रूर जायेगा। इसी प्रकार राम की मूर्ति रामचरितमानस की ओर ले जायेगी। दुर्गा की मूर्ति दुर्गा सप्तशती की ओर।

गीता

गीता को हिन्दू धर्म में बहुत खास स्थान दिया गया है । गीता अपने अंदर भगवान कृष्ण के उपदेशों को समेटे हुए है । गीता को संस्कृत भाषा में लिखा गया है, संस्कृत की जानकारी रखने वाला भी गीता को आसानी से पढ़ सकता है । गीता में चार योगों के बारे विस्तार से बताया हुआ है, कर्म योग, भक्ति योग, राजा योग और जन योग। गीता को वेदों और उपनिषदों का सार माना जाता है, जो लोग वेदों को पूरा नहीं पढ़ सकते, सिर्फ गीता के पढ़ने से भी आप को ज्ञान प्राप्ति हो सकती है । गीता न सिर्फ जीवन का सही अर्थ समझाती है बल्कि परमात्मा के अनंत रुप से हमें रुबरु कराती है । इस संसारिक दुनिया में दुख, क्रोध, अंहकार ईर्ष्या आदि से पिड़ित आत्माओं को, गीता सत्य और आध्यात्म का मार्ग दिखाकर मोक्ष की प्राप्ति करवाती है । गीता में लिखे उपदेश किसी एक मनुष्य विशेष या किसी खास धर्म के लिए नहीं हैं, इसके उपदेश तो पूरे जग के लिए हैं । जिसमें आध्यात्म और ईश्वर के बीच जो गहरा संबंध हैं उसके बारे में विस्तार से लिखा गया है ।

गीता में धीरज, संतोष, शांति, मोक्ष और सिद्धि को प्राप्त करने के बारे में उपदेश दिया गया है ।

गीता सार

भगवान कृष्ण के उपदेशों को 'भगवद्गीता' नामक लोकप्रिय किताब में लिखा गया है चूंकि यह किताब काफ़ी विस्तृत है इसलिए इसे एक बार में पढ़ पाना काफ़ी मुश्किल होता है । गीता सार भगवान कृष्ण के द्वारा दिए गए उपदेशों का निचोड़ हैं । यह पवित्र गीता का सारांश है । भगवान प्रत्येक इंसान से विभिन्न मुद्दों पर सवाल करते हैं और उन्हें मायावी संसार को त्यागने को कहते हैं। उनका कहना हैं कि पूरी जिंदगी सुख पाने का एक और केवल एक ही रास्ता है और वह है उनके प्रति पूरा समर्पण। तुम क्यों व्यर्थ चिंता करते हो? तुम क्यों भयभीत होते हो? कौन तुम्हें मार सकता हैं? आत्मा का न कभी जन्म होता है और न ही यह कभी मरती है । जो हुआ वह अच्छे के लिए हुआ, जो हो रहा हैं वह अच्छे के लिए हो रहा है और जो होगा वह भी अच्छे के लिए ही होगा। भूत के लिए पश्चाताप मत करो, भविष्य के लिए चिंतित मत हो, केवल अपने वर्तमान पर ध्यान लगाओ। तुम्हारे पास अपना क्या है जिसे तुम खो दोग? तुम क्या साथ लाए थे जिसका तुम्हें खोने का डर है? तुमने क्या जन्म दिया जिसके विनाश का डर तुम्हें सता रहा है? तुम अपने साथ कुछ भी नहीं लाए थे। हर कोई ख़ाली हाथ ही आया है और मरने के बाद ख़ाली हाथ ही जाएगा। जो कुछ भी आज तुम्हारा है, कल किसी और का था और परसों किसी और का हो जाएगा। इसलिए माया के चकाचौंध में मत पड़ो। माया ही सारे दुःख, दर्द का मूल कारण है । परिवर्तन संसार का नियम है । एक पल में आप करोड़ों के स्वामी हो जाते हो और दूसरे पल ही आपको ऐसा लगता हैं कि आपके पास कुछ भी नहीं हैं । न तो यह शरीर तुम्हारा है और न ही तुम इस शरीर के हो। यह शरीर पांच तत्वों से बना है - आग, जल, वायु, पृथ्वी और आकाश। एक दिन यह शरीर इन्हीं पांच तत्वों में विलीन हो जाएगा। अपने आप को भगवान के हवाले कर दो। यही सर्वोत्तम सहारा है । जो कोई भी इस शत्रुहीन सहारे को पहचान गया है, वह डर, चिंता और दुःखों से आजाद रहता है ।

धर्म एवं संस्कृति पर प्रायः होने वाली बहस में यह भुला दिया जाता है कि भारत की पहचान सदा से धर्म एवं संस्कृति ही रही है । ये दोनों एक-दूसरे के पूरक हैं। जहां धर्म संस्कृति का आधार है, वहीं संस्कृति धर्म की संवाहिका है । दोनों ही

अपने-अपने परिप्रेक्ष्य में राष्ट्र के निर्माण एवं राष्ट्रीयता के संरक्षण में सहायक सिद्ध होते हैं। जहां धर्म अपनी स्वाभाविकता के साथ सामाजिक परिवेश का आधार बनता है, वहीं संस्कृति सामाजिक मूल्यों का स्थायी निर्माण करती है । कहना अप्रासंगिक नहीं होगा कि धर्म का सूत्र मानव के सर्वांगीण विकास को सुनिश्चित करता है तो वहीं संस्कृति मानवीय संवेदनाओं को सामाजिक सरोकार से जोड़ती है । इस तरह धर्म कालांतर में संस्कृति का रक्षण करता है और संस्कृति धर्म के आधार का उन्नयन करती है ।

जहां धर्म हमारे सर्वस्व का प्रतीक रहा है तो वहीं संस्कृति हमारी स्वाभाविक जीवनशैली की वाहिका रही है । दोनों ने ही भारतीय मूल्यों को जीवंत रखा है और संसार में इसी कारण से भारत का मान-सम्मान रहा है । प्राचीन समय में धर्म एक नागरिक के जीवन के उद्देश्यों का आधार था। धर्म मात्र प्रतीक नहीं होकर समग्र चेतना का स्तंभ था। परिणामस्वरूप भारत की सामाजिक, आर्थिक एवं नैतिक व्यवस्था मजबूत थी। इस तरह भारतीय का जीवन शांत एवं सुखी था। तब संस्कृति, भारतीयता को परिभाषित करती थी और भारत की सारी व्यवस्थाएं संस्कृति पर आधारित थीं। संस्कृति का सौरभ ही हमारे राष्ट्र का सौरभ था। इस तरह से हमारी पारिवारिक एवं सामयिक पृष्ठभूमि निरंतर विकसित होती गई। हमारे वैचारिक दृष्टिकोण का ताना-बाना हमारी संस्कृति पर ही आधारित था और हमारा संपूर्ण जीवन उन्नति के चरम पर पहुंचता रहा।

धीरे-धीरे हमारी धार्मिक मान्यताएं और स्थिर होती गईं और संस्कृति का क्रमिक विकास होता गया। कहना गलत नहीं होगा कि धर्म और संस्कृति ने मिलकर हमारी भारतीयता को विकसित किया। यह भारतीय धर्म की विशेषता रही है कि वह जटिलताओं में जकड़ा न रहा और सतत चिंतन की अवधारणा को विकसित होने में सहायक सिद्ध हुआ, जिसके कारण अनेक भारतीय धर्मों का उदय हुआ। बौद्ध, जैन एवं बाद में सिख धर्म ने अपनी चिंतनशैली को विकसित किया, परंतु मूल में सनातन धर्म ही रहा ।

आज हम पाते हैं कि भारतीय चिंतन पर आधारिक अनेक शैक्षणिक एवं सांस्कृतिक संस्थाएं दुनिया के विभिन्न हिस्सों में स्थापित होकर काम कर रही हैं। वे हमारी विरासत का संरक्षण ही कर रही हैं। भाषा के मामले में भी देखें तो भारतीय भाषाओं ने विश्व की भाषाओं को प्रभावित किया और कई विदेशी

भाषाओं के निर्माण में भारतीय भाषाओं ने योगदान दिया। एशियाई देशों की अधिकतर भाषाएं संस्कृत, पालि एवं प्राकृत पर आधारित हैं। इस तरह इन भाषाओं से विकसित विदेशी भाषाओं से भारतीय दर्शन एवं संस्कृति का सहज ही ज्ञान परिलक्षित होता है ।

भारतीय भाषाविदों, धार्मिक गुरुओं एवं संस्कृति को पोषित करने वाले व्यक्तियों ने विश्व में अपनी पहचान बनाकर भारत की गरिमा को हमेशा गौरव प्रदान किया। अनेक लोग भारतीय धर्म एवं संस्कृति के माध्यम से आज भी निरंतर सक्रिय हैं। आवश्यकता इसकी है कि भारतीय धर्म एवं संस्कृति के विभिन्न आयामों को आधुनिक परिवेश में परिभाषित किया जाए और इन क्षेत्रों में काम कर रहे लोगों को सरकार द्वारा प्रोत्साहित किया जाना चाहिए। इससे न केवल भारत का सांस्कृतिक संबंध दुनिया से मजबूत होगा, बल्कि आर्थिक एवं राजनयिक संबंध भी प्रगाढ़ होंगे।

ब्रम्हाण्ड

हिंदू ब्रह्मांड विज्ञान, ब्रह्मांड और उसके पदार्थ की स्थिति, समय के भीतर चक्र, भौतिक संरचना और जीवों पर प्रभाव के अनुसार वर्णित है।

हिंदू ब्रह्मांड विज्ञान के मुख्य घटक निम्न हैं।

1. गुना,

2. प्रधान,

3. प्रकृति,

4. अहंकार,

5. बुद्धि,

6. चित्त

7. पंच भूत

सभी पदार्थ तीन अक्रिय गुणों (गुणों या प्रवृत्तियों) पर आधारित हैं:

1. सत्व (अच्छाई)

2. राजस (जुनून)

3. तमस (अंधेरा)

गुणों की तीन अवस्थाएँ हैं जो ब्रह्मांड में सभी पदार्थों को बनाती हैं:

1. प्रधान (मूल पदार्थ): एक मिश्रित और अव्यक्त अवस्था (संतुलन) में गुण।

2. प्रकृति (प्राथमिक पदार्थ): मिश्रित और अव्यक्त अवस्था में गुण (उत्तेजित)।

3. महतत्व (पदार्थ या सार्वभौमिक गर्भ): मिश्रित और प्रकट अवस्था में गुण।

प्रधान, जिसके पास अपने आप कार्य करने की कोई चेतना या इच्छा नहीं है, शुरू में सृजन करने की एक प्रारंभिक इच्छा से उत्तेजित होता है । उस इच्छा के अंतिम स्रोत और गुणों (शाश्वत तत्वों, समय, जीव-आत्मा) के साथ मिश्रित होने के बारे में विचार के विभिन्न स्कूल अलग-अलग हैं।

प्रकट भौतिक तत्व (पदार्थ) सबसे सूक्ष्म से लेकर सबसे अधिक भौतिक (स्थूल) तक होते हैं। ये भौतिक तत्व व्यक्ति, आध्यात्मिक जीव-आत्माओं (अवशोषित आत्माओं) को ढकती है, जिससे उन्हें भौतिक इंद्रियों की वस्तुओं, जैसे कि उनके अस्थायी भौतिक शरीर, अन्य चेतन शरीर और अचेतन वस्तुओं के साथ बातचीत करने की अनुमति मिलती है ।

प्रकट सूक्ष्म तत्व:

1. अहमकारा (अहंकार)

2. बुद्धि (बुद्धि)

3. चित्त (मन)

पंच भूत या 5 महान तत्व और उनकी संबंधित इंद्रियां और इंद्रियां जो प्रकट होती हैं:

1. अंतरिक्ष/ईथर > ध्वनि > कान

2. हवा > गंध > नाक

3. आग > दृष्टि/रूप > नेत्र

4. पानी > स्वाद > जीभ

5. पृथ्वी > स्पर्श > त्वचा

समय

हिंदू ब्रह्मांड विज्ञान केअनुसार पाँच मुख्य इकाईयाँ काल, कल्प, मन्वंतर, युग चक्र और समय

एक चक्रीय ब्रह्मांड के साथ समय अनंत है, जहां वर्तमान ब्रह्मांड पहले था और उसके बाद अनंत ब्रह्मांड होंगे। पदार्थ की विभिन्न अवस्थाएं शाश्वत काल (समय) द्वारा निर्देशित होती हैं, जो एक क्षण से लेकर ब्रह्मांड के जीवन काल तक

की सामान्य घटनाओं को दोहराती हैं, जो चक्रीय रूप से निर्मित और नष्ट होती हैं ।संस्कृत साहित्य में ब्रह्मांडीय चक्रों का सबसे पहला उल्लेख युग पुराण ,महाभारतऔर मनुस्मृति में मिलता है ।

311.04 ट्रिलियन वर्षों के महा-कल्प (ब्रह्मा का जीवन) के लिए प्रकृति (प्राथमिक पदार्थ) मिश्रित रहती है, और उसके बाद समान लंबाई का महा-प्रलय (महान विघटन) होता है । ब्रह्मांड (पदार्थ) 4.32 अरब वर्षों के एक कल्प (ब्रह्मा का दिन) के लिए प्रकट होता है, जहां ब्रह्मांड की शुरुआत में और अंत में नष्ट हो जाता है, केवल अगले कल्प की शुरुआत में फिर से बनाया जाता है । एक कल्प के बाद समान लंबाई का एक प्रलय (आंशिक विघटन, यानी ब्रह्मा की रात) होता है, जब ब्रह्मा और ब्रह्मांड एक अव्यक्त अवस्था में होते हैं। प्रत्येक कल्प में 15 मन्वंतर-संध्या (बड़ी बाढ़ के समय) और 14 मन्वन्तर (मानव जाति के पूर्वज मनु की आयु) होते हैं, जिनमें से प्रत्येक मन्वन्तर 306.72 मिलियन वर्षों तक चलता है । प्रत्येक कल्प में 1,000 और प्रत्येक मन्वन्तर में 71 चतुर-युग (युग, उर्फ महा-युग) होते हैं, प्रत्येक चतुर-युग 4.32 मिलियन वर्षों तक चलता हैं और चार युगों (धार्मिक युग) में विभाजित होता है: सत्य युग (1,728,000 वर्ष), त्रेता युग (1,296,000 वर्ष), द्वापर युग (864,000 वर्ष), और कलियुग (432,000 वर्ष), जिनमें से हम वर्तमान में कलियुग में हैं।

ब्रह्माण्ड (ब्रह्मांडीय अंडा)

भागवत पुराण हमारे ब्रह्माण्ड (ब्रह्मांड या ब्रह्मांड) का एक भू-केंद्रीय मॉडल प्रस्तुत करता है, जहां हमारी भू-मंडल डिस्क, हमारे ब्रह्माण्ड के व्यास के बराबर, का व्यास 500 मिलियन योजन (पारंपरिक 8 मील) है । प्रत्येक), जो लगभग 4 बिलियन मील या उससे अधिक के बराबर हैं, जो सितारों और आकाशगंगाओं के ब्रह्मांड के लिए बहुत छोटा है, लेकिन हमारे सौर मंडल के लिए सही सीमा में है । इसके अलावा, भागवत पुराण और अन्य पुराण ब्रह्मांडों, या ब्रह्माण्डों की बहुलता की बात करते हैं, जिनमें से प्रत्येक सात गुना परतों से ढका हुआ है, जिसकी कुल मोटाई इसके व्यास के दस मिलियन गुना (5x1015 योजन ≈ 6,804+ प्रकाश-वर्ष व्यास) से अधिक है । ज्योतिष शास्त्र, सूर्य सिद्धांत और सिद्धांत शिरोमणि ब्रह्माण्ड को लगभग 5,000 प्रकाश वर्ष का एक विस्तृत दायरा देते हैं। अंत में, महाभारत सितारों को बड़े, स्वयं-चमकदार वस्तुओं के रूप में संदर्भित करता है जो उनकी

बड़ी दूरी के कारण छोटे लगते हैं, और यदि कोई उन दूर के सितारों की यात्रा करता है तो हमारे सूर्य और चंद्रमा को नहीं देखा जा सकता है । भू-मंडल की व्याख्या सूर्य और पांच ग्रहों, शनि के माध्यम से बुध की भू-केन्द्रित कक्षाओं के मानचित्र के रूप में की जा सकती है, और यह नक्शा अत्यधिक सटीक हो जाता है यदि हम योजना की लंबाई को लगभग 8.5 मील तक समायोजित करते हैं।

ब्रह्मा, पहले जन्म लेने वाले और माध्यमिक निर्माता, अपने कल्प की शुरुआत के दौरान, ब्रह्माण्ड (ब्रह्मांडीय अंडा या ब्रह्मांड) को पहले तीन में विभाजित करते हैं, बाद में चौदह लोकों (विमानों या क्षेत्रों) में विभाजित करते हैं-कभी-कभी स्वर्गीय, सांसारिक और नारकीय विमानों में समूहित होते हैं- और ब्रह्मांड को गुणा करने और भरने वाली पहली जीवित संस्थाओं को बनाता है । कुछ पुराण असंख्य ब्रह्मांडों का वर्णन करते हैं जो एक साथ विभिन्न आकारों और ब्रह्म के साथ मौजूद हैं, प्रत्येक एक ही समय में प्रकट और अव्यक्त है।

निर्माण और विनाश के चक्र

कई हिंदू ग्रंथों में सृजन और विनाश के चक्र का उल्लेख है । उपनिषदों के अनुसार, ब्रह्मांड और पृथ्वी, मनुष्यों और अन्य प्राणियों के साथ, सृजन और विनाश (प्रलय) के बार-बार चक्र से गुजरते हैं। प्रक्रिया की बारीकियों के बारे में कई तरह के मिथक मौजूद हैं, लेकिन सामान्य तौर पर ब्रह्मांड के बारे में हिंदू दृष्टिकोण शाश्वत और चक्रीय हैं । बाद का पौराणिक दृष्टिकोण यह भी दावा करता है कि ब्रह्मांड का निर्माण, विनाश और चक्रों की एक सतत दोहराव वाली श्रृंखला में फिर से बनाया गया है । हिंदू ब्रह्मांड विज्ञान में, पृथ्वी की आयु लगभग 4320,000,000 वर्ष है (ब्रह्मा का एक दिन जो वर्षों में 4 युगों के योग का 1000 गुना है, निर्माता या कल्प) और फिर आग या जल तत्वों द्वारा नष्ट कर दिया जाता है । इस बिंदु पर, ब्रह्मा एक रात के लिए आराम करते हैं, जैसे कि दिन। यह प्रक्रिया, प्रलय (प्रलय) कहलाती हैं, 100 ब्रह्म वर्ष (311 ट्रिलियन, 40 अरब मानव वर्ष) तक दोहराती है जो ब्रह्मा के जीवनकाल का प्रतिनिधित्व करती है ।

लोक या लोक की अवधारणा वैदिक साहित्य में विकसित होती है । एक खानाबदोश लोगों के लिए अंतरिक्ष के लिए एक शब्द के विशेष अर्थों से प्रभावित होकर, वेद में लोक का अर्थ केवल स्थान या दुनिया नहीं था, बल्कि इसका सकारात्मक मूल्यांकन था: यह एक विशेष मूल्य के साथ धार्मिक या मनोवैज्ञानिक

रुचि का स्थान या स्थान था। अपने स्वयं के कार्य का। इसलिए, प्रारंभिक साहित्य में ‹लोक› अवधारणा में निहित एक दोहरा पहलू था; अर्थात्, स्थानिकता के साथ सह-अस्तित्व एक धार्मिक या सामाजिक अर्थ था, जो एक स्थानिक धारणा, एक ‹अभौतिक› महत्व से स्वतंत्र हो सकता है । वेद में लोकों की सबसे आम ब्रह्माण्ड संबंधी अवधारणा त्रैलोक्य या ट्रिपल दुनिया की थी: तीन दुनिया जिसमें पृथ्वी, वायुमंडल या आकाश, और स्वर्ग, ब्रह्मांड बना रहे हैं।

ब्रह्माण्ड पुराण में, साथ ही भागवत पुराण चौदह लोकों (विमानों) का वर्णन किया गया है, जिसमें सात उच्च और सात निचले (पाताल) लोक शामिल हैं।

1. सत्य-लोक (ब्रह्म-लोक)

2. तप-लोक

3. जन-लोक

4. महार-लोक

5. स्वर-लोक (स्वर्ग-लोक या इंद्र-लोक)

6. भुवर-लोका (सूर्य/चंद्रमा विमान)

7. भू-लोक (पृथ्वी विमान)

8. अटाला-लोक

9. विटला-लोक

10. सुतला-लोक

11. तलातला-लोक

12. महतला-लोक

13. रसतला-लोक

14. पाताल-लोक

सात ऊपरी लोक, या व्याहृतियाँ, सचेत जागरूकता की उच्च अवस्था का प्रतिनिधित्व करते हैं। वे जाग्रत होने से लेकर आत्मज्ञान के विभिन्न चरणों से

गुज़रते हैं जब तक कि ऋषि समाधि तक नहीं पहुँच जाते - पूर्ण या पूर्ण ज्ञान - भगवान विष्णु और शिव का क्षेत्र जो भगवान ब्रह्मा के दिमाग से आता है।

1. **सत्य-लोक (ब्रह्म-लोक):** सत्य या समाधि का निवास। सचेतन जागरूकता की उच्चतम अवस्था और वह क्षेत्र जिसमें आत्मा और ब्रह्म शाश्वत रूप से पुनः एक हो जाते हैं।

2. **तप-लोक:** चेतना की एक शुद्ध अवस्था। यदि आप पहले से ही पूरी तरह से प्रबुद्ध हैं, तो इस अवस्था से सत्य-लोक तक पहुंचना आसान है, लेकिन पृथ्वी पर रोजमर्रा की जिंदगी में सचेत जागरूकता की आवश्यकता है।

3. **जन-लोक:** यह रोशनी का एक स्तर है जिसे "ईश्वर-चेतना" के रूप में जाना जाता है। जो लोग आज इस स्तर तक पहुँचते हैं उन्हें आम तौर पर 'फकीरों' के रूप में जाना जाता है, लेकिन वे आमतौर पर महान चिकित्सक या आध्यात्मिक शिक्षक होते हैं।

4. **महर-लोक:** यह चेतना का क्षेत्र है जहां भृगु मुनि और मार्केंडेय जैसे महान पौराणिक ऋषि पहुंच सकते हैं। उनके पास समझ की अविश्वसनीय गहराई है और उन्हें देवता या देवता माना जा सकता है।

5. **स्वर-लोक:** हिंदू मिथक में, इस क्षेत्र में 33 वैदिक देवताओं का निवास है जो ऐसे व्यक्तियों का प्रतिनिधित्व करते हैं जिन्होंने अपनी भावनाओं पर काबू पा लिया है और भौतिक क्षेत्र में उनका कोई लगाव नहीं है। पश्चिमी परंपराओं में, यह क्षेत्र स्वर्ग के रूप में जाना जाता है, और इस्लाम में इसे जन्नत कहा जाता है। यहां आपको आंतरिक शांति मिलती है।

6. **भुवर-लोक:** भुवर-लोक को सांसारिक क्षेत्र में जन्मे लोगों के रूप में वर्णित किया गया है, लेकिन यह प्रतीकात्मक रूप से उन लोगों का प्रतिनिधित्व करता है जिन्होंने अपने जीवन में संतुष्टि और पूर्णता पाई है, लेकिन उच्च आवृत्ति पर कंपन भी करते हैं और सचेत जागरूकता की उच्च स्थिति रखते हैं।.

7. **भूर-लोक:** भूर-लोक सांसारिक क्षेत्र है और कई लोगों के लिए चेतना की स्थिति है, चाहे जागृत हो या अन्यथा। भौतिक संपत्ति या भौतिक आवश्यकताओं के प्रति लगाव अभी भी मौजूद है, लेकिन दीक्षा लेने वाला अपने और दूसरों के बारे में जागरूक है।

सात निचले लोक निचले क्षेत्र चेतना की छोटी अवस्थाएँ हैं जहाँ उच्चतम निवासी भौतिकवाद के समृद्ध जीवन का आनंद लेते हैं, लेकिन उनके पास बहुत कम आध्यात्मिक अंतर्दृष्टि होती है। पुराणों में लोकों को सूर्य के प्रकाश से रहित अंधेरे ग्रहों के रूप में वर्णित किया गया है - जो आत्मज्ञान के लिए प्रतीकात्मक है।

1. **अटाला-लोक:** इस क्षेत्र पर बाला का शासन है जो तीन प्रकार की महिलाओं का निर्माण करती है; स्वेच्छाचारी, लंपट और वेश्या। बाला माया का पुत्र है, जो प्राचीन शास्त्रियों के लिए भ्रम की दुनिया का प्रतिनिधित्व करता था जहां वास्तविकता की सच्चाई सचेत जागरूकता के नीचे छिपी हुई है। महिलाएं - भावनाओं का प्रतीक जो लालसा को प्रेरित करती हैं - मन पर विजय प्राप्त करती हैं और हमें स्वार्थी, कामुक और लालची बनाती हैं। व्यक्तियों को बस यह पता नहीं है कि यह अहंकार ही है जो उनकी इच्छाओं को संचालित करता है।

2. **वितल-लोक:** वितल के निवासी अज्ञानता की स्थिति में रहते हैं। वे आम तौर पर सफल लोग होते हैं लेकिन आध्यात्मिक विकास के प्रति इस हद तक प्रतिरक्षित महसूस करते हैं कि उन्हें विश्वास ही नहीं होता कि इसका अस्तित्व है। हालाँकि वे उन राक्षसों के बारे में जानते हैं जो उनकी चेतना में रहते हैं, वे उन्हें अनदेखा करते हैं क्योंकि उन्हें लगता है कि वे गलतियाँ करने के लिए बहुत अच्छे हैं।

3. **सुतल-लोक:** सुतल ग्रह पर असुरों के प्रमुख, दयालु राजा बलि महाराज का शासन है। असुर वे राक्षस हैं जो देवों और देवताओं से लड़ते हैं। इस क्षेत्र में, लोग अपनी गलतियों से सीखने में सक्षम हैं, इसलिए हम पाते हैं कि बाली को भगवान विष्णु का आशीर्वाद प्राप्त है। पश्चिमी परंपराओं में बाली शैतान के समकक्ष है। शैतान, या लूसिफ़ेर - प्रकाश लाने वाला - गिरे हुए मनुष्य का प्रतिनिधित्व करता है जिसमें कमजोरियाँ हैं, लेकिन जब भी वे कोई गलती करते हैं तो सुधार करने की कसम खाकर उन पर काबू पाने में सक्षम होते हैं।

4. **तलातला-लोक:** तलातला की दुनिया जादूगरनी माया का क्षेत्र है, जिसका शाब्दिक अर्थ भ्रम है। क्षेत्र के निवासी चेतना की स्थिति में रहते हैं जहां वास्तविकता की सच्चाई छिपी हुई है क्योंकि यह उनकी समझ के दायरे से परे है। जबकि निचली दुनिया के उच्च क्षेत्रों में रहने वाले लोग भ्रम को

नजरअंदाज करना चुनते हैं, जो लोग सचेत जागरूकता की तलताल स्थिति में रहते हैं वे व्यक्तिवाद के विचार से इतने जुड़े हुए हैं कि उनका मानना है कि उनका हर अनुभव हर किसी के लिए समान है। परिणामस्वरूप, वे हठी, तर्कशील और जिद्दी हो जाते हैं।

5. **महातल-लोक:** महातल के पौराणिक क्षेत्र में नागाओं, सात सिर वाले नागों का निवास है, जिनमें से कुछ सुंदर राजकुमारियाँ थीं जो सुंदर पुरुषों का अपहरण करने के लिए भूमिगत से प्रकट होती थीं। यहां प्रतीकात्मक अर्थ यह है कि जब आप अपनी लालसाओं को नियंत्रित करने में असमर्थ होते हैं और प्रलोभन में पड़ जाते हैं, भले ही आपके सिर में उच्च लोकों से आवाज आपको ऐसा न करने के लिए कह रही हो। इन स्थितियों में भावनाओं और लालसाओं पर काबू पाने से आप आध्यात्मिक जागरूकता बढ़ा सकते हैं, यही कारण है कि हम हिंदू प्रतिमाओं में नागा को देवताओं के सिर के ऊपर मंडराते हुए भी देखते हैं। कृष्ण के जन्म की कहानी जिसमें एक नागिन बच्चे को बारिश से बचाती है, हमें यह बताती है कि नागा हमारी भावनाओं के प्रति जागरूक होने और उन पर काबू पाने के माध्यम से समझ तक पहुंचने का एक तरीका है।

6. **रसातल-लोक:** क्रूर राक्षस रसातल क्षेत्र पर शासन करते हैं और देवताओं के साथ सीधे संघर्ष में हैं। यह चेतना की एक अवस्था है जिसमें व्यक्तियों का अपने कार्यों पर बहुत कम या कोई नियंत्रण नहीं होता है और वे वही करते हैं जो वे चाहते हैं, चाहे वह सही हो या गलत। आप इस दायरे को लगातार दुर्व्यवहार करने वाले बच्चों और वयस्कों में देखेंगे जो जानते हैं कि वे गलत कर रहे हैं, लेकिन परवाह नहीं करते हैं।

7. **पाताल-लोक:** यहां हम किसी व्यक्ति के नर्क की स्थिति में जाने से पहले चेतना के निम्नतम क्षेत्र को पाते हैं। यहां के निवासी घृणा, द्वेष और क्रोध से भरे हुए हैं। फिर भी इस बिंदु पर गलतियों और दुख से सीखने में देर नहीं हुई है।

हिंदू ग्रंथ असंख्य ब्रह्मांडों का वर्णन करते हैं जो एक ही समय में परमाणुओं की तरह घूमते हैं, प्रत्येक अपने स्वयं के ब्रह्मा, विष्णु और शिव के साथ। प्रत्येक ब्रह्मांड सात परतों से आच्छादित हैं -पृथ्वी, जल, अग्नि, वायु, आकाश, कुल ऊर्जा

और मिथ्या अहंकार- प्रत्येक पिछले एक से दस गुना बड़ा है । इसके अलावा असंख्य ब्रह्मांड हैं, और यद्यपि वे असीमित रूप से बड़े हैं, वे आप में परमाणुओं की तरह घूमते हैं। इसलिए आपको असीमित कहा जाता है ।

ब्रम्हाण्ड के शास्त्रों के अनुशार सम्पूर्ण पृथ्वी ग्रह को भारतवर्ष कहा जाता है, लेकिन विशेष रूप से हिमालय के दक्षिण में स्थित महाद्वीप के क्षेत्र को भारत वर्ष कहा जाता है । इससे आर्यावर्त भी कहतेहैं।आर्यावर्त के निवासियों को ऋग्वेद में वर्णित आर्य कहा जाता है ।इस प्रकार, भारतीय या आर्य दोनों शब्द भारतवर्ष या आर्यावर्त के निवासियों के लिए उपयोग किये गए थे, हालांकि, भारतीय और भारतवर्ष शब्द अधिक लोक प्रिय थे।

श्रीमद-भागवत ब्रम्हांड की एक पृथ्वी-केंद्रित अवधारणा प्रस्तुत करता है । पहली नजर में ब्रम्हाण्ड विज्ञान विदेशी लगता है, लेकिन करीब से देखने पर पता चलता है कि भागवत का ब्रम्हांड विज्ञान न केवल हमारे अनुभव की दुनिया का वर्णन करता है, बल्कि यह बहुत बड़ा औरअधिक संपूर्ण ब्रम्हांड संबंधी चित्र भी प्रस्तुत करता है ।

जिज्ञासु मानव मन स्वाभाविक रूप से ब्रम्हांड और उसके भीतर मनुष्य के स्थान को समझने के लिए तरसता है ।आज वैज्ञानिक ब्रम्हांड सिद्धांतो को तैयार करने के लिए शक्तिशाली दूरबीनों और परिष्कृत कम्प्यूटरों पर भरोसा करते हैं। पुराने ज़माने में लोगों को ज्ञान की पारम्परिक किताबों से जानकारी मिलते थी। उदाहरण के लिए, वैदिक संस्कृति के अनुययियों ने श्रीमद-भागवत, या भागवतपुराण जैसे ग्रंथों से ब्रम्हाण्ड के बारे में सीखा।श्रीमदभागवतम में भगवान कृष्ण ने स्पस्त रूप से कहा है कि इस कलियुग के १०,००० वर्षों के बाद ये सभी ज्ञान नष्ट हो जाएगा कलियुग के अंत के करीब, केवल फिर से पुनर्जीवित होने के लिए।

हिंदू धर्म में जीव, माया, कर्म, संसार और मोक्ष

व्यक्ति, आध्यात्मिक जीवात्मा (अवशोषित आत्मा) एक जीवित इकाई के भीतर जीवन शक्ति या चेतना हैं । जीव शाश्वत हैं; वे निर्मित या नष्ट नहीं होते हैं, और सृजित अचेतन पदार्थ से स्पष्ट रूप से भिन्न होते हैं। गुण अपनी प्रकट अवस्था में, प्रत्येक जीव के कर्म और छापों के आधार पर विभिन्न तरीकों से जीवों को ढ़कतीहैं । पदार्थ का यह भौतिक आवरण जीवों को भौतिक इंद्रियों की वस्तुओं के साथ बातचीत करने की अनुमति देता हैं जो भौतिक ब्रह्मांड को बनाते हैं, जैसे कि उनके अस्थायी भौतिक शरीर, अन्य चेतन शरीर और अचेतन वस्तुएं ।

भौतिक सृष्टि को माया («जो नहीं हैं ") कहा जाता हैं, क्योंकि यह कभी-कभी प्रकट होती हैं और कभी-कभी नहीं होती हैं । इसकी तुलना एक सपने या आभासी वास्तविकता से की गई हैं, जहां दर्शक (जीवा) को वस्तुओं के साथ वास्तविक अनुभव होते हैं जो अंततः असत्य हो जाएंगे।वैदिक साहित्य में, जीव को वह स्थान माना जाता हैं जहां हमारे भीतर सभी सकारात्मक गुण निहित होते हैं, फिर भी «माया की परतों» के कारण छिपे रहते हैं। अहंकार की अज्ञानता के कारण जीव को यह पता नहीं चलता कि वह इन परतों से घिरा हुआ हैं । हालांकि, साधना के रूप में जानी जाने वाली आध्यात्मिक प्रथाओं से माया के प्रभाव को दूर किया जा सकता हैं ।

इन अंतःक्रियाओं के माध्यम से, एक जीव अस्थायी भौतिक शरीर को सच्चे आत्म के रूप में पहचानना शुरू कर देता हैं, और इस तरह माया की चेतना (अज्ञानता, अज्ञानता, विस्मृति) की स्थिति में सदा के लिए माया से प्रभावित और बाध्य हो जाता हैं । अज्ञानता की यह सचेत अवस्था संसार (पुनर्जन्म का चक्र) की ओर ले जाती हैं, केवल एक जीव के लिए समाप्त होने के लिए जब मोक्ष (मुक्ति)

आत्म-साक्षात्कार (आत्म -ज्ञान) या किसी के सच्चे आध्यात्मिक आत्म / प्रकृति के स्मरण के माध्यम से प्राप्त किया जाता हैं । अपनी असली पहचान के बारे में जागरूकता की इस स्थिति को विकसित करने और माया की माया की प्रकृति को समझने के लिए कार्रवाई करना मोक्ष के लिए प्रयास करने के रूप में जाना जाता है । हिंदुओं का मानना है कि धर्म मोक्ष का साधन है, इस प्रकार धर्म को पूर्ण करना एक ऐसा कार्य है ।

हिंदू धर्म विशिष्ट बौद्धिक या दार्शनिक दृष्टिकोणों का एक समूह है, न कि विश्वासों का एक कठोर सामान्य समूह।इसमें जीवन की उत्पत्ति के बारे में कई दृष्टिकोण शामिल हैं। हिंदू धर्म की गतिशील विविधता के कारण सृष्टि की एक भी कहानी नहीं है, और ये वेदों जैसे विभिन्न स्रोतों से ली गई हैं, कुछ ब्राह्मणों से, कुछ पुराणों से; कुछ दार्शनिक हैं, अवधारणाओं पर आधारित हैं, और अन्य आख्यान हैं।

भ्राता

सनातन धर्म उस परम कल्याण की बात करता है, जो कि एक मात्र कल्याण है जिसकी पूरी दुनिया आकांक्षा कर सकती है । अगर हम वास्तव में चाहते हैं कि पूरी दुनिया सनातन धर्म का अभ्यास करे, तो यह बेहद महत्वपूर्ण है कि इसकी पहचान पूरे विश्व में स्थापित होनी चाहिए। मानव बुद्धि या समझ की प्रकृति ही खोजने की हैं । लोगों के भीतर यह जिज्ञासा इसलिए खत्म होती गई, क्योंकि उन पर विश्वास या मत थोपे गए। उन्हें बताया गया 'जो कुछ है, यही है और अगर आप इस पर विश्वास नहीं करेंगे तो आप जीवित ही नहीं रह सकते। डर, अपराधबोध और पसंद का इस्तेमाल करके मानव बुद्धि की प्राकृतिक जिज्ञासा को खत्म कर दिया गया। मानवता के परम कल्याण के लिए यह बेहद जरूरी है, कि हरेक व्यक्ति के जीवन में जिज्ञासा का एक गहन भाव लाया जाए। यही सनातन धर्म का असली लक्ष्य है ।

साहित्यकारों एवं लेखकों ने परिवार के सभी रिश्तों के बारें में बहुत सारी पुस्तकें एवं लेख लिखे हैं। परन्तु एक ऐसा रिश्ता जो भाई -भाई का होता हैं के बारे में बहुत ही कम लिखा गया है । ऐसा प्रतीत होता है कि आज की इस आधुनिक युग में ऐसे रिश्ते जिनके बारे में बहुत कम लिखा गया है या जिनकी उपेक्षा की गयी है के बारे में अपनों बच्चो एवं आने वाली पीढयों को जागरूक करना और उनको अपने धर्म ग्रंथों के बारें में बता कर उनका ज्ञान वर्धन जरूर करना चाहिए। भाई-भाई का रिश्ता ऐसा होता है जिसके बारे में सम्पूर्ण रूप से बहुत कुछ नहीं लिखा जा सकता। भाई-भाई के रूप को समझने के लिए पहले इसके बहुत सारे रूपों के बारे में जानना जरुरी है। भाई-भाई का रिश्ता निम्लिखित हो सकता है।

१) एक ही माता पिता से उत्पन्न पुत्र - सहोदर भाई

२) चाची- चाचा का पुत्र - चचेरा भाई

३) फुआ -फुफ्फा का पुत्र - फुफेरा भाई

४) एक ही पिता परन्तु अन्यत्र माता से उत्पन्न पुत्र - सौतेला भाई

५) एक ही माता परन्तु अन्यत्र पिता से उत्पन्न पुत्र - सौतेला भाई

६) किसी अनजाने पिता - माता से उत्पन्न पुत्र जिसे गोद लिया गया हो - दत्तक पुत्र

७) मामी-मामा से उत्पन्न पुत्र - ममेरा भाई

८) मौसी- मौसा से उत्पन्न पुत्र - मौसेरा भाई

९) उपरोक्त के अलावा बहुत से भाई- भाई के रिश्ते होते हैं। जैसे की धर्म भाई इत्यादि।

परिवार के सभी रिस्तों के बारे में बहुत कुछ लिखा गया है। ऐसा प्रतीत होता है कि यह एक बेहद उपेक्षित विषय है । हमें भविष्य में आने वाली पीढ़ियों के लिए इस विषय पर जरूर लिखना चाहिए। आज की इस प्रतिस्पर्धा वाली जिंदगी एवं समय में हम अपने परिवार के मूल्यों को नाश करते जा रहें हैं। भाई-भाई आपस में एक दूसरे के लिए कभी-कभी परेशानी का कारण हो सकते हैं, कभी-कभी बेहद कष्टप्रद हो सकते हैं। लेकिन एक बात है जिसे नकार नहीं सकते, आप उनके बिना रह नहीं सकते। भाई-भाई के बीच का बंधन अतुलनीय प्यार, विश्वास और एक-दूसरे के मानस की गहरी समझ का होता है । हम भले ही अपने भाई के लिए अपने प्यार की अभिव्यक्ति उतना न करें, लेकिन हम उन्हें बिना शर्त प्यार करते हैं। आप अपने भाई को कभी भी, कहीं भी कुछ भी बोल सकते हैं लेकिन अगर कोई और उनके खिलाफ कुछ कहना शुरू कर देता है, तो आप उस व्यक्ति से हमेशा के लिए घृणा करने लगतें हैं। ऐसा होता है भाई-भाई के बीच का अपनापन, कड़वा-मीठा रिश्ता।

हमें भविष्य में आने वाली पीढ़ियों को भाई- भाई के रिश्तों को समझने के लिए उन्हें सनातन धर्म में बताये गए भाई- भाई के रिश्तों के बारे में बताना अत्यन्त ही आवश्यक है। आगे हम अपने सनातन धर्म में बताये गए भाई- भाई के रिश्तों का चरित्र चित्रण करेंगे। जिससे के हमारी आने वाली पीढ़ियां भाई - भाई के अच्छे एवं बुरे व्यवहार को समझ कर हमेशा अच्छी एवं ज्ञानवर्धक बातों को अपने आप में आत्मसात करें।

सनातन धर्म (हिंदू धर्म) में परिवार को सर्वोच्च स्थान दिया गया हैं । परिवार सर्वशक्तिमान द्वारा दिया गया सबसे अच्छा उपहार है और इस पारिवारिक बंधन को हमेशा के लिए संजोना पड़ता है । परिवार ही है जो हर मुश्किल समय में एक व्यक्ति के साथ खड़ा रहता है और जीवन को शक्ति देता है । परिवार कई दिव्य बंधनों को स्पष्ट करती है, जैसे पिता और पुत्र, माता और पुत्र, पति और पत्नी और भाई-बहन, भाई-भाई का रिश्ता। यह सच है कि परिवार के संबंध ईश्वर द्वारा तय किए जाते हैं । परिवार के साथ संबंध कैसे बनाए रखना है, यह परिवार के मुखिया के आचरण, व्यवहार, संस्कृति, विचार इत्यादि पर निर्भर करता है । भारतीय संस्कृति के महानतम ग्रन्थ श्री राम चरितमानस (रामायण)में परिवार के ऐसे कई दिव्य सम्बन्धों को स्पष्ट करती हैं, जैसे पिता और पुत्र, माता और पुत्र, पति और पत्नी और भाई-बहन, भाई - भाई का रिश्ता। भाई - भाई के रिश्ते को अच्छे और बुरे के अलग-अलग रंगों में वर्णित किया गया है । भाई-भाई का हर रिश्ता एक ज्ञान को दर्शाता है कि एक परिवार में रिश्ते कैसे महत्वपूर्ण हैं। हमारे सनातन (हिन्दू) धर्म में श्री रामयण के साथ- साथ महाभारत, उपनिषद, गीता इत्यादि बहुत सारे ग्रन्थ एवं काव्य लिखे गए हैं। जिनको पढ़ कर उनमें उल्लेखित बातों को अपने में आत्मसात करके अपने जीवन के मूल्यों एवं अपने रिश्तों को समझ सकते हैं। भाई- भाई के रिश्तों को समझने के लिए संक्षेप में श्री राम चरितमानस (रामायण) में बतायें गए भाई - भाई के रिश्तों का सन्दर्भ लेकर अवलोकन करेंगे।

श्री राम चरितमानस (रामायण) संछेप

श्री राम चरितमानस (रामायण) सनातन हिंदू पौराणिक कथाओं के सबसे महान महाग्रंथों, महाकाव्यों में से एक है । ऋषि वाल्मीकि द्वारा लिखित, श्री राम चरितमानस (रामायण) न केवल एक धर्म ग्रन्थ है, बल्कि प्राचीन ऋषियों द्वारा रिश्तों में अपना धर्म (कर्तव्य) करने के महत्व को बढ़ावा देने के लिए उपयोग किया जाने वाला एक शैक्षिणिक माध्यम भी है । रामायण में ऐसे चरित्रों का चित्रण किया गया है, जिनकी हमें आकांक्षा करनी चाहिए, जैसे आदर्श पिता, आदर्श पुत्र, आदर्श भाई, आदर्श नेता, आदर्श पत्नी आदि।

अयोध्या के राजा दशरथ की तीन पत्नियां और चार बेटे थें । राजा दशरथ की सबसे बड़ी पत्नी रानी कौशल्या थी । श्री राम, कौशल्या के पुत्र थे । राजा दशरथ की दूसरी और प्राणप्रिय पत्नी रानी कैकेयी थी । भरत, रानी कैकेयी के पुत्र थें । सबसे छोटी पत्नी रानी सुमित्रा थी। उनके दो जुड़वां पुत्र लक्ष्मण और शत्रुघ्न थें । श्री राम के पिता राजा दशरथ ने फैसला किया कि वह उनके सबसे बड़े पुत्र श्री राम को अपना सिंहासन दे कर और मोक्ष की तलाश के लिए जंगल चले जायेंगे । इस बात को सुन कर पूरा राज परिवार प्रसन्न होता है । यह योजना धर्म के नियमों को पूरा करती थी क्योंकि एक बड़े पुत्र को शासन करना चाहिए और यदि कोई पुत्र सक्च्छम हो और पूरे परिवार की जिम्मेदारी ले सकता है, तो पिता ,मोक्ष की तलाश में बिना किसी मोह माया के अपने जीवन के अंतिम समय व्यतीत कर सकता है। साथ ही श्री राम को हर कोई प्यार करता था।

रानी कैकेयी की दासी मंथरा को इस बात का पता चलता हैं, तब वह रानी कैकेयी के पास जा कर उनके कान भर्ती है कि महराज दशरथ अपने बड़े पुत्र श्री

राम को सारा राज पाठ सौपं कर मोक्ष प्राप्ति हेतु जंगल जाना चाहते हैं। मंथरा, रानी कैकेयी को इस बात के लिए राजी कर लेती है कि राजा तो उनका ही पुत्र भरत को ही बनाना चाहिए क्योंकि राजा दशरथ ने उनको तीन वचन दिए थे । अब समय आ गया हैं कि आप अपना वचन पूरा करवा लें । रानी कैकेयी को मंथरा की बातें उस समय सही लगती हैं और उनके मन में अपने बेटे भरत को राजा बनाने का लालच आ जाता है। वह चाहती हैं कि उनका पुत्र भरत अयोध्या पर शासन करे। रानी कैकेयी ने राजा दशरथ द्वारा अपने वर्षों पहले की गई एकवचन को याद दिलाती हैं और उनसे यह मांगती हैं कि श्री राम को चौदह वर्ष के लिए राज से निर्वासित करके एवं उन्हें वन जाने को बोला जाये एवं उनके पुत्र भरत को राजा बनाया जाये। राजा दशरथ यह सुन कर विचलित हो जाते हैं। राजा घुटने के बल झुककर उनसे ऐसी वचन की मांग न करने की प्रार्थना करते हैं परन्तु रानी कैकेयी अपनी बातों पर अडिग रहती हैं। परन्तु राजा दशरथ खुद के द्वारा दिए गए वचन को पूरा करने के लिए बाध्य भी हैं। राजा दशरथ न चाहते हुए भी अपने प्राण प्रिये पुत्र श्री राम को राज से निकाला एवं चौदह वर्ष का बनवास देते हैं। यह सुन कर पूरी प्रजा त्राहिमाम- त्राहिमाम करने लगती हैं परन्तु राजा अपने वचन को पूरा करने के लिए बाध्य होते हैं।

राजा दशरथ ने श्री राम को अयोध्या से निर्वासित करने का आदेश दिया। श्री राम ने निश्चय ही इस आदेश को स्वीकार कर लिया। उन्होंने ने बोला "मैं खुशी-खुशी पिता की आज्ञा का पालन करता हूँ," उन्होंने अपनी सौतेली माँ रानी कैकेयी से कहा यदि आपने भी ऐसा आदेश दिया होता तो भी मैं आपके आज्ञा का पालन करता। जब श्री राम की पत्नी सीता ने सुना कि श्री राम को राज्य से निर्वासित किया जाना हैं, तब उन्होंने श्री राम के साथ वनवास में जाने की इच्छा रखी। श्री राम पहले तो सीता को समझाते हैं कि चौदह वर्ष का वनवास बहुत कठिन होगा आप नहीं संभाल पाओगी । परन्तु माता सीता उनकी एक नहीं सुनती और उनके साथ जाने का हठ करती हैं और उन्हें समझाती हैं कि "जैसे पदार्थ की छाया, वैसे ही पत्नी से पति," उन्होंने श्री राम को याद दिलाया "क्या पत्नी का धर्म अपने पति के पक्ष में नहीं हैं? मुझे आपके आगे चलने दो ताकि मैं आपके चरणों के लिए मार्ग सुगम कर सकूं," उन्होंने याचना की। श्री राम मान गए, और श्री राम, सीता को साथ ले कर चलने को तैयार हो गए। जब यह बात भाई लक्ष्मण को पता चली तब उन्होंने भी अपने बड़े भाई एवं भाभी के साथ चौदह वर्ष का वनवास जाने की

इच्छा जताई और श्री राम मान गए। श्री राम अपने पत्नी सीता एवं अपने प्रिये अनुज लक्ष्मण के साथ चौदह वर्ष के लिए वन में चले गए।

जब श्री राम अपनी पत्नी सीता और अनुज लक्ष्मण जी के साथ वनवास को जा रहें थें तब भरत जी राज्य में उपस्थित नहीं थें । जब भरत जी को पता चला कि उनकी मां ने क्या किया है, तो उन्होंने अपनी माँ पर बहुत क्रोध किया और जंगल में श्री राम की तलाश के लिए निकल पड़े । खोजते - खोजते जब उन्होंने श्री राम को देखा तो रो पड़े और शाश्वत दंडवत प्रणाम किया और उनसे प्राथना की कि "सबसे बड़े भाई को राज्य के सिंहासन पर विराजमान होना चाहिए " और यही धर्म है । उन्होंने श्री राम से हाथ जोड़ कर विनती कि "कृपया वापस आएं और राजा के रूप में अपने सही स्थान को ग्रहण करें । मैं इस राज सिंहासन का किसी भी तरह से उत्तराधकारी नहीं हूँ। भरत की प्यार भरी बातें और उनका अनुरोध श्री राम ने बड़ी ही शांत मन से सुना और मुस्करा कर बोलें। भरत मैं अपनी मर्जी से वन में नहीं आया। यह पिता और माता के आज्ञा का अनुशरण कर रहां हूँ। उन्होंने ने भरत को समझाया कि पिता और माता का आज्ञा मानना हम सब का कर्तव्य हैं। इसलिए आप घर लौट जाओ और पिता और माता की आज्ञा का पालन करते हुए अयोध्या का राज पाठ संभालो । वहां तुम्हारी आवश्यकता हैं। तुम्हारे बिना अयोध्या अनाथ है। भरत ने अपने बड़े भाई श्री राम की आज्ञा ली और प्रण किया की वह चौदह वर्षों तक अपने बड़े भाई श्री राम का अयोध्या वापिस का इंतजार करेंगे और उनकी पादुका को राज सिंहांसन पर रख अयोध्या का राज पाठ संभालेंगे। इसलिए भरत ने अपने भाई की पादुका ली और कहा, "मैं इन पादुका को आपके अधिकार के प्रतीक के रूप में सिंहासन पर रखूंगा। मैं आपके स्थान पर केवल एक शासक के रूप में शासन करूंगा, और प्रत्येक दिन मैं मेरे प्रभु के चरणों में शीश झुकाऊँगा । जब निर्वासन के चौदह वर्ष पूरे हो जाएंगे, तो मैं खुशी-खुशी राज्य श्री राम को लौटा दूंगा। भरत ,श्री राम को गले लगाते हैं और उनकी पादुका ले कर अयोध्या लौट जातें हैं ।भरत की निस्वार्थता से श्री राम बहुत प्रभावित हुए।

श्री राम, सीता जी एवं लक्ष्मण जी वन में पहुंच जाते हैं। लक्ष्मण जी ने अपने भैया श्री राम एवं भाभी सीता जी के लिए कुटिया का निर्माण किया एवं दिन - रात उन दोनों की सेवा करने लगे। एक दिन रावण की बहन सूर्पनखा वन में विचरण करते हुए श्री राम को देख कर उन पर मोहित हो जाती है। उसके बाद वह एक

सुन्दर नारी का भेष रख कर श्री राम जी के पास आती है और उनसे शादी का प्रस्ताव रखती है। यह देख कर श्री राम मुस्कराते हैं और उससे आग्रह करते हैं कि वह शादी - शुदा हैं उनकी एक सुन्दर पत्नी हैं वो उसका प्रस्ताव ठुकरा देतें हैं। यह सुनकर सूर्पनखा क्रोधित हो जाती है और अपने असली रूप, राक्षसी रूप में आ जाती है और उन्हें धमकी देते हुए बोलती है कि वह लंकापति रावण की बहन है। इस पृथ्वी पर ऐसा कोई नहीं जो उनकी बात की अवहेलना करे । यह सुनकर श्री राम मुस्कराते हैं और उससे हाथ जोड़ कर विनती करते हैं कि नारी कृपया करके यहाँ से जायें परन्तु सूर्पनखा अपनी बात पर अड़ी रहती है। यह सब लक्ष्मण जी देख रहें थे । अपने बड़े भाई को किसी नारी द्वारा प्रताड़ित करना उनको पसंद नहीं आ रहा था। वह उसी समय आते हैं और सूर्पनखा की नाक काट देते हैं। सूर्पनखा रोते हुए और उनको धमकाते हुए वहां से भाग जाती है।

सूर्पनखा लंका पहुंच कर अपने भाई रावण के पास लौटती है, और अपने भाई को सुन्दर और प्यारी सीता के बारे में बताती हैं । उसको पता होता है कि सुंदर महिला रावण की कमजोरी है । रावण सीता हरण की योजना बनाता है । रावण अपने एक राक्षस मारीच को आदेश देता है कि एक सुन्दर स्वर्ण मृग का रूप ले कर सीता के समीप जाओ। वह रावण से आज्ञा ले कर श्री राम की कुटिया के पास जाता है। श्री राम, सीता जी और लक्ष्मण अपनी कुटिया में बैठे हुए होतें हैं और उसी समय एक स्वर्ण मृग वहाँ आता है । सीता जी उस मृग को देखकर मोहित हो जाती हैं और अपने पति श्री राम से अनुरोध करती हैं कि मुझे वह मृग चाहिए। श्री राम अपनी प्रिय पत्नी की बात मान कर उस मृग के पीछे चले जाते हैं और लक्ष्मण को सीता जी की रखवाली में सौंपकर, लक्ष्मण को कुछ आवश्यक निर्देश देते हैं। वे मृग का जैसे ही वध करते हैं, मृग के मुँह से 'लक्ष्मण-लक्ष्मण' निकलता है । 'लक्ष्मण' शब्द सुनकर सीता जी ,श्री राम की सुरक्षा के प्रति चिन्तित हो उठती हैं, और लक्ष्मण को श्री राम के पास जाने के लिए कहती हैं। लक्ष्मण सीता जी को समझाने की कोशिश करते हैं कि ऐसा कुछ नहीं है । पर वह नहीं मानती और लक्ष्मण को आदेश देती हैं कि वह अपने भाई श्री राम के पास जायें । सीता जी कुछ ऐसी कड़वी बातें कहती हैं कि लक्ष्मण को वहाँ जाना पड़ता है । लक्ष्मण जी, सीता जी के चारों ओर एक सुरक्षा घेरा बनाते हैं और माता सीता से आग्रह करते हैं कि कुछ भी हो जाये आप सुरक्षा घेरे से बाहर नहीं निकलना। जब तक आप इस घेरे से नहीं निकलती तबतक आप सुरक्षित रहेंगी । जैसे ही वे जाते

हैं, रावण, जो अपना आकार साधु का बदल कर आता है, वह माता सीता से भीख मांगता है । सीता जी साधु बने रावण से आग्रह करती है कि वह सुरक्षा घेरे के भीतर आ कर भिक्छा ग्रहण करें तब रावण ऐसे करने से मना कर देता है और सीता जी को एक साधु का अपमान करने कि बात को बोलता है। सीता जी उसके बात से घबरा जाती हैं जैसे ही वह सुरक्षा घेरे से बहार आ कर रावण को उसे भोजन देने के लिए सुरक्षा घेरे के बाहर कदम रखती है, रावण माता सीता को पकड़ लेता है और उनका अपहरण कर लंका ले जाता है।

श्री राम जैसे ही मृग का वध करते हैं, मृग के मुँह से 'लक्ष्मण-लक्ष्मण' निकलता है और वह अपने असली रूप में आ जाता है। यह देख कर श्री राम समझ जाते हैं कि उनके साथ छल हुआ है। तभी लक्ष्मण वहाँ पहुंच जाते हैं। यह सब देख कर श्री राम विचलित हो जाते हैं और लक्ष्मण को बोलते हैं कि तुम्हे सीता को अकेले छोड़ कर नहीं आना चाहिए था। तब लक्ष्मण अपने भैया श्री राम को बोलते हैं कि मैं नहीं आ रहा था परन्तु माता सीता ने मुझे यहाँ आने के लिए आदेश दिया। तब दोनों भाई यह समझ चुके थें कि उनके साथ छल हो चुका हैं। दोनों भाई को माता सीता जी की चिंता सताने लगी और दोनों भाई कुटिया की तरफ भागते हैं।

जब रावण सीता को पुष्पक विमान में लेकर जा रहा था, तब बूढ़े जटायु पक्षी ने रावण से सीता माता को छुड़ाने के लिए युद्ध किया परन्तु रावण ने जटायु का पंख काट डाला। जब श्री राम और लक्ष्मण सीता जी को ढूँढते हुए जा रहे थें तब रास्ते में जटायु का शरीर पड़ा था और वो श्री राम -श्री राम विलाप कर रहा था। जब श्री राम और लक्ष्मण ने उनसे सीता जी के विषय में पूछा तो जटायु ने उन्हें बताया कि रावण माता सीता को उठा ले गया है और यह बताते- बताते उसकी मृत्यु हो गयी।

जब श्री राम और लक्ष्मण वन में माता सीता को ढूंढते हुए आगे बढ़ते हैं तब वहां उन दोनों भाइयों की मुलाकात हनुमान जी से रिशिमुख पर्वत पर हुई। हनुमान जी किष्किन्धा के राजा सुग्रीव की वानर सेना के मंत्री थे । जब सुग्रीव श्री राम से मिले वे दोनों मित्र बन गए। जब श्री राम ने सुग्रीव से पूछा कि उन्होंने माता सीता को यहाँ से जाते हुए देखा हैं क्या, तब सुग्रीव ने उन्हें कुछ आभूषण एवं अलंकार दिखाए, जो सुग्रीव की सेना के कुछ वानरों को मिला था।उससे देख कर

श्री राम एवं लक्ष्मण के आँखों में आंसू आ गए । श्री राम ने कहा कि यह सारे आभूषण एवं अलंकार सीता जी के हैं। फिर उन्होंने पूछा कि वह किस तरफ गए हैं, तब सुग्रीव ने बताया कि उसे कुछ भी नहीं पता। सुग्रीव ने श्री राम को वचन दिया कि वो एवं उनकी सारी सेना माता सीता को खोजने में अपनी पूरी शक्ति एवं जान लगा देगी।

उसके बाद हनुमान जी, सुग्रीव, जामवंत, ने मिल कर सुग्रीव की वानर सेना का नेतृत्व किया और चारों दिशाओं में अपनी सेना को भेजा। सभी दिशाओं में ढूँढने के बाद भी कुछ ना मिलने पर ज्यादातर सेना वापस लौट आई । दक्षिण की तरफ हनुमान जी एक सेना लेकर गए जिसका नेतृत्व अंगद कर रहे थें । जब वे दक्षिण के समुद्र तट पर पहुंचे तो वे भी उदास होकर विन्ध पर्वत पर इसके विषय में बात कर रहे थें । वहीँ कोने में एक बड़ा पक्षी बैठा था, जिसका नाम था सम्पाती। सम्पाती वानरों को देखकर बहुत खुश हो गया और भगवान का शुक्रिया करने लगा इतना सारा भोजन देने के लिए। जब सभी वानरों को पता चला की वह उन्हें खाने की कोशिश करने वाला था तो सभी उसकी घोर आलोचना करने लगे और महान पक्षी जटायु का नाम लेकर उसकी वीरता की कहानी सुनाने लगे। जैसे ही जटायु की मृत्यु कि बात उसे पता चला वह ज़ोर-ज़ोर से विलाप करने लगा। उसने वानर सेना को बताया की वो जटायु का भाई है और यह भी बताया की उसने और जटायु ने मिलकर स्वर्ग में जाकर इंद्र को भी युद्ध में हराया था। उसने यह भी बताया कि सूर्य की तेज़ किरणों से जटायु की रक्षा करते समय उसके सभी पंख भी जल गए और वह उस पर्वत पर गिर गया। सम्पाती ने वानरों से बताया कि वह बहुत ज्यादा जगहों पर जा चुका है और उसने यह भी बताया की लंका का असुर राजा रावण ने सीता को अपहरण किया है और उसी दक्षिणी समुद्र के दूसरी ओर उसका राज्य है ।

जब सभी लोग समुद्र की तरफ देखतें हैं तो ये विचार करतें हैं कि इतने बड़े समुद्र को पार कर पाना बहुत ही कठिन है। पर उसी समय भालुओं के राजा जामवंत ने हनुमान जी के सभी शक्तियों को ध्यान दिलाते हुए कहा कि हे हनुमान जी आप तो महा ज्ञानी, वानरों के स्वामी और पवन पुत्र हैं। यह सुन कर हनुमान जी का मन हर्षित हो गया और उनकी अपनी सारी शक्तियां याद आ गयी और वे समुंद्र तट किनारे स्तिथ सभी लोगों से बोले आप सभी कंद मूल खाकर यहीं मेरा

इंतज़ार करें जब तक मैं सीता माता को देखकर वापस ना लौट आऊं। ऐसा कहकर वे समुद्र के ऊपर से उड़ते हुए लंका की ओर चले गए।

लंका जाने के रास्ते में जाते समय उन्हें सबसे पहले मेनका पर्वत मिला । उन्होंने हनुमान जी से कुछ समय आराम करने के लिए कहा पर हनुमान जी ने उत्तर दिया – जब तक मैं श्री राम जी का कार्य पूर्ण ना कर लूं मेरे जीवन में विश्राम की कोई जगह नहीं है और वे उड़ते हुए आगे चले गए। देवताओं ने हनुमान जी की परीक्षा लेने के लिए सापों की माता सुरसा को भेजा। सुरसा ने हनुमान जी को खाने की कोशिश की पर हनुमान जी को वो खा ना सकी। हनुमान जी उसके मुख में जा कर दोबारा निकल आये और आगे चले गए।समुंद्र में एक छाया को पकड़ कर खा लेने वाली राक्षसी रहती थी। उसने हनुमान जी को पकड़ लिया पर हनुमान जी ने उसे भी मार दिया।समुद्र तट पर पहुँचने के बाद हनुमान जी एक पर्वत के ऊपर चढ़ गए और वहां से उन्होंने लंका की और देखा। लंका का राज्य उन्हें दिखा, जिसके सामने एक बड़ा द्वार था और पूरी लंका सोने की बनी हुई थी।हनुमान जी ने एक छोटे मछर के आकार जितना रूप धारण किया और वह द्वार से अन्दर जाने लगे। उसी द्वार पर लंकिनी नामक राक्षसी रहती थी। उसने हनुमान जी का रास्ता रोका तो हनुमान जी ने एक ज़ोर का घूँसा दिया तो नीचे जा कर गिरी। उसने डर के मारे हनुमान जी को हाथ जोड़ा और लंका के भीतर जाने दिया।

हनुमान जी ने माता सीता को महल के हर जगह ढूँढा पर वह उन्हें नहीं मिली। थोड़ी देर ढूँढने के बाद उन्हें एक ऐसा महल दिखाई दिया, जिसमें एक छोटा सा मंदिर था, एक तुलसी का पौधा भी। हनुमान जी यह देखकर अचंभे में पड़ गए और उन्हें यह जानने की इच्छा हुई कि आखिर ऐसा कौन है जो इन असुरों के बीच श्री राम का भक्त है । यह जानने के लिए हनुमान जी ने एक ब्राह्मण का रूप धारण किया और उन्हें पुकारा। विभीषण अपने महल से बाहर निकले और जब उन्होंने हनुमान जी को देखा तो वो बोले – हे महापुरुष आपको देख कर मेरे मन में अत्यंत सुख मिल रहा हैं, क्या आप स्वयं श्री राम हैं? हनुमान जी ने पूछा आप कौन हैं? विभीषण ने उत्तर दिया – मैं रावण का भाई विभीषण हूँ। यह सुन कर हनुमान जी अपने असली रूप में आ गए और श्री राम चन्द्र जी के विषय में सभी बातें उन्हें बताया। विभीषण ने निवेदन किया- हे पवनपुत्र मुझे एक बार श्री राम से मिलवा दो। हनुमान जी ने उत्तर दिया – मैं श्री राम जी से

ज़रूर मिलवा दूंगा परन्तु पहले मुझे यह बताएं कि मैं जानकी माता से कैसे मिल सकता हूँ?

विभीषण ने हनुमान जी को बताया की रावण ने सीता माता को अशोक वाटिका में कैद करके रखा है । यह जानने के बाद हनुमान जी ने एक छोटा सा रूप धारण किया और वह अशोक वाटिका पहुंचे। वहां पहुँचने के बाद उन्होंने देखा कि रावण अपनी दासियों के साथ उसी समय अशोक वाटिका में में पहुंचा और सीता माता को अपने ओर देखने के लिए साम, दाम ,दंड भेद का उपयोग किया पर तब भी सीता जी ने एक बार भी उसकी ओर नहीं देखा। रावण ने सभी राक्षसियों को सीता को डराने के लिए कहा। पर त्रिजटा नामक एक राक्षसी ने माता सीता की बहुत मदद और देखभाल की और अन्य राक्षसियों को भी डराया जिससे अन्य सभी राक्षसी भी सीता की देखभाल करने लगीं ।

कुछ समय बाद हनुमान जी ने सीता जी के सामने श्री राम की अंगूठी डाल दी। श्री राम नाम से अंकित अंगूठी देख कर सीता माता के आँखों से ख़ुशी के आंसू निकल पड़े। परन्तु सीता माता को संदेह हुआ कि कहीं यह रावण की कोई चाल तो नहीं। तब सीता माता ने पुकारा कि कौन हैं जो यह अंगूठी ले कर आया हैं । उसके बाद हनुमान जी प्रकट हुए पर हनुमान जी को देखकर भी सीता माता को विश्वास नहीं हुआ। उसके बाद हनुमान जी ने मधुर वचनों के साथ श्री राम चन्द्र के गुणों का वर्णन किया और बताया कि वो श्री राम जी के दूत हैं। सीता ने व्याकुलता से श्री राम जी का हाल चाल पूछा । हनुमान जी ने उत्तर दिया – हे माते श्री राम जी ठीक हैं और वे आपको बहुत याद करते हैं। वे बहुत जल्द ही आपको लेने आयेंगे और मैं शीघ्र ही आपका सन्देश श्री राम जी के पास पहुंचा दूंगा। तभी हनुमान जी ने सीता माता से श्री राम जी को दिखाने के लिए चिन्ह माँगा, तब माता सीता ने हनुमान जी को अपने कंगन उतार कर दे दिए।

उसके बाद हनुमान जी को बहुत भूख लग रही थी, तब हनुमान जी अशोक वाटिका में लगे पेड़ों के फलों को खाने लगे। फलों को खाने के साथ-साथ हनुमान जी उन पेड़ों को तोड़ने लगे तभी रावण के सैनिकों ने हनुमान जी पर प्रहार किया पर हनुमान जी ने सबको मार डाला। जब रावण को इस बात का पता चला कि कोई बन्दर अशोक वाटिका में उत्पात मचा रहा हैं तो उसने अपने पुत्र अक्षय कुमार को भेजा हनुमान जी का वध करने के लिए। पर हनुमान जी ने उसे क्षण

भर में मार दिया। कुछ देर बाद जब रावण को अपने पुत्र की मृत्यु का पता चला वह बहुत ज्यादा क्रोधित हुआ। उसके बाद रावण ने अपने ज्येष्ठ पुत्र मेघनाद को भेजा। हनुमान जी के साथ मेघनाद का बहुत भयंकर युद्ध हुआ पर कुछ ना कर पाने के बाद मेघनाद ने ब्रह्मास्त्र चला दिया। ब्रह्मास्त्र का सम्मान करते हुए हनुमान जी स्वयं बंधक बन गए।

हनुमान जी को रावण की सभा में लाया गया। रावण हनुमान जी को देख कर हंसा और फिर क्रोधित हो कर उसने प्रश्न किया – रे वानर, तूने किस कारण अशोक वाटिका को तहस-नहस कर दिया? तूने किस कारण से मेरे सैनिकों और पुत्र का वध कर दिया क्या तुझे अपने प्राण जाने का डर नहीं है? यह सुन कर हनुमान जी ने कहा – हे रावण, जिसने महान शिव धनुष को पल भर में तोड़ डाला, जिसने खर, दूषण, त्रिशिरा और बाली को मार गिराया, जिसकी प्रिय पत्नी का तुमने अपहरण किया, मैं उन्हीं का दूत हूँ। मुझे भूख लग रहा था इसलिए मैंने फल खाए और तुम्हारे राक्षसों ने मुझे खाने नहीं दिया इसलिए मैंने उन्हें मार डाला। अभी भी समय है माता सीता को श्री राम को सौंप दो और क्षमा मांग लो। रावण हनुमान जी की बात सुन कर हसने लगा और बोला – रे दुष्ट, तेरी मृत्यु तेरे सिर पर है । ऐसा कह कर रावण ने अपने मंत्रियों को हनुमान जी को मार डालने का आदेश दिया। यह सुन कर सभी मंत्री हनुमान जी को मारने दौड़े। तभी विभीषण वहां आ पहुंचे और बोले- रुको, दूत को मारना सही नहीं होगा, यह नीति के विरुद्ध है । कोई और भयानक दंड देना चाहिए।

सभी ने कहा बन्दर की पूंछ उसको सबसे प्यारी होती है क्यों ना तेल में कपड़ा डूबा कर इसकी पूंछ में बांध कर आग लगा दीया जाये। हनुमान जी की पूंछ पर तेल वाला कपड़ा बांध कर आग लगा दी गई । जैसे ही पूंछ में आग लगी हनुमान जी बंधन मुक्त हो कर एक छत से दूसरे में कूदते गए और पूरी सोने की लंका में आग लगा के समुद्र की ओर चले गए और वहां अपनी पूंछ पर लगी आग को बुझा दिया। वहां से सीधे हनुमान जी ,श्री राम के पास लौटे और वहां उन्होंने श्री राम को माता सीता के विषय में बताया और उनके कंगन भी दिखाए। माता सीता की निशानी को देख कर श्री राम भावुक हो गए।

अब श्री राम और वानर सेना की चिंता का विषय था कैसे पूरी सेना समुद्र के दूसरी ओर जा सकेगी । श्री राम जी ने समुद्र से निवेदन किया कि वे रास्ता दें

ताकि उनकी सेना समुद्र पार कर सके। परन्तु कई बार कहने पर भी समुद्र ने उनकी बात नहीं मानी तब श्री राम ने लक्ष्मण से धनुष माँगा और अग्नि बाण को समुद्र पर साधा जिससे कि पानी सूख जाये और वे आगे बढ़ सकें। जैसे ही श्री राम ने ऐसा किया समुद्र देव डरते हुए प्रकट हुए और श्री राम से माफ़ी मांगी और कहा हे नाथ, ऐसा ना करें आपके इस बाण से मेरे जल में रहने वाली सभी मछलियाँ और जीवित प्राणी का अंत हो जायेगा। श्री राम ने कहा – हे समुद्र देव हमें यह बताएं कि मेरी यह विशाल सेना इस समुद्र को कैसे पार कर सकती हैं। समुद्र देव ने उत्तर दिया – हे रघुनन्दन श्री राम आपकी सेना में दो वानर हैं नल और नील उनके स्पर्श करके किसी भी बड़ी से बड़ी चीज को पानी में तैरा सकते हैं। यह कह कर समुद्र देव चले गए।

उनकी सलाह के अनुसार नल और नील ने पत्थर पर श्री राम के नाम लिख कर समुद्र में पत्थर फैंक के देखा तो पत्थर तैरने लगा। उसके बाद एक के बाद एक करके नल और नील समुद्र में पत्थर को समुद्र में फेंकते रहे और समुद्र के अगले छोर तक पहुच गए। श्री राम ने अपनी सेना के साथ समुद्र किनारे डेरा डाला। जब इस बात का पता रावण की पत्नी मंदोदरी को पता चला तो वो घबरा गई और उसने रावण को बहुत समझाया पर वह नहीं समझा ।

रावण के भाई विभीषण ने भी रावण को सभा में समझाया और माता सीता को सम्मान पूर्वक श्री राम को सौंप देने के लिए कहा परन्तु यह सुन कर रावण क्रोधित हो गया और अपने ही भाई को लात मार दिया, जिसके कारण विभीषण सीढ़ियों से नीचे आ गिरे। विभीषण ने अपना राज्य छोड़ दिया और वो श्री राम के पास चले गए। श्री राम जी ने भी ख़ुशी के साथ उन्हें स्वीकार किया और अपने डेरे में रहने की जगह दी। आखरी बार श्री राम ने बाली पुत्र अंगद कुमार को भेजा पर रावण तब भी नहीं माना।

श्री राम और रावण की सेना के बीच भीषण युद्ध हुआ। इस युद्ध में लक्ष्मण पर मेघनाद ने शक्ति बाण से प्रहार किया था जिसके कारण लक्ष्मण जी मूर्छित हो कर गिर गए और मरणासन स्थिति में पहुँच गए। उनके जीवन को बचाने के लिए हनुमान जी संजीवनी बूटी लेने के लिए हिमालय पर्वत गए। परन्तु वे उस पौधे को पहचान ना सके इसलिए वे पूरा पर्वत ही उठा लाये थे । यहाँ तक कि रावण के भाई कुंभकरण जैसे महारथी असुर को भी भगवान श्री राम ने अपने बांण से मार डाला।

इस युद्ध में रावण की सेना को श्री राम की सेना परास्त कर देती है और अंत में श्री राम, रावण की नाभि में बाण मार कर उसे मार देते हैं और माता सीता को छुड़ा लाते हैं। श्री राम विभीषण को लंका का राजा बनाते देते हैं। माता सीता से मिलने से पूर्व उनकी अग्नि परीक्षा लेते हैं। उसके बाद श्री राम, सीता और भाई लक्ष्मण के साथ अपने राज्य 14 वर्ष के वनवास से लौटते हैं। उसके बाद श्री राम को अयोध्या का राजा घोषित किया गया और उनका जीवन खुशियों से बीत रहा था। कुछ समय बाद माता सीता गर्भवती हो जाती हैं। अयोध्या लोटने के बाद जब माता सीता की शुद्धता एवं पवित्रता पर लोकापवाद उठा और भगवान राम ने लोकापवाद को समाप्त करने के लिए माता सीता का त्याग कर दिया और माता सीता को अयोध्या छोड़ कर चले जाने को कहते हैं।

यह सुनकर माता सीता को इस बात से बहुत दुःख होता हैं और वो अयोध्या छोड़ कर वन में चली जाती हैं जहाँ महर्षि वाल्मीकि उन्हें अपने आश्रम में आश्रय देते हैं।वही माता सीता दो पुत्रों को जन्म देती हैं जिनका नाम लव और कुश दिया गया। लव और कुश ने महर्षी वाल्मीकि से पूर्ण वेद पुराणों, रामायण इत्यादि का ज्ञान लिया। वे दोनों बालक पराक्रमी और ज्ञानी थें । श्री राम ने चक्रवर्ती सम्राट बनने और अपने पापों से मुक्त होने के लिए अश्व्मेघ यज्ञ किया। इस यज्ञ में एक घोड़े को स्वच्छन्द रूप से छोड़ा जाता था। वह घोड़ा जितना ज्यादा क्षेत्र तक जाता था उसे राज्ये में सम्मिलित कर दिया जाता था। यह यज्ञ पत्नी के बिना नहीं हो सकता था इसलिए श्री राम ने माता सीता की स्वर्ण मूर्ति भी बनवाई था।

जब श्री राम का घोड़ा स्वच्छन्द रूप से छोड़ा गया तब वह भी एक राज्य से दूसरे राज्य में गया। जब वह घोड़ा महर्षि वाल्मीकि के आश्रम के पास पहुंचा तब लव कुश ने उसकी सुन्दरता देखकर उसे पकड़ लिया। जब श्री राम को पता चला तो उन्होंने अपनी सेना को भेजा परन्तु लव-कुश से युद्ध में सब पराजित हो गए। जब श्री राम वहां पहुंचे तो उन्होंने उन बालकों से पूछा की वह किसके पुत्र हैं। तब लव-कुश ने माता-सीता का नाम लिया। जब श्री राम ने यह सुना तो उन्होंने बताया कि वह उनके पिता हैं। यह सुन कर लव-कुश भी बहुत खुश हुए और श्री राम से गले मिले । उसके बाद वे माता सीता से आश्रम जा कर मिले। इसके बाद माता सीता ने अपने पुत्रों को पिता से मिलाने के बाद धरती समाधी ले ली। इसके बाद श्री राम अपने पुत्रो को ले कर अयोध्या चले जाते हैं।

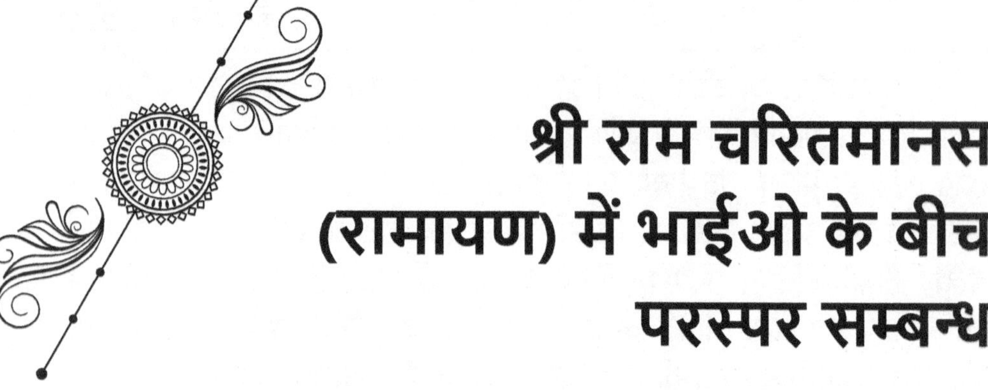

श्री राम चरितमानस (रामायण) में भाईओ के बीच परस्पर सम्बन्ध

रामायण जैसे महाग्रंथों से हमें अपने जीवन को सार्थक बनाने के लिए बहुत सारे महत्वपूर्ण एवं अमूल्य ज्ञान की प्राप्ति होती है। उपरोक्त संछिप्त में जो रामायण की कहानी का वर्णन हुआ इसके माध्यम से हम यहाँ भाई- भाई एवं भाई-बहन के परस्पर प्यार, विश्वास एवं सम्मान इत्यादि की विवेचना करेंगे।

आज की भौतिकवादी दुनिया में जहां भाई-भाई एवं भाई-बहनों के बीच विवाद, मतभेद एवं प्रतिस्पर्धा आम बात है, इस तरह की धर्म ग्रंथो एवं कहानियों को बार-बार सराहा और दोहराया जाना चाहिए। हमें अपने बच्चों को न केवल अपने भाई-भाई एवं भाई-बहनों के साथ समय बिताने के लिए प्रोत्साहित करने की जरूरत है, बल्कि एक-दूसरे के लिए खड़े होने और आवश्यकता पड़ने पर एक-दूसरे के साथ रहने के लिए भी प्रोत्साहित करना चाहिए।

श्री राम एवं उनके भाइयों की प्यार, विश्वास एवं परस्पर स्नेह को अपने बच्चों को बताने से उनके बीच भी इसका गहरा प्रभाव पड़ेगा। जब हम इस तरह की सांस्कृतिक बातें अपने बच्चों को बताएँगे तब ही परस्पर भाई- भाई एवं भाई-बहनों के बीच प्यार बढ़ेगा । इस प्रकार, इतने सारे अमूल्य आदर्शों को ध्यान में रखते हुए जो हमारे बच्चों को सरलता से सिखाए जा सकते हैं,

रामायण को न केवल उसकी पवित्रता के लिए, बल्कि इसलिए भी पढ़ें क्योंकि यह आने वाली पीढ़ियों को सही और नैतिक संहिता का निर्देश देने का एक महत्वपूर्ण साधन बने। रामायण उनके जीवन को समृद्ध करेगी और हमें अपने बच्चों को कल के लिए एक आपसी प्रेम एवं सौहार्द बनाने में मदद करेगी, जो लंबे समय

तक चलने वाली सांस्कृतिक और पारंपरिक नींव रखेगी । श्री रामचरितमानस (रामायण) जैसे धर्म ग्रंथों को पढ़ कर, सुनकर श्री राम एवं उनके भाइयों के बीच के स्नेह एवं परस्पर सम्बन्ध को समझा जा सकता है एवं अपने जीवन को सार्थक बनाया जा सकता है। यदि आपके बच्चे के भाई- भाई एवं भाई-बहन हैं, तो श्री राम, लक्ष्मण, भरत और शत्रुघ्न के भाइयों के एक-दूसरे के प्रति प्रेम एवं समर्पण को समझ कर अपने जीवन में उतारने का प्रयास करना चाहिए। आगे इसकी विवेचना करते है।

श्री राम एवं लक्ष्मण

लक्ष्मण, जो सभी सांसारिक विलासिता के आदी थें, ने अपने बड़े भाई के साथ चौदह साल तक जंगल में रहने के लिए स्वेच्छा से त्याग करने का फैसला लिया । ऐसा इसलिए था क्योंकि वह अपने भाई से प्यार करतें थें और उनके बिना चौदह साल जीने का विचार नहीं उठा सकते थें । लक्ष्मण ने श्री राम की रक्षा के लिए चौदह साल के लिए अपनी नींद एवं भोजन का बलिदान किया । इससे न केवल उन्हें श्री राम के स्थान की रक्षा करने में मदद मिली बल्कि इससे उन्हें इंद्रजीत को मारने में भी मदद मिली । जहां इंद्रजीत को एक वरदान था कि वह केवल उसी व्यक्ति द्वारा मारा जा सकता है जो या तो चौदह साल से सीधे सोया नहीं है, या कोई व्यक्ति जो निकुंबाला देवी का यज्ञ खराब कर देता है । लक्ष्मण ने दोनों ही किया था । तो वह इंद्रजीत को मारने में सक्षम थें । लक्ष्मण ने श्री राम के लिए बहुत कुछ निःस्वार्थ भाव से सेवा किया । श्री राम भी ,लक्ष्मण की इतनी देखभाल कर रहे थें कि जब इंद्रजीत के बाण से लक्ष्मण घायल हो गए तब उन्होंने प्रतिज्ञा ली यदि लक्ष्मण की मृत्यु हुई तो वे अपने जीवन का बलिदान कर देंगे। श्री राम और लक्ष्मण दोनों अच्छे भाई थें । एक दूसरे के लिए कुछ भी कर सकते थें । आज की आधुनिक परिस्थिति को ध्यान से देखे तो आज कल भाई-भाई के बीच राम लक्ष्मण जैसा परस्पर त्याग, समपर्ण एवं प्यार देखने को नहीं मिलता है। परन्तु हम अपने बच्चों को इनके बीच के सम्बन्ध को बता कर उनके जीवन में भी वहीं परस्पर त्याग, सम्पर्ण एवं प्यार की भावनाओं को जगा सकते हैं।

श्री राम एवं भरत

जब श्री राम को बनवास दे दिया गया था, तब भरत यदि चाहते तो अयोध्या का राजा बन कर अयोध्या जैसे शक्तिशाली राज्य पर शासन कर सकते थें । इस तरह

उसके साथ आने वाली पूर्ण शक्ति और विलासिता का आनंद ले सकते थें । भरत की न्याय की भावना उसे वह करने की अनुमति नहीं देती थी जो दूसरे लोग लालच से करते थें । इसके बजाय, यह जानने के बाद कि उनकी माँ कैकेयी ने श्री राम को अयोध्या से निर्वासित कर अन्याय किया था, वे तुरंत श्री राम की तलाश में जंगल में चले गए और उन्हें (श्री राम) अयोध्या के शासक के रूप में अपना सही पद पर पदस्थापित होने का आग्रह किया परन्तु श्री राम ने अपने पिता एवं माता के वचनों को निभाने की बात भारत से की । अपने भाई के प्रति उनकी भक्ति इतनी महान थी, और निष्पक्ष और न्यायपूर्ण होने की उनकी इच्छा इतनी प्रबल थी कि जब श्री राम ने अपने चौदह वर्ष के वनवास को पूरा करने से पहले अयोध्या लौटने से इनकार कर दिया, तब भरत ने श्री राम की पादुका को सिंहासन पर रख दी और अयोध्या पर प्रभु श्री राम के नाम पर शासन किया। श्री राम का - श्री राम के दूत के रूप में जब तक वह अपनी सही स्थिति को वापस पाने के लिए वापस नहीं आये ।यह हमारे बच्चों को सिखाता है कि अगर कोई वस्तु बेहद वांछनीय है, तब भी उसे तभी स्वीकार किया जाना चाहिए जब वह सही तरीके से प्राप्त हो, बिना किसी को नुकसान पहुंचाए या अनुचित और अन्यायपूर्ण तरीके से प्रभावित किए। श्री राम एवं भरत का प्यार, स्नेह, त्याग एक उद्धारहण हैं कि भाई - भाई को किस तरह से आपस में रहना चाहिए। बच्चों को गलत पर सही चुनने के लिए प्रेरित किया जा सकता है कि आप खुशी-खुशी उस चीज को त्याग देंगे जो ज्यादातर लोग जीवन भर काम करना सीखते हैं।

श्री राम एवं भरत-शत्रुघ्न

श्री राम चारों भाईओं में सबसे बड़े थे । वो सभी भाईओं से बहुत ही प्रेम करते थे । चुकी लक्ष्मण जी श्री राम के साथ वन चले गए थें । उस समय भरत-शत्रुघ्न राज्य में उपस्थित नहीं थें । जब श्री राम के वन गमन की बात भरत-शत्रुघ्न को पता चली तब वो दोनों बहुत ही विचलित हो गए। एवं श्री राम के पास उनको वापिस लेने के लिए गए। जब श्री राम ने वापिस आने से मना कर दिया, तब भरत जी ने श्री राम के पादुका को सिंहासन पर रख कर राज्य चलाने की प्रतिज्ञा ली। इस समय शत्रुघ्न चाहते तो अयोध्या का राजा बन कर राज्य कर सकते थें । परन्तु चारों भाईओं में परस्पर प्यार, स्नेह एवं विश्वास था शत्रुघ्न ने भी अपने भ्राता भरत का अनुकरण किया।

बाली एवं सुग्रीव

जहां श्री राम भरत के लिए अपने सुख और राज्य को त्याग देते हैं एवं भरत अयोध्या का राज, जब तक कि श्री राम वापिस अयोध्या नहीं लौट जाते। वहीं बाली ने सुग्रीव को राज्य से निकाल दिया। सुग्रीव एक कर्तव्यपरायण भाई था, जो हमेशा बाली के पदचिन्हों पर चलता था, लेकिन बाली ने सुग्रीव की सेवा की अनदेखी की। राक्षस मायावी के साथ लड़ाई के बाद, यह जाने बिना कि वास्तव में क्या हुआ था, बाली ने सुग्रीव को राज्य से निकाल दिया और सुग्रीव की पत्नी रूमा को अपने पास रख लिया। बाली सुग्रीव की रक्षा करने के बजाय उसके जीवन में दुख पैदा करता है, और अंत में श्री राम ने बाली को दंडित किया। जब श्री राम बताते हैं कि वास्तविक धर्म क्या है, तब बाली अपनी गलतियों को समझता है। हालाँकि, बाली अपने मृत्यु के पूर्व अपने पुत्र अंगद को सुग्रीव को सौंपकर उसकी सफलता की कामना करता है। बाली और सुग्रीव दर्शाति हैं कि भाई-भाई के बीच विश्वास सबसे महत्वपूर्ण है और किसी को अपनी उपलब्धियों के बारे में गर्व का शिकार नहीं होना चाहिए और अपने लोगों की उपेक्षा नहीं करनी चाहिए।

रावण एवं उसके भाई

रावण और उसके भाई महान ऋषि विश्रवा के घर पैदा हुए। रावण दुनिया के विजेता बनने का सपना रखता था। रावण बहुत ही विद्वान पर कपटी, धूर्त, मायावी, लालची एवं चरित्रहीन था। रावण का भाई कुंभकर्ण भी बहुत ही शक्तिशाली था और विभीषण धर्मी था। रावण अपने मन को गर्व और अहंकार से भर देता था और अपनी शक्तियों के बारे में अपने भाइयों की अच्छी सलाह की उपेक्षा करता था। रावण यह नहीं जानता कि उसके भाई उसके सच्चे शुभचिंतक थें और लोगों की झूठी प्रशंसा के आगे झुक जाता था। कुंभकर्ण जानता था कि श्री राम विष्णु (नारायण) थें और उन्होंने कई बार रावण से सीता को श्री राम के पास वापस करने के लिए कहा, लेकिन हमेशा की तरह रावण ने उनके अनुरोध को अस्वीकार कर देता था। इसके बजाय रावण ने कुंभकर्ण को श्री राम को मारने का आदेश दिया। कुंभकर्ण, रावण के विरुद्ध एक शब्द भी बोले बिना वह युद्ध के मैदान में चला जाता है। वह जानता है कि वह निश्चित रूप से मरेगा और हुआ भी वहीं श्री राम ने कुम्भकर्ण को मार डाला। विभीषण को पता था कि उसका भाई

गलत कर रहा है इसलिए वह श्री राम के पास गया। लेकिन कुंभकर्ण ने अपने भाई के लिए बलिदान दिया। रावण परिवार को तोड़ देता है, विभषण उसे अच्छे के लिए छोड़ देता है और कुंभकर्ण रावण के लिए अपने जीवन का बलिदान देता है । रावण का जीवन एक सबक है कि सबसे शक्तिशाली योद्धा भी तबाह हो जाता है, जब वह अपने भाई-बहनों की अच्छी सलाह का सम्मान नहीं करता है ।

श्री राम चरितमानस (रामायण) का आधुनकि युग में महत्त्व

श्री राम चरितमानस (रामायण) मानव जाति के लिए समझ है कि कैसे रिश्ते को पोषित और स्थायी बनाया जा सकता है या अहंकार और गर्व से तोड़ा जा सकता है । श्री राम ने आराध्य और आदर्श भाई बनना चुना, जबकि रावण एक भाई के रूप में क्या न करें का पाठ पढ़ाता है । रामायण भारतीयों को अपना धर्म कैसे करना सिखाती है । यदि ब्रह्मांड में प्रत्येक वस्तु अपना धर्म करती है, तो ब्रह्मांड सुचारू रूप से कार्य करता है । जब लोग उनके धर्म का उल्लंघन करते हैं, तब धर्म की हानि होती हैं।

हम सभी जीवन में कुछ नैतिक मूल्यों को कायम रखते हैं । यद्यपि हम विभिन्न देशों, राज्यों और क्षेत्रों से संबंधित हैं । विविध संस्कृतियों और धर्मों का प्रतिनिधित्व करते हैं। मूल रूप से हम जीवन के कई सिद्धांतों में विश्वास करते हैं जो प्रकृति में बहुत समान हैं; जैसे, भाईचारा, दया, ईमानदारी और अखंडता आदि। और अगर हम पीछे मुड़कर देखें, तो हमारे भीतर गहराई से निहित ये मूल्य और जिन मूल्यों को हम सबसे अधिक संजोते हैं उन्हें कहानियों के माध्यम से सिखाया गया है । हालांकि यह असंभव लगता है, यह सच है कि हमारे भीतर ठोस रूप से अंतर्निहित मूल्य हमारे कुछ पसंदीदा पात्रों से दृढ़ता से जुड़े हुए हैं, जिन्होंने अपने जीवन में सबसे कठिन समय के दौरान समान आदर्शों को बरकरार रखा है । यह महसूस किए बिना कि उन पात्रों ने हमारे विचारों को कितना प्रभावित किया है, हमने उन्हें जीवन में आगे बढ़ाया। हमारे पास श्री राम चरितमानस (रामायण) और बहुत सारे ऐसे महाकाव्यों की पूरी दुनिया है । और मुझे लगता है, वे अध्ययन, पढ़ने और साझा करने के लायक हैं क्योंकि वे अतीत के विचारों, दर्शन और

विश्वासों, प्राचीन संस्कृतियों, परंपराओं और हमारी मजबूत मूल्य प्रणाली के लिए एक शानदार आईना हैं।

श्री राम चरितमानस (रामायण) सिर्फ एक धर्मग्रन्थ ,महाकाव्य या कहानी नहीं है, बल्कि अपने परिवार से प्यार और सम्मान करने, अपने वचन को निभाने, कमजोरों की रक्षा करने जैसे मूल्यों के महत्व को प्रदर्शित करने का एक शैक्षणिक माध्यम भी है । हिंदू पौराणिक कथाओं के महान ग्रंथ रामायण को एक माध्यम के रूप में उपयोग करके हम अपने बच्चों को कई जीवन-कौशल और नैतिकता सिखा सकते हैं। कहानी सुनाने के माध्यम से बच्चों को महत्वपूर्ण मूल्य और नैतिकता सिखाई जा सकती है । श्री राम चरितमानस (रामायण) और महाभारत विशेष रूप से ऐसे बहुत से मूल्यों का उपदेश देते हैं, जिन्हें हमें अपने बच्चों को आत्मसात करना चाहिए । बच्चों को केवल बड़ों का सम्मान करने के लिए कहने के बजाय, इन धर्मग्रन्थ ,महाकाव्यों के उदाहरण उन्हें अधिक दृढ़ता के साथ सीखना चाहिए । अब, माता-पिता, शिक्षक और देखभाल करने वाले बच्चों में जीवन के कुछ सबसे महत्वपूर्ण नैतिक मूल्यों को बढ़ावा देने के लिए हिंदू पौराणिक कथाओं के सबसे महान रत्नों में से एक श्री राम चरितमानस (रामायण) का उपयोग कर सकते हैं। इस प्रकार, इतने सारे अमूल्य आदर्शों को ध्यान में रखते हुए जो हमारे बच्चों को आसानी से सिखाए जा सकते हैं, हम रामायण को न केवल उसकी पवित्रता के लिए, बल्कि इसलिए भी पढ़ें क्योंकि यह आने वाली पीढ़ियों को सही और नैतिक संहिता का निर्देश देने का एक महत्वपूर्ण उपकरण है । श्री राम चरितमानस (रामायण) उनके जीवन को समृद्ध करेगी और हमें अपने बच्चों को कल के लिए एक सुदृढ़, संस्कारी नागरिक बनने में मदद करेगी जो लंबे समय तक चलने वाली सांस्कृतिक और पारंपरिक नींव के साथ हैं ।

भाई-भाई एवं भाई-बहन का रिश्ता, परस्पर सम्बन्ध, विकास एवं प्रतिद्वंद्विता

भाई-भाई एवं भाई-बहन एक-दूसरे के जीवन में एक अनूठी भूमिका निभाते हैं जो माता-पिता के साथ-साथ दोस्तों के प्रभाव और सहायता का अनुकरण करता हैं । क्योंकि भाई-भाई एवं भाई-बहन अक्सर एक ही घर में पले-बढ़े होते हैं, उनका एक-दूसरे से संपर्क बहुत अधिक होता हैं, जैसे कि परिवार के अन्य सदस्य। भाई-भाई एवं भाई-बहन आमतौर पर अपने बचपन के दौरान माता-पिता या किसी और के साथ जितना समय बिताते हैं, उससे अधिक समय एक-दूसरे के साथ बिताते हैं । भाई-भाई एवं भाई-बहन के रिश्ते अक्सर व्यक्तियों के जीवन में सबसे लंबे समय तक चलने वाले रिश्ते होते हैं। हालाँकि भाई-भाई एवं भाई-बहन के रिश्ते में पदानुक्रमित और पारस्परिक दोनों तत्व हो सकते हैं। यह संबंध अन्य पीढ़ियों के परिवार के सदस्यों की तुलना में अधिक समतावादी और सामंजस्यपूर्ण होता है । इसके अलावा भाई-भाई एवं भाई-बहन के रिश्ते अक्सर एक परिवार के भीतर सामंजस्य की समग्र स्थिति को दर्शाते हैं।

पारिवारिक व्यवस्था के भीतर भाई-भाई एवं भाई-बहन के रिश्ते महत्वपूर्ण हैं। इन संबंधों का उनके पूरे जीवन काल में बाल विकास, व्यवहार और समर्थन पर प्रभाव पड़ता है । एक बच्चे का विकास परिवार प्रणाली के परिणामस्वरूप गतिशील प्रणाली से प्रभावित होता है । भाई-भाई एवं भाई-बहनों के बीच का रिश्ता सबसे महत्वपूर्ण है । परिवार प्रणाली के भीतर, भाई-भाई एवं भाई-बहनों के बीच सभी भूमिकाएँ समान या साझा नहीं होती हैं। एक बड़े भाई को माता-पिता की भूमिका को पूरा करने की स्थिति में रखा जाता है । यह बड़े भाई को

छोटे भाई के लिए एक आदर्श और कार्यवाहक बनाता है । छोटे भाई-बहनों के विकास पर सकारात्मक प्रभाव पड़ता है ।

भाई-भाई एवं भाई-बहन के रिश्ते की शुरुआत दो भाई-बहनों के एक-दूसरे से परिचय से होती है । बड़े भाई-बहनों को अक्सर उनकी माँ की गर्भावस्था के दौरान उनके जल्द होने वाले छोटे भाई या बहन के बारे में अवगत कराया जाता है, जो बड़े बच्चे के लिए समायोजन को सुविधाजनक बनाने में मदद करता है और इसके परिणामस्वरूप नवजात शिशु के साथ एक बेहतर तत्काल संबंध बन पाता है । प्राथमिक देखभालकर्ता के साथ एक शिशु के संबंध का वर्णन करने के लिए इस्तेमाल किया जाने वाला लगाव सिद्धांत भाई-बहनों पर भी लागू किया जा सकता है । यदि कोई शिशु अपने बड़े भाई को उत्तरदायी पाता है और उसे श्री राम के स्रोत के रूप में देखता है, तो एक सहायक बंधन बन सकता है । इसके विपरीत, एक नकारात्मक बंधन बन सकता है यदि बड़ा भाई आक्रामक, उपेक्षापूर्ण या अन्यथा नकारात्मक तरीके से कार्य करता है । प्राथमिक देखभाल करने वाले की अनुपस्थिति में सहोदर लगाव और भी बढ़ जाता है, जब छोटे भाई को सुरक्षा और समर्थन के लिए बड़े पर निर्भर रहना पड़ता है ।

यहां तक कि जैसे-जैसे भाई-भाई एवं भाई-बहन बड़े होते हैं और विकसित होते हैं, बचपन से लेकर मध्य बचपन तक उनके संबंधों में काफी स्थिरता होती है, जिसके दौरान सकारात्मक और नकारात्मक बातचीत आवृत्ति में स्थिर रहती है । फिर भी, यह समयावधि दोनों भाई-भाई एवं भाई-बहनों के लिए बड़े बदलाव का प्रतीक होती है । केवल कुछ वर्षों की उम्र के अंतर को मानते हुए, यह उस समय को चिह्नित करता है जब बड़ा भाई स्कूल शुरू कर रहा होता हैं, साथियों से मिल रहा होता है और दोस्त बना रहा होता हैं । पर्यावरण में यह बदलाव बच्चों की एक-दूसरे तक पहुंच को कम करता है और सामाजिक समर्थन के लिए बड़े भाई-भाई एवं भाई-बहन की छोटे पर निर्भरता को कम करता है, जो अब रिश्ते के बाहर पाया जा सकता है । जब छोटा भाई स्कूल जाना शुरू करता हैं, तो बड़ा भाई उसे अभ्यस्त होने में मदद करता है और एक छात्र होने के साथ आने वाले नए संघर्षों पर सलाह देता है । साथ ही, बड़े भाई-भाई एवं भाई-बहन भी सवालों के जवाब देने और उन विषयों पर चर्चा करने के लिए उपलब्ध होते हैं ।

भाई-भाई एवं भाई-बहन के रिश्तों की प्रकृति बचपन से किशोरावस्था में बदल जाती हैं । जबकि युवा किशोर अक्सर एक दूसरे को गर्मजोशी और समर्थन प्रदान करते है । विकास की इस अवधि को बढ़ते संघर्ष और भावनात्मक दूरी से भी चिह्नित किया जाता है । हालाँकि, यह प्रभाव भाई-बहनों के लिंग के आधार पर भिन्न होता है । मिश्रित सहोदर जोड़े अक्सर किशोरावस्था के दौरान अंतरंगता में अधिक भारी कमी का अनुभव करते हैं, जबकि समान-लिंग वाले सहोदर जोड़े प्रारंभिक किशोरावस्था के दौरान अंतरंगता में थोड़ी वृद्धि और उसके बाद थोड़ी गिरावट का अनुभव करते हैं। दोनों ही मामलों में, युवावस्था के दौरान एक बार फिर से अंतरंगता बढ़ जाती है । यह प्रवृत्ति किशोरावस्था के दौरान सहकर्मी संबंधों पर अधिक जोर देने का परिणाम हो सकती है । अक्सर, एक ही परिवार के किशोर अलग-अलग जीवन शैली अपनाते हैं जो आगे चलकर एक दूसरे के बीच भावनात्मक दूरी में योगदान देता है ।

भाई-भाई एवं भाई-बहन एक-दूसरे को उसी तरह प्रभावित करते हैं जैसे साथी करते हैं, खासकर किशोरावस्था के दौरान। ये रिश्ते दोस्त न होने के नकारात्मक मनोवैज्ञानिक प्रभाव की भरपाई भी करता है। बड़े भाई-बहन छोटे भाई-बहनों के लिए अच्छे व्यवहार का प्रभावी ढंग से अनुकरण कर सकते हैं। किशोरों पर शोध से पता चलता है कि सकारात्मक भाई-बहन के प्रभाव स्वस्थ और अनुकूली कामकाज को बढ़ावा देते है जबकि नकारात्मक बातचीत कमजोरियों और समस्या व्यवहार को बढ़ाती हैं। अंतरंग और सकारात्मक भाई-भाई एवं भाई-बहन की बातचीत किशोरों के लिए समर्थन का एक महत्वपूर्ण स्रोत हैं और सामाजिक व्यवहार के विकास को बढ़ावा देती हैं। हालांकि, जब भाई-भाई एवं भाई-बहन के रिश्तों में संघर्ष और आक्रामकता की विशेषता होती है तो वे साथियों के बीच अपराध और असामाजिक व्यवहार को बढ़ावा देते हैं।

जब भाई-भाई एवं भाई-बहन वयस्क हो जाते हैं, तो इस बात की अधिक संभावना होती है कि वे अब एक ही स्थान पर नहीं रहेंगे और वे नौकरी, शौक और रोमांटिक रुचियों में शामिल हो जाएंगे जो वे साझा नहीं करते हैं और इसलिए एक दूसरे से संबंधित होने के लिए उपयोग नहीं कर सकते हैं। इन कारकों के बावजूद, भाई-भाई एवं भाई-बहन अक्सर वयस्कता और यहां तक कि बुढ़ापे तक संबंध बनाए रखते हैं। भाई-भाई एवं भाई-बहनों के बीच संपर्क बनाए

रखने में निकटता एक बड़ा कारक है। जो लोग एक-दूसरे के करीब रहते हैं, उनके अक्सर एक-दूसरे से मिलने की संभावना अधिक होती है । आज के आधुनिक युग में संचार विशेष रूप से महत्वपूर्ण है जब भाई-भाई भाई-बहन एक-दूसरे के पास नहीं रहते हैं। ईमेल और सोशल नेटवर्किंग जैसे ऑनलाइन संचार के माध्यम से, व्यक्तिगत रूप से, फोन पर, मेल द्वारा, और बढ़ती आवृत्ति के साथ संचार हो सकता है । अक्सर भाई-भाई एवं भाई-बहन अप्रत्यक्ष रूप से माता-पिता या रिश्तेदार के आपसी मित्र के माध्यम से संवाद करते हैं। वयस्क और बुजुर्ग भाई-बहनों के बीच, बातचीत में पारिवारिक घटनाओं और अतीत के प्रतिबिंबों पर ध्यान केंद्रित करने की प्रवृत्ति होती है ।

वयस्कता में, भाई-भाई एवं भाई-बहन अभी भी दोस्तों की तरह ही भूमिका निभाते हैं। दोस्त और भाई-भाई एवं भाई-बहन अक्सर उम्र में समान होते हैं, वयस्कता में किसी भी उम्र का अंतर और भी कम महत्वपूर्ण लगता है । इसके अलावा, दोनों रिश्ते अक्सर प्रकृति में समतावादी होते हैं, हालांकि भाई-भाई एवं भाई-बहन के रिश्तों के विपरीत, दोस्ती स्वैच्छिक होती है । प्रत्येक रिश्ते की विशिष्ट भूमिकाएँ भी भिन्न होती हैं। बुजुर्ग भाई-भाई एवं भाई-बहनों के लिए, मित्र साथी के रूप में कार्य करते हैं जबकि भाई-भाई एवं भाई-बहन विश्वासपात्र की भूमिका निभाते हैं। वयस्क सहोदर संबंधों के बारे में दीर्घकालिक धारणा बनाना मुश्किल है, क्योंकि वे व्यक्तिगत या साझा जीवन की घटनाओं के जवाब में तेजी से बदल सकते हैं। एक भाई का विवाह भाई-बहन के बंधन को या तो मजबूत या कमजोर कर सकता है । स्थान परिवर्तन, बच्चे के जन्म और जीवन की कई अन्य घटनाओं के बारे में भी यही कहा जा सकता है । हालांकि, एक भाई-बहन के तलाक या विधवा होने या परिवार के किसी करीबी सदस्य की मृत्यु के परिणामस्वरूप अक्सर भाई-बहनों के बीच घनिष्ठता और समर्थन बढ़ता है ।

माता-पिता की तुलना में भाई-भाई एवं भाई-बहन आमतौर पर बचपन में एक साथ अधिक समय बिताते हैं। सहोदर बंधन अक्सर जटिल होता हैं और यह माता-पिता के उपचार, जन्म क्रम, व्यक्तित्व और परिवार के बाहर के लोगों और अनुभवों जैसे कारकों से प्रभावित होता है । भाई-भाई एवं भाई-बहन की प्रतिद्वंद्विता विशेष रूप से तीव्र होती है जब बच्चे उम्र के बहुत करीब होते हैं और एक ही लिंग के होते हैं, या जहां एक बच्चा बौद्धिक रूप से प्रतिभाशाली होता है ।

सहोदर प्रतिद्वंद्विता में आक्रामकता और अपमान शामिल हैं, खासकर उम्र के करीब भाई-भाई एवं भाई-बहनों के बीच।

ऐसी कई बातें हैं जो भाई-भाई एवं भाई-बहन की प्रतिद्वंद्विता को प्रभावित और आकार दे सकती हैं। एक परिवार में प्रत्येक बच्चा यह परिभाषित करने के लिए प्रतिस्पर्धा करता है कि वे कौन हैं और यह दिखाना चाहते हैं कि वे अपने भाई-भाई एवं भाई-बहनों से अलग हैं। बच्चे महसूस करते हैं कि उन्हें अपने माता-पिता के ध्यान, अनुशासन और प्रतिक्रिया की असमान मात्रा मिल रही हैं । बच्चे उन परिवारों में अधिक लड़ते हैं जहाँ यह समझ नहीं है कि संघर्षों को सुलझाने का कोई स्वीकार्य तरीका नहीं है, और ऐसे संघर्षों से निपटने का कोई वैकल्पिक तरीका नहीं है । माता-पिता और बच्चों के जीवन में तनाव अधिक संघर्ष पैदा करता है और भाई-भाई एवं भाई-बहन की प्रतिद्वंद्विता को बढ़ाता है।

भाई-भाई एवं भाई-बहनों को परिवार के भीतर "महत्व के लिए प्रयास" के रूप में देखा और महसूस किया जाता है कि जन्म क्रम व्यक्तित्व विकास का एक महत्वपूर्ण पहलू है । बदले जाने या बदले जाने की भावना अक्सर बड़े भाई-भाई एवं भाई-बहन में ईर्ष्या का कारण होती है । वास्तव में, मनोवैज्ञानिक और शोधकर्ता आज भाई-भाई एवं भाई-बहन के रिश्तों पर जन्म के क्रम, साथ ही उम्र और लिंग नक्षत्रों के प्रभाव का समर्थन करते हैं। एक घर में कितनी भाई-भाई एवं भाई-बहन की प्रतिद्वंद्विता होगी, इस पर भी बच्चे के व्यक्तित्व का प्रभाव पड़ सकता है । कुछ बच्चे स्वाभाविक रूप से परिवर्तनों को स्वीकार करते हैं, जबकि अन्य स्वाभाविक रूप से प्रतिस्पर्धी हो सकते हैं, और एक भाई के घर में प्रवेश करने से बहुत पहले इस प्रकृति का प्रदर्शन करते हैं। हालांकि, माता-पिता को इस बात पर महत्वपूर्ण प्रभाव डालने में सक्षम देखा जाता हैं कि वे प्रतिस्पर्धी हैं या नहीं।

"भाई-भाई एवं भाई-बहन की प्रतिद्वंद्विता" शब्द की शुरुआत की, जिसमें दावा किया गया कि एक बड़े भाई के लिए "नए बच्चे के प्रति आक्रामक प्रतिक्रिया इतनी विशिष्ट है कि यह कहना सुरक्षित है कि यह पारिवारिक जीवन की एक सामान्य विशेषता है ।" आज शोधकर्ता आम तौर पर इस दृष्टिकोण का समर्थन करते हैं, यह देखते हुए कि माता-पिता पक्षपात के प्रति सतर्क रहकर और उचित निवारक कदम उठाकर इस प्रतिक्रिया को बेहतर बना सकते हैं। वास्तव में भाई-

भाई एवं भाई-बहनों के बीच जीवन भर सहायक संबंधों की नींव रखने का आदर्श समय नए बच्चे के आने से पहले के महीनों के दौरान होता है ।

बच्चे जितनी जल्दी हो सके आत्म-जागरूकता प्रदर्शित करने में सक्षम हो जाते हैं और अपने और भाई-भाई एवं भाई-बहन के बीच माता-पिता के व्यवहार में अंतर महसूस करते हैं और शुरुआती व्यवहार की छाप छोटे भाई-बहन के साथ जीवन भर के रिश्ते को आकार देता है। भाई-भाई एवं भाई-बहन परिवार के नियमों को समझते हैं और एक-दूसरे को परस्पर सहयोग और एक दूसरे के प्रति दयालु होना सीख जाते है। बच्चे सामाजिक नियमों की एक परिष्कृत समझ रखते हैं, अपने भाई-भाई एवं भाई-बहनों के संबंध में खुद का मूल्यांकन कर पातें हैं, और परिवार के भीतर परिस्थितियों के अनुकूल होना भी जान जाते हैं। चाहे उनके पास अपने भाई-भाई एवं भाई-बहन के साथ तालमेल बिठाने, उनके लक्ष्य और रुचियों से अलग होने की इच्छा हो और एक दूसरे के साथ सहकारी संबंध और एक दूसरे के प्रतिद्वंद्विता के बीच अंतर कर पाते हैं। भाई - भाई की बीच प्रतिद्वंद्विता ज्यादा दिखती है पर भाई और बहन के बीच परस्पर प्रतिद्वंद्विता कम दिखती है । स्वाभाविक रूप से, इस नियम के अपवाद हैं। "जो चीज भाइयों के साथ चलती है जो अन्य भाई-भाई एवं भाई-बहनों में नहीं आती है, वह माता-पिता और सामाजिक तुलना की यह धारणा है । किसी तरह लड़कों के साथ, उनकी तुलना करना कहीं अधिक स्वाभाविक लगता है, विशेष रूप से बहन / भाई जोड़े की तुलना में अधिक। पहले दिन से, मौलिक विकासात्मक चिह्न-जो पहले दांत प्राप्त करता है, जो घुटनों के बल चलता है, पहले बोलता है -जीवन में बड़े पैमाने पर आयोजित किया जाता है । और यह तुलना स्कूल से कॉलेज तक कार्यस्थल तक जारी रहती है ।

माता-पिता अपने बच्चों की तुलना अपने भाई-भाई एवं भाई - बहनों से नहीं करके इस प्रतिद्वंद्विता के अवसर को कम कर सकते हैं । बच्चों को एक-दूसरे से और माता-पिता से ध्यान आकर्षित करने के सकारात्मक तरीके सिखा सकतें हैं । एक साथ मज़ेदार पारिवारिक गतिविधियों की योजना बना कर और यह सुनिश्चित करें कि प्रत्येक बच्चे के पास पर्याप्त समय हो और अपनी खुद की जगह। वे प्रत्येक बच्चे को व्यक्तिगत रूप से ध्यान दे सकते हैं, टीम वर्क को प्रोत्साहित कर सकते हैं, एक बच्चे को दूसरों के लिए एक आदर्श के रूप में रखने से इनकार

कर सकते हैं, और पक्षपात से बच सकते हैं। माता-पिता के लिए पूरे परिवार के रूप में एक साथ समय बिताना भी महत्वपूर्ण है । जिन बच्चों में परिवार का हिस्सा होने की प्रबल भावना होती है, वे भाई-भाई एवं भाई-बहनों को खुद के विस्तार के रूप में देखते हैं। हालांकि, भाई-भाई एवं भाई-बहन की प्रतिद्वंद्विता को कम किया जा सकता है, लेकिन पूरी तरह से समाप्त नहीं ।

प्रतिद्वंद्विता निर्धारित करने के लिए कुछ मानदंडों का उपयोग किया जाना चाहिए कि क्या संदिग्ध व्यवहार प्रतिद्वंद्विता या भाई-भाई एवं भाई-बहन का दुर्व्यवहार है । सबसे पहले, किसी को यह निर्धारित करना चाहिए कि क्या संदिग्ध व्यवहार उम्र उपयुक्त है: उदाहरण के लिए, बच्चे विभिन्न विकास चरणों के दौरान विभिन्न संघर्ष-समाधान रणनीति का उपयोग करते हैं। दूसरा, किसी को यह निर्धारित करना चाहिए कि क्या व्यवहार एक अलग घटना का तरीका है या एक स्थायी घटना का हिस्सा है । दुरुपयोग, परिभाषा के अनुसार, कभी-कभी असहमति के बजाय एक दीर्घकालिक घटना का तरीका है । तीसरा, किसी को यह निर्धारित करना चाहिए कि क्या व्यवहार के लिए "पीड़ित होने का पहलू" है: प्रतिद्वंद्विता घटना-विशिष्ट, पारस्परिक और दूसरों के लिए स्पष्ट होती है, जबकि दुरुपयोग की विशेषता गोपनीयता और शक्ति का असंतुलन है । चौथा, संदिग्ध व्यवहार का लक्ष्य निर्धारित करना चाहिए: दुर्व्यवहार का लक्ष्य पीड़ित की शर्मिंदगी या वर्चस्व होता है । माता-पिता को यह याद रखना चाहिए कि आज भाई-भाई एवं भाई-बहन की प्रतिद्वंद्विता के परिणामस्वरूप माता-पिता के जाने पर भाई-भाई एवं भाई-बहन एक-दूसरे से अलग हो सकते हैं। पारिवारिक एकजुटता को प्रोत्साहित करना, भाई-भाई एवं भाई-बहनों के साथ समान व्यवहार करना, और भाई-भाई एवं भाई-बहन की प्रतिद्वंद्विता को रोकने में मदद करने के लिए परिवार परामर्श का उपयोग करना, जो अंततः उनके वयस्क वर्षों में बच्चों की सेवा कर सकता है ।